FAUNE POPULAIRE

DE

LA FRANCE

EUGÈNE ROLLAND

FAUNE POPULAIRE

DE

LA FRANCE

—

TOME VII

—

LES MAMMIFÈRES SAUVAGES, COMPLÉMENT

PARIS

CHEZ L'AUTEUR, 5, RUE DES CHANTIERS

(Vᵉ ARRONDISSEMENT)

—

1906

FAUNE POPULAIRE

DE

LA FRANCE

MAMMIFÈRES SAUVAGES

---

§ **Vespertilio** (*Genre*). (Linné.) — LA CHAUVE-SOURIS.

(Voyez *Faune popul.*, t. I, p. 1.)

1. — Noms de l'animal :

vespertilio, latin.

verspertilio, lat. du moyen âge, *Germania*, 1888, p. 202.

fespertilia, lat. du moyen âge, GRIMM, sub verbo *fledermaus*.

avis vespertina, serotinus, serotina, l. du m. â., GOETZ.

blattis, lat. du moyen âge, *Tijdsch. v. nederl. Taalk*, 1894,
p. 282 et p. 287.

blacta, l. du m. â., BRITO, *Synonima*, 1505.

gersa, l. du m. â., MONE, *Quellen d. teutsch. Liter.*, 1830,
p. 305.

ratapennador, ancien provençal, DU CANGE.

rata pénata, f., mentonais, ANDREWS.

rata pignata, f., niçois, PELLEGRINI.

rata pénada, f., Haute-Loire, VINOLS.

rato pénado, f., Anduze (Gard), VIGUIER. — Aude, LAFFAGE.
— Gourdon (Lot), c. p. M. R. FOURÈS. — La Malène
(Lozère), r. p. — Pézénas (Hérault), MAZUC.

roto pénado, f., Cantal, *Lo Cobreto*, 1896, p. 71.

ratou pénadou, f., Arles, Coye, *Œuvres*, Arles, 1854, p. 119.

rato panado, f., Aude, Laffage. — Lézignan (Aude), *Rev. d. langues rom.*, 1897, p. 163. — Aveyron, Mistral.

rata pénày'za, f., Pignan (Hérault), *Lo félibr. latin*, 1890, p. 190.

rato pérnado, f., Lot, Mistral. — Labastide-de-Penne (Tarn-et-Gar.), c. p. M. A. Perbosc. — Tarn, *Rev. hist. du Tarn*, 1901, p. 19.

rato plénado, f., *rapatanado*, f., Aveyron, Mistral.

ra pénatt, m., La Roche-de-Rame (Hautes-Alpes), r. p.

ratapèna, masculin, Annonay (Ardèche), r. p.

ratapèna, féminin, lyonnais, Puitpelu. — Loire, Gras. — dauphinois, Charbot. — Voiron (Isère), Blanchet. — Bourgoin (Isère), r. p.

ratopéno, f., Lot, Mistral. — Dunes (Tarn-et-Gar.), r. p. — toulousain du 17e siècle, Noulet, *Œuvres* de Gou-delin. — Castelnaudary, A. Fourès, *La Muso Silvestro*, p. 190.

rato pléno, f., Valréas (Vaucluse), Chastan, 5e *Flor. valréass.*, 1882, p. 83. — Aubenas (Ardèche), r. p. — Die (Drôme), Boissier. — Lot, Mistral. — Montauban, Comberouger (Tarn-et-Gar.), c. p. M. A. Perbosc.

roto pléno, f., Ardèche, r. p.

rato pérno, f., Lot, Mistral.

ratä pärpänadä, f., Vinzelles (Puy-de-Dôme), Dauzat, p. 157.

rato parpanado, f., Besse, Issertaux, Estandeuil (Puy-de-D.), r. p.

rata pérpénadë, f., env. de Brioude (Haute-Loire), c. p. M. Et. Metman.

rata volanta, f., La Béroche (Cant. de Neuchâtel, Suisse), Urtel.

rata volante, f., Champagnole (Jura), c. p. M. Ed. Edmont.

rata voulante, f., Arbois (Jura), r. p.

rata voulan, f., Vaudioux (Jura), THEVENIN.

ratte volante, f., Meuse, *Bull. de la soc. des lettres de Bar-le-Duc*, 1896, p. 469.

rètte volante, f., Landremont (Meurthe), L. ADAM.

rètte voulante, f., Villeneuve-sous-Puymont (Jura), r. p. — Rochefort (Jura), c. p. M. ED. EDMONT.

ratt' oula-n', f., Péry (Suisse), c. p. M. ED. EDMONT.

vôlan rètte, f., Vosges, RICHARD, *Trad. p. de la Lorr.* 1848, p. 80.

rata vôlada, f., Thénésol (Savoie), r. p.

ratte volate, f., Jura, BEAUQUIER.

ratte voulate, f., Meuse, VARLET.

rata voulagi, f., Loire, GRAS.

rata volagi, f., lyonnais, PUITSPELU.

rate volage, f., à Lyon même, MÉNAGE, 1750; PUITSP.

rata volâza, f., env. d'Albertville (Savoie), BRACHET.

ra vourgi, masc., Serrigny (Yonne), JOSSIER.

roto oulhëzo, f., Les Fourgs (Doubs), TISSOT.

rata-voulire, f., env. d'Annecy, CONST.

rato vourouiro, f., Alpes cottiennes, CHABRAND et ROCH.

ratt' ouliva, f., Sallanches (Haute-Savoie), r. p.

ratal' ouliva, f., env. d'Annecy, CONST.

ra volibÿ, masc., Cressier (Cant. de Neuchâtel, Suisse), URTEL.

rata-vula, f., env. d'Annecy, CONST.

rata luva, f., La Sarine (Suisse), c. p. M. ED. EDMONT.

ratt' vouluss', f., Saint-Germain-du-Bois (Saône-et-L.), c. p. M. ED. EDMONT.

ratt' voluch', f., Verdun, Châlon (Saône-et-L.), FERTIAULT.

ratt' ouluch', f., env. de Mâcon (Saône-et-L.), r. p.

ratt' voulü, f., Petit-Noir (Jura), RICHENET. — Chaussin (Jura), GROSJ. et BR.

ratt' vol'ratt', f., Verdun, Châlon (Saône-et-L.), FERTIAULT.

rata provolèta, f., district de la Glane (Suisse), c. p. M. Ed. Edmont.

souris volante, f., Lorraine, Richard, *Trad. pop. de la Lorr.*, 1848, p. 80. — Aisne, c. p. M. L. B. Riomet. — Ardennes, c. p. M. Goffart. — Bourmont (Haute-Marne), c. p. M. Ed. Edmont. — Florent (Marne), Janel. — Verrières (Marne), c. p. M. C. Heuillard.

souri voulant', f., Meuse, Varlet.

sri vŏlin, m., Nomeny (Meurthe-et-Mos.), c. p. M. Ed. Edmont.

sri violante, f., Saint-Georges-des-Groseill. (Orne), rec. p.

souris volanne, f., Esne (près Cambrai), Boniface.

sëri volott', f., Bohain (Aisne), rec. pers.

souri volage, f., Meuse, Varlet.

souri voulange, f., env. de Bar-le-Duc, Horning (dans *Zeitsch. f. rom. Philol.*, 1892).

bó vouleu (= crapaud volant), env. de Plombières (Vosges), c. p. M. Ed. Edmont.

volan ra-bó (= rat-crapaud volant), Malmédy (Pays wallon), c. p. M. Ed. Edmont.

sori cauve, f., anc. fr., Berger de Xivrey, *Tradit. térat.*, p. 397.

cauwe soris, *cauve suriz*, anc. franç., Godefroy.

qief soris, masc., anc. fr., Marc Pol, *Voyages*, cité par God.

cóf souri, Cambrai (Nord), r. p.

chalve suris, anc. franç., Marie, *Fabl.*, XXXI, citée par God.

gaouf souëri, f., Pirou (Manche), r. p.

souris chaulve, f., anc. franç., dans Rabelais et dans La Fontaine.

chauve suriz, f., franç. du 12ᵉ s., P. Meyer (dans *Romania*, 1895, p. 164).

souris chóve, f., Aisne, c. p. M. L. B. Riomet. — Troyes, Grosley.

chóv' suzite, f., Eure-et-L., c. p. M. J. Poquet.

chôv' souré, f., Pissy-Poville (Seine-Inf.), r. p.

chof' souri, f., Calais (Pas-de-Cal.), r. p.

sóv' souri, f., Aubigny-sur-Nère (Cher), r. p.

tchôv' suré, f., env. de Florenville (Belg.), c. p. M. ED. EDMONT.

tchaov'suru, f., Bastogne (Belgique), c. p. M. ED. EDMONT.

tchaou-suru, f., Prusse wall., c. p. M. J. FELLER.

tchaou-sori, f., Liège, Verviers, Namur, c. p. M. J. FELLER.

tchaou-souri, f., Ardennes belges, c. p. M. J. FELLER.

chëvëssri, f., Pouilly-en-Auxois (Côte-d'Or), c. p. M. ED. EDMONT.

chóvissri, m., Gy (Haute-Saône), c. p. M. ED. EDMONT.

chóvistri, m., Autet (Haute-Saône), GODARD.

chaouistri, m., env. de Saint-Jean-de-Losne (Côte-d'Or), c. p. M. ED. EDMONT.

sóvëchri, m., env. de Lucenay (S.-et-L.), c. p. M. ED. EDM.

jóvouchri, m., env. de Mesvres (Saône-et-L.), c. p. M. ED. EDMONT.

tchové sri, masc., Damprichard (Doubs), GRAMMONT.

tchaovëssri, m., Clerval (Doubs), r. p.

tchaovissri, m., Cubry (Doubs), r. p.

tchâvichri, m., Bournois (Doubs), ROUSSEY.

tchëvatchri, m., Jura bernois, *Archives Suisses d. trad. pop.*, 1904, p. 51.

tchóvichri, m., Plancher-les-Mines (Haute-Saône), POULET.

chóvouchri, m., Morvand, CHAMBURE.

chavouachri, m., *chavosseri*, m., *chabouéchri*, m., *chavouachi*, m., *chabouéchi*, m., Yonne, JOSSIER.

tyavéchri, m., env. de Porrentruy (Suisse), c. p. M. ED. EDMONT.

chófsoérin, Moreuil (Somme), SÜTTERLIN (dans *Zeitsch f. rom. Philol.*, 1902).

chanvouèchri, m., env. de Nolay (Côte-d'Or), c. p. M. ED. EDMONT.

chôvouchi, m., Châtillon-en-Bazois (Nièvre), c. p. M. Ed. Edmont.

chavouchi, m., Saint-Martin-du-Puits (Nièvre), r. p.

savouchi, m., env. de Corbigny (Nièvre), c. p. M. Ed. Edmont.

chaotsori, m., anc. franç., P. de Changy, *Singularitez de Pline*, 1542, f^{et} 48.

chaou souris, *chausouris*, *chausoris*, anc. franç., Godef.

tchaou-sori, Liège, Monseur, *Folk. wall.*, p. 11. — Herve (Belgique), *Rev. d. trad. p.*, 1902, p. 371.

côk' souôri, f., Bessin, Joret.

côk' souori, f., *côk' sououri*, f., *côk'sori*, f., Thaon (Calvados), Guerlin de Guer.

caôk' souëri, f., envir. de Périers (Manche), r. p.

cok' souri, f., Haute-Normandie, Delboulle.

cok' soëri, Bairieux (Somme), Sütterlin (dans *Zeits. f. rom. Phil.*, 1902).

côk' souri, f., Beaumont-le-Roger (Eure), c. p. M. Ed. Edmont.

këk' souèré~, f., env. d'Ailly-sur-Noye (Somme), c. p. M. Ed. Edmont.

cakcheuri, *cat'cheuri*, Bresles (Oise), Sütterlin (dans *Zeitsch. f. rom. Phil.*, 1902).

coco suri, m., env. de Bouchain (Nord), c. p. M. Ed. Edmont.

crok' seuri, masc., Saint-Just (Oise), c. p. M. Ed. Edmont.

crok' soérije, f., Grandvilliers (Oise), Sütterlin (dans *Zeits. f. rom. Phil.*, 1902).

souri gaough', La Hague (Manche), c. p. feu J. Fleury.

tchaouttchri, m., env. de Giromagny (Terr. de Belfort), c. p. M. Ed. Edmont.

catt' souri, f., Hesdin (Pas-de-Cal.), r. p. — Saint-Pol, Verquin (Pas-de-Cal.), c. p. M. Ed. Edmont. — Quarouble (Nord), c. p. M. L. B. Riomet.

catt' séri, masc., Bernaville (Somme), c. p. M. Ed. Edmont.

catt' sëri, f., *catt' souari*, f., Somme, JOUANCOUX.

sott' souri, f., env. de Bar-sur-Aube, c. p. M. ED. EDMONT.

côd' sori, Borinage (Belgique), DEFRÉCHEUX.

keud' soritt, Mons (Belgique), DEFRÉCHEUX.

cad' suri, m., Marquay (Pas-de-Cal.), c. p. M. ED. EDMONT.

chap' sori, m., env. de Bonnières (Seine-et-Oise), c. p. M. ED. EDMONT.

tchap' sori, m., Godarville (Belg.), HAROU, *Folkl. de God.*, 1893, p. 17. — Nivelles (Belg.), c. p. M. J. FELLER.

sourik caout', f., Aire (Landes), c. p. M. L. BATCAVE.

souris gaude, f., normand, docum. de 1505, D'AVEZAC, *Rel. du voy. de Gonneville*, 1869, p. 93.

souri gôd', f., env. d'Orbec (Calvados), c. p. M. ED. EDMONT.

souori gaòd', f., Bény-Bocage (Calvados), c. p. M. ED. EDMONT.

souori gôl', f., Coutances, c. p. M. F. EMANUELLI.

chaude souris, f., anc. franç., GODEFROY. — Lusigny (Aube), c. p. M. ED. EDMONT. — Gaye (Marne), c. p. M. C. HBUILLARD.

chaode souri, f., Mayenne, DOTTIN.

souris chaude, f., Côte-du-N. — Orne. — Loire-Inf. — Ille-et-V. — Orne. — Deux-S. — Charente. — Marne. — Aube. — Aisne.

tchôd' souri, patois gaumet (Luxemb. mérid.), c. p. M. J. FELLER.

souri chaoude, f., Vendée, c. p. M. PH. TÉLOT. — Ille-et-V., DOTT. et LANG.

souri chaode, f., Guernesey, r. p.

souri chaoude, f., Villiers-le-Pré (Manche), *Bull. des parl. pop.*, 1902, p. 40.

sourite chôd', f., Valençay (Indre), r. p.

côd'-côd' sori, f., Leuze (Belgique), c. p. M. ED. EDMONT.

échërchôd', f., île d'Yeu, c. p. M. ED. EDMONT.

sourits échcaouy', f., Chalosse (Landes), c. p. M. J. DE LAPOTERIE.

sourits öscaouy', f., Laluque (Landes), r. p.

sourits caouy', f., env. d'Oloron (B.-Pyr.), c. p. M. L. BATCAVE.

sourits caouh', f., env. d'Arthez (B.-Pyr.), c. p. M. L. BATCAVE.

sourits caoub', f., Montaner (B.-Pyr.), c. p. M. L. BATCAVE.

sourits caouz', f., Orthez, Pau, Morlaas (B.-Pyr.), c. p. M. L. BATCAVE.

chourriscaoud', f., *charrisclaout'*, f., béarnais, LESPY.

chirriscaoudo, f., Gascogne, MISTRAL.

charrisclaouto, f., gascon, J. NOULENS, *Flahuto gasc.*, 1897.

charrisclaoud', f., Artix (Basses-Pyr.), c. p. M. M. CAMÉLAT. — Vallée-d'Ossau (B.-P.), c. p. M. L. BATCAVE.

chérrisclaoud', f., Nay (B.-P.), c. p. M. L. BATCAVE.

bouliscaoud', f., La Teste (Gironde), MOUREAU.

bouscarido, f., Portes (Gard), r. p.

raticaldo, f., *raticaoudo*, f., Ariège, c. p. M. P. SICRE.

rétyicaoudo, f., Saint-Girons (Ariège), r. p.

ratocallo (avec deux *l* non mouillées), f., Pamiers (Ariège), GARAUD. — Villefranche-de-Lauraguais (H^te-Gar.), c. p. M. P. FAGOT.

coch' soui, f., env. de Lillebonne (Seine-Inf.), c. p. M. ED. EDMONT.

có souri, m., Avesnes-le-Comte (Pas-de-C.), c. p. M. ED. EDMONT.

soursouri, m., Vendômois, MARTELLIÈRE.

soursouré, Meuse, VARLET.

chôch' souri, f., env. de Gien (Loiret), c. p. M. ED. EDMONT.

chausse-souris, f., anc. franç., *Gloss. de l'anc. th. franç.* — Breteau (Loiret), c. p. M. J. POQUET.

chassouri, m., Yonne, JOSSIER.

chôssouri, f., env. de Blois, THIBAULT. — E.-et-L., rec. pers.

choouss' souri, f., Fresnay-sur-Sarthe (Sarthe), rec. pers.

sóssouri, f., Romorantin, Verdes (L.-et-Ch.), r. p. — E.-et-L.,
r. p.

souri só, m., La Bernardière (Vendée), c. p. M. Ed. Edmont.

chën' vëri, m., Chambertin (Côte-d'Or), c. p. M. Ed. Edmont.

rota ghinra, f., canton de Montbenoît (Doubs), c. p. M. Ed.
Edmont.

chovotte, f., jargon de Razey près Xertigny (Vosges), r. p.

sri (littéralement *souris*), masc., Morvand, Chambure.

tigna-huss, m., cant. d'Aucun (H^{tes}-Pyr.), c. p. M. M. Camélat.
— Nestier (H^{tes}-Pyr.), Portes, *Fablos*, 1857, p. 57.

tigno-huss, m., Bagnères-de-Bigorre, c. p. M. J.-J. Pépouey.

tignouzëro, f., Gèdre (H^{tes}-Pyr.), c. p. M. M. Camélat.

pissarato, f., Mussidan (Dord.), Chastenet, *Bousqueis de la
Jano*, 1875, p. 5. — Saint-Ybard (Corr.), La Roche.

pissorato, f., Corrèze, Béronie. — Lot, *Bull. de la Soc.
d'études du Lot*, 1877, p. 139. — Baladou (Lot), R.
Fourès (dans *Annuaire*, p. 103). — Puy-de-Dôme, r. p.
— Mussidan (Dordogne), *Concours phil.*, Montpellier,
1875, p. 149. — Saint-Georges-Lapouge, Monteil-le-
Vicomte (Creuse), r. p.

pichorlato, f., Davignac (Corrèze), r. p.

piss' rott', f., Montluçon (Allier), rec. pers.

cót' pich' (= chaude pisse), f., Frameries (Belgique), *Armonaque borain*, 1890, p. 55.

pich' caoud', f., *mich' caoud'*, f., Mimizan (Landes), Beaurredon, 1877.

aoutri, Uchon (Saône-et-Loire), Simonet, *Vocab. du Pat.
d'Uchon*, 1858.

vespertille, f., anc. franç., Godefroy. (Le mot est d'origine
savante.)

2. — « Avec ta teste au cou de grue Et tes yeux de chauve-
souris. » Berthaut, *Paris en vers burlesques*, 1660, p. 69.

3. — Dans beaucoup d'endroits on considère la chauve-souris comme étant aveugle.

4. — « Contre l'incontinence d'urine des enfants on emploie une infusion des excréments de la chauve-souris. » Provence, Réguis, *Mat. méd.*, p. 14.

5. — « *Il n'est ni oiseau ni chauve-souris* = Il n'est ni chair ni poisson. » Provence, Mistral. — « Es pas ni aoussél ni ratopénado. » Aude, c. p. M. P. Calmet. — « *La belette a envie de manger la chauve-souris, soit parce que c'est un oiseau, soit parce que c'est un rat.* » Proverbe flamand, J. Cats, 1661.

« Come fece il pipistrello con due donnole, l'una delle quali lo voleva ammazzare come uccello e l'altra lo voleva ammazzare come sorce, onde esso per salvarsi, disse a quella che non era uccello, ma sorce, e disse poi a questa che non era sorce, ma uccello. » Guazzo, *Dialoghi*, 1686, p. 121.

6. — « On dit des masques, qu'ils ont couru le bal la nuit en *chauve-souris*, quand ils se sont déguisés à la hâte et sans ornements, en mettant une jupe de femme attachée à leur cou, et pendante jusqu'aux genoux. » *Dict. de Trévoux*, 1752.

7. — « Pour avoir des richesses en abondance il faut couper la tête à une chauve-souris avec une pièce d'argent, la mettre dans un trou bien bouché, l'y tenir pendant trois mois et, au bout de ce temps, lui demander ce que l'on veut. » Thiers, *Traité des superst.*, 1697, t. 1, p. 270.

8. — « Pour se faire aimer il faut prendre une chauve-souris, la faire brûler et en jeter le cendres sur la personne dont on veut se faire aimer. » Haute-Garonne, P. Fagot,

Folklore du Lauraguais, p. 314; Tarn, *Rev. hist. du Tarn,* 1901, p. 19.

9. — « Une chauve-souris volant avec insistance autour d'une maison, présage une mort prochaine dans cette maison. » Avon (Seine-et-Marne), r. p.

10. — « La chauve-souris suce le sang des personnes endormies. » Huy (Belg.), HAROU (dans *Rev. des trad.* p. 1902, p. 371); Marne, c. p. M. E. MAUSSENET.

11. — Si l'on jette une chauve-souris dans le feu, elle pousse des cris affreux et profère de grosses injures. » Tarn, c. p. M. ED. EDMONT. — « Quand on la torture, elle dit : *rénègo-Diu ! rénègo-Diu !* = renie-Dieu ! renie-Dieu ! » Vence (Alpes-Marit.), c. p. M. L. FUNEL.

12. — « Lorsque Dieu créa l'hirondelle, le Diable créa la chauve-souris. » Canton d'Aucun (Hautes-Pyr.), c. par M. M. CAMÉLAT.

« Lorsque le Diable créa la chauve-souris, Dieu créa le grimpereau. » Gèdre (Canton de Luz, Hautes-Pyr.), c. par M. M. CAMÉLAT.

13. — « On dit en Provence que les chauves-souris sont *les mouches de l'enfer.* » MISTRAL.

14. — La chauve-souris surprise et effrayée a l'habitude de s'envoler en lâchant son urine.
Si elle vous pisse sur les cheveux, vous devenez teigneux ou chauve. — Si elle vous pisse dans les yeux, vous devenez aveugle. (Croyances très généralement répandues.)

« On dit d'un chauve qu'une chauve-souris lui a pissé sur la tête. » HAROU, *Folk. de Godarville* (Belgique).

Si elle fait ses excréments sur la tête d'un enfant, il ne tardera pas à avoir un violent mal de tête.

Vosges, THIRIAT (dans *Mélusine*, I, 453).

« *Péou ratat* (= cheveu-raté) se dit d'un homme chauve. »

Tarn-et-Gar., CASSAGNOU, *Fantesios*, 1856, p. 209.

15. — Les femmes qui ont la chevelure bien fournie ont une peur affreuse de la chauve-souris, parce qu'elles croient qu'elle s'y accroche et s'y entortille de manière à ne pouvoir s'en débarrasser facilement. — Les chauves-souris peuvent vous crever les yeux avec leurs ailes. (Croyances généralement répandues.)

16. — On met un chapeau au bout d'une longue perche, à la nuit tombante et on agite cette perche (¹). La chauve-souris tournoie au-dessous du chapeau, qu'on laisse tomber à un moment donné, et elle se trouve prise (²). On lui adresse les incantations suivantes pour l'inviter à se laisser prendre :

Chauve-souris,
Passe par ici
Tu trouveras du pain chanci
Et de la galette à l'huile
Par dessous les tuiles.

Fontainebleau, r. p.

(¹) On se sert aussi d'un fouet qu'on agite ou d'un mouchoir blanc qu'on jette en l'air. — Rémilly (Pays messin), r. p.

« J'ay veu attraper les chauve-souris avec une espée nue remuée, à l'entour de laquelle elles viennent voleter; alors elles sont aisées à blesser et jetter par terre. »

DAN. MARTIN, *Parlement nouveau*, 1660, p. 567.

(²) Ou du moins on croit pouvoir la prendre.

Catt'souri, catt'souri,
Mon ami,
Si tu ne m'dis point ten nom
Je té donnerai à manger
Du lébuli (1)
Dans un' payelle treuée (2).

Warloy-Baillon (Somme), communicat. de
M. H. Carnoy.

Catt' séri, catt' séri,
Rappass' par ichi,
Té donnerai ëne gatée (*jatte*) de lébuli
Din ëne payelle treuée.

Samer (P.-de-C.), c. p. M. B. de Kerhervé.

Chauve-souris,
Passe par ici,
Tu mangeras du pain moisi,
Ta galette est cuite (*bis*).

Noisy-le-Sec (Seine), rec. pers.

Cate souris, rapasse par chi,
J'té donn'rai du pain musi,
A boire, à boire
Plein t' maquoire
Cate-souris toute noire.

Verquin (Pas-de-Calais), c. par M. Ed. Edmont.

Cate-souris, rapasse par chi,
J'té barai du pain musi
Et pis cor del iau à boire
Cate souris toute noire.

Saint-Pol (Pas-de-Cal.), c. par M. Ed. Edmont.

---

(1) De la bouillie.
(2) Dans une poêle trouée.

Tchaou-souri,
Passe pour ci,
Dji t' dinrô do pouin rousti.

Laroche (Luxemb. belge), c. p. M. J. FELLER.

Tchâvichri, pèsse pè chi,
T'èré di pain meûji.

Bournois (Doubs), ROUSSEY, p. 298.

« Rato-pénado, véné léou,
Té dounarày dé pan nouvéou;
Rato-pénado, véné ici,
Té dounarày dé pan mouni (variante : béni). »

Vaucluse, c. p. M. M. RÉGUIS.

Tchaou-sori, viné por ci,
Vos oré dé pan béni
De la main de Jésus-Christ.

Herve (Belg.), HAROU (dans Rev. d. trad.
p., 1902, p. 371).

Chauve souris, venez par ici,
Vous arez du pain bénit.
N' allez né pas par là,
Vous arez des coups d' craîa.

Liberchies (Hainaut), HAROU (dans Rev. d.
trad. p., 1902, p. 372).

Tchape-sori, venez ci,
Vous arez del' tarte au riz.

HAROU, Folkl. de Godarville (Belgique).

Tchaou sori, viné ci,
Vos âré dé [pan] rosti,
Dé nokyon qu'é fouèr bon,
Po v' loumé, po v' tchâfé,
A soumî d' noss tyèni.

(= Ch. s., venez ici, vous aurez du pain rôti, un bout de
chandelle qui est fort bon pour vous éclairer, pour vous
chauffer à la poutre de notre étable).

Pays wallon, E. MONSEUR, *Folkl. wall.*, p. 11.

« Rato-pénado, véné ici,
Té dounarày' dé pan mouni,
Dé chinchorlo e dé candélo.
Grand merci, madamisèlo ! »

Villeneuve-les-Avignon (Gard), c, p, M.
M. RÉGUIS.

Soursouris, passe par ici,
Hirondelle (¹), passe par la ruelle.

Vendômois, MARTELLIÈRE.

« Hirondelle, passez par là, belle,
Pistouri, passez par ici. »

Poitiers, c. p. M. E. ERNAULT.

17. — « *Jeu de la chauve-souris.* — Six ou huit garçons se
divisent en deux bandes égales; les uns se cachent et
les autres les cherchent; si ces derniers en découvrent
un, ils crient *trico, trica* sur un tel qui est obligé de
se décacher; il est poursuivi par les chercheurs, et s'il
est attrapé avant d'être revenu au poste qu'on nomme
bale, il est obligé de porter à dos celui qui l'a pris jusqu'aux *bales*, et c'est aux autres à se cacher à leur tour. »

Valenciennes, HÉCART.

Devinette. — « Quel oysel est ce qui donne lait et sy vole
en l'air ? — *C'est une chauve soiris.* » *Adevineaux
amoureux*, Bruges, s. d. (vers 1484.)

_____

(¹) Le vol de la chauve-souris ressemble beaucoup à celui de l'hirondelle.

Talpa europaea. (Linné.) — LA TAUPE.

(*Voyez : Faune pop.*, t. I, p. 8-15).

1. Noms donnés à la Taupe :

talbus, l. du m. â., GREIZ, *Spicil. vatic.*, 1838, p. 42.

darbus, lat. du m. â., docum. de 1480, DU CANGE.

tulpa, l. du m. â., GRAFF, I, 1040.

mus caecus, lat. du moy. âge, MILLER, 1880.

talpa, f., anc. provenç., BARTSCH, *Chrestom.*, 1892, c. 587.

talpo, f., Dordogne. — Lot. — Aude. — Ariège. — Hérault.
— Montauban.

tàrpa, f., env. de Bonneville (Haute-Sav.), CONST.

tarpa, f., *ratëtarpa*, f., Hémérence (Suisse), LEVALLAZ.

tarpe, f., ancien franç., *La Pleure-Chante*, publ. par H. MONIN,
1834, p. 6.

tarpi, m., env. de Porrentruy (Suisse), c. p. M. ED. EDMONT.

tarpî, f., env. de Belfort, *Revue d'Alsace*, 1887, p. 559.

turpe, f., anc. franç., CAUMONT, *Voyage d'oultremer*, publ.
par La Grange, 1858, p. 192.

taoupa, f., Montpellier. — Le Vigan (Gard).

taoupo, f., provenç. mod. — languedoc. — Hautes-Pyr. —
Béarn. — limousin. — Creuse. — Cantal.

taoup', f., Basses-Pyr. — Landes. — Gironde. — Vendée.
— Ille-et-V. — Calvad. — Manche.

taóp', f., Montmartin (Manche), *Annales de Bret.*, 1894, p. 94.
— Guernesey, r. p. — Avon (Seine-et-M.), r. p. —
Couptrain (Mayenne), c. p. M. ED. EDMONT.

tàóp', f., Pirou (Manche), r. p.

téóp', f., Clisson (Loire-Inf.), c. p. M. ED. EDMONT.

tooupo, f., Monteil-au-Vicomte (Creuse), r. p.

tàpa, f., Vaudioux (Jura), THEVENIN.

toùpä, f., Vinzelles (Puy-de-D.), DAUZAT, p. 123.

tôpo, f., Issertaux, Estandeuil (Puy-de-D.), r. p.

tôp', f., Verdes (Loir-et-Cher), rec. pers.

teup', f., *tëp'*, f., Pierrefonds (Oise), rec. pers. — env. de
Beauvais, c. p. M. ED. EDMONT. — Thiérache (Aisne),
c. par M. L.-B. RIOMET.—Aubenton (Aisne), c. p. M. ED.
EDMONT. — Acheux, Picquigny, Poix (Somme), c. p.
M. ED. EDMONT. — Samer (P.-de-C.), c. p. M. B. DE
KERHERVÉ.

tôpëll', f., Fougerolles-du-Plessis (Mayenne), rec. pers.

taoupatt, m., Bagnères-de-Bigorre, c. p. M. J.-J. PÉPOURY.
Béarnais, LESPY. (Variante augmentative et péjorative
de *taoupo*.)

taouha, f., Arrens (H^{tes}-Pyr.), c. par M. M. CAMÉLAT. —
Arros (Basses-Pyr.), c. par M. M. CAMÉLAT. (Cette forme
est un compromis entre *taoupa* et *bouha*.)

pôtass', f., jargon de Razey près Xertigny (Vosges), rec. p.

darbon, m., anc. provenç., A. THOMAS, *Notes de lex. franç.*,
1893, p. 12. — dauphinois anc. et mod., DEVAUX,
p. 395. — Thénésol (Savoie), r. p. — Ferrières (Allier),
ENCISE, *Pat. de F.*, 1895. — lyonnais, forézien, GRAS.
— Vercel (Doubs), c. p. M. ED. EDMONT.

darboun, m., Bouches-du-Rh., MAR. GIRARD, *La Crau*, 1894,
p. 234. — Bruis (Hautes-Alpes), *Soc. d'études des Hautes-
Alpes*, 1884, p. 335.— Forcalquier, c. p. M. E. PLAUCHUD.

dèrboun, m., Vallées vaudoises, MOROSI.

dèrbon, m., Dompierre (Suisse), GAUCHAT. — Env. de Montbenoît (Doubs), c. p. M. ED. EDMONT.

darbou, m., Haute-Loire, VINOLS; MOUSSIER. — Apt (Vaucluse), COLIGNON, *Flore d'Apt*, 1865.

dorbou, m., Annonay (Ardèche), r. p.

drabon, m., env. d'Albertville (Sav.), CONST. — Voiron
(Isère), BLANCHET. — Loire, GRAS.

dèrban, m., canton de Neuchatel (Suisse), c. p. M. ED.
EDMONT.

tharbon (av. *th* angl.), m., dauphin., DEVAUX. — Jujurieux
(Ain), PHILIPON. — env. d'Annecy et de Chambéry,
CONST.

jarbon, m., *zarbon*, m., dauphinois, DEVAUX.

narboun, m., niçois, PELLEGRINI.

drêvi, m., Damprichard (Doubs), GRAMMONT.

vârpa, f., env. de Saint-Jean-de-Maur. (Sav.). CONST.

vorpa, f., Albertville (Savoie), CONST.

bousson ([1]), m., Bournois (Doubs), ROUSSEY.

boussâ, m., Clerval (Doubs), rec. p.

boussò, m., Montbozon (H.te-Saône), c. p. M. ED. EDMONT. —
Cubry (Doubs), r. p.

boussenie, Courroux (Suisse romande), RASPIELER, *Les
paniers*, 1849, p. 62.

bouhoun, m., *bouhou~*, m., Gers, rec. pers. — Landes,
DAUGÉ, *Flous de Lane*, 1901, p. 195. — Habas (Landes),
GASSIAT.

bohoo, m., anc. béarnais, LESPY.

bouhou, m., Geu, Villelongue (H.tes-Pyr.), c. par M. M.
CAMÉLAT. — Bagnères-de-Bigorre, DEJEANNE, *Caucos
fablos*, Bagnères, 1886. — béarn., LESPY.

bouha, f., Orignac (H.tes-Pyr.), c. par M. M. CAMÉLAT.

bouho, f., Saint-Girons (Ariège), r. p.

bouh', f., Landes, FOIX, 1902, p. 65.

bousstreu, m., Les Franches-Montagnes (Suisse), c. p.
M. ED. EDMONT.

boussreu, m., Courrendlin (Suisse), c. p. M. ED. EDMONT.

boussrò, m., Villersexel (Haute-Saône), c. p. M. ED. EDMONT.

fougnan ([2]), m., Namur, NIED. — Saint-Hubert (Belgique),

([1]) Du mot *bosser* soulever la terre. — « *La taupe a bossé.* » CL. GAU-
CHET, *Plais. des ch.*, 1583, éd. Blanchem., p. 122.

([2]) « *Fougner* signifie *remuer la terre, fouiller la terre.* » Valenciennes
HÉCART; Chenay (Marne), c. p. M. E. Maussenet.

P. Marchot, *Pat. de St-Hub.*, 1890, p. 33. — Longwy (Meurthe-et-M.), c. p. M. Ed. Edmont.

fouiyan, m., Colombey-les-Belles (Meurthe), c. p. M. Ed. Edmont.

fouyan, m., Chattancourt (Meuse), Varlet. — Toul, c. p. M. Ed. Edmont. — Chiny (Luxemb. belge), c. p. M. J. Feller.

fòyan, m., Liège, Verviers, c. p., M. J. Feller.

feuyan, m., Frize (Vosges), c. p. M. Ed. Edmont.

fouant, m., anc. fr., Godefroy.

fouan (¹), m., Pas-de-Calais, Lecesne. — Douai, Escallier, *Rem.* — Bavay (Nord), r. p. — Bohain (Aisne), r. p. — Lille, Debuire.

fuan, m., env. de Spincourt (Meuse), c. p. M. Ed. Edmont.

fyan, m., Senones, Le Thillot (Vosges), c. p. M. Ed. Edmont. —Offroicourt(Vosges), Haillant, *Flore des Vosges,* 1886.

feüyan, m., La Poutroye (Alsace), Simon.

feuya, m., env. de Bruyères (Vosges), c. p. M. Ed. Edmont.

fouyon, m., Durbuy (Luxembourg belge), c. p. M. Ed. Edmont. — Peuvillers (Meuse), Varlet.

fòyon, m., Renwez (Ardennes), c. p. M. Ed. Edmont. — Bouillon (Luxembourg belge), c. p. M. Ed. Edmont. — Malmédy (Prusse wallonne), Zeliqzon.

fouyin, m., Etain (Meuse), c. p. M. Ed. Edmont.

fouin, m., Sains-Richaumont (Aisne), c. p. M. Ed. Edmont. — Nord du départ. de l'Aisne, c. p. M. L. B. Riomet.

rato, f., Vaucluse, c. p. M. M. Réguis.

mulò (²), m., Hesdin (Pas-de-Cal.), rec. p.

(¹) « *Fouanner* = fouiller la terre, en parlant de la taupe; *fouan-nage*, m. = le travail de la taupe qui a fouillé. » Saint-Pol (Pas-de-C.), c. p. M. Ed. Edmont.

(²) On lit dans Diez, *Anc. gloss. rom.*, 1870 : « *Talpae, muli qui ter-ram fondunt.* »

mutaray', m., *mutaréy'*, m., Meuse, LABOURASSE. (Confusion
  avec le nom de la taupinière.)
montrégni, m., env. de Belfort, LIBLIN, *Glossogr. des patois
  d'Alsace*. (Confusion avec le nom de la taupinière.)
motrigni, m., Giromagny. (Territ. de Belfort), c. p. M. ED.
  EDMONT.
dourmi-ouso, f., provençal mod., RÉGUIS.
dourmioué, Bouches-du-Rh., VILL. [La taupe avec ses tout
  petits yeux semble dormir.]
muss-gàmbilétt, m., béarnais, LESPY.
ratairol, m., anc. provençal, RAYNOUARD, sub verbo *abellucar*.

2. — Le monticule élevé par les taupes est appelé :

taupia, lat. du moy. âge, DU CANGE.
tolpinado, f., Saint-Alvère (Dordogne), c. par M. R. FOURÈS.
talpinièro, f., Montauban (Tarn-et-Gar.), c. p. M. A.
  PERBOSC. — Haute-Gar., c. p. M. P. FAGOT
tolpognièro, f., Gourdon (Lot), c. par M. R. FOURÈS.
tópinère, f., Maillezais (Vendée), c. p. M. PH. TELOT.
tooupiéro, f., Corrèze, BÉRONIE.
taoupinéy'r', f., La Teste (Gironde), MOUREAU.
taópinir', f., Pirou (Manche), rec. pers.
tooupado, f., Sardent (Creuse), *Rev. d. langues rom.*, 1879,
  p. 106. — Saint-Georges-Lapouge (Creuse), rec. pers.
taoupad', f., béarnais, LESPY.
tópado, f., Monteil-au-Vicomte (Creuse), rec. pers.
taoupatèro, f., Bagnères-de-Bigorre, c. p. M. J.-J. PÉPOUEY.
tapouéro, f., ouest du dép. du Lot-et-Gar., DARDY, II, 58.
tapouéyr', f., Landes, FOIX, 1902, p. 75.
tópière, f., Langres, MULSON! — Dijon, CUNISSET. — Eure-
  et-L., c. p. M. J. POQUET. — Chaussin (Jura), GROSJ.
  — Chenay (Marne), c. p. M. E. MAUSSENET.
tépièr', f., Somme, LEDIEU.

tôpéro, f., Issertaux (Puy-de-D.), r. p.

tôpér', f., Forêt-de-Clairvaux (Aube), BAUDOUIN. — Petit-Noir (Jura), RICHENET. — Nuits (Côte-d'Or), PH. GARNIER. — Velorcey (Haute-Saône), r. p.

taupine, f , français, L. LIGER, *Jardinier fleuriste*, 1718, t. I, p. 37. — Centre, Jaubert.

taupinée, f., français, LA FONTAINE, *Fables*, VIII, 9.

tôpasse, f., L'Isle-Jourdain (Vienne), LALANNE.

tôtatèr', masc., Fougerolles-du-Plessis (Mayenne), r. p.

darbounièro, f., provenç., PELLAS, 1723. — Forcalquier, c. p. M. E. PLAUCHUD.

darboundy're, f., Bagnard (Valais), CORNU. — Haute-Loire, VINOLS.

tharbonyère, f. (avec *th* angl. doux), Jujurieux (Ain), PHILIPON.

darboniri, f., Saint-Genis-les-Ollières (Lyonnais), *Revue des patois*, 1888, p. 212.

darbonire, f., *darbounire*, f., *drabouënire*, f., *drabounire*, f., *tharbonire* (avec *th* angl.), f., Savoie et Haute-Sav., CONST.

darboni, m., lyonnais, PUITSPELU.

darbougni, m., Thénésol (Savoie), rec. pers.

darboussièro, f., Var, AVRIL.

mutte, f., Peuvillers, Chattancourt (Meuse), VARLET.

fouagnère, f., Quarouble (Nord), c. p. M. L.-B. RIOMET.

mutarière, f., Meuse, *Bull. de la Soc. des Lettres de Bar-le-Duc*, 1896, p. 479.

mutarâyère, f., Meuse, LABOURASSE.

montrenière, f., envir. des Belfort, LIBLIN, *Glossogr. des pat. d'Alsace*.

moutrigni, f., env. de Belfort, VAUTHERIN.

montreni, m., Courroux (Suisse), RASPIELER, *Les Paniers*, 1849, p. 62.

mutigni, m., franc-comtois, BULLET, 1754, III, 2ᵉ p., p. 178.

moutrăy' f., Rémilly (Pays messin), r. p.

moutire, f., Les Fourgs (Doubs), TISSOT. — Vaudioux (Jura), THEVENIN.

mutré, m., La Bresse (Vosges), c. par M. l'abbé HINGRE.

muturle, f., *mustierne*, f., *mutelote*, f., anc. franç. du nord-est, GODEFROY.

milérnan, m., Dagny-Lambercy (Aisne), c. p. M. L.-B. RIOMET.

mulérne, f., Valenciennes, HÉCART. — Hesdin (Pas-de-Cal.), rec. pers. — Saint-Pol (Pas-de-C.), c. p. M. ED. EDMONT. — picard, JOUANCOUX. — Aisne, BRAYER.

muliérne, f., Valenciennes, HÉCART. — Hainaut, SIGART.

mouy', f., Chattancourt (Meuse), VARLET.

môyine, f., Chiny (Luxembourg belge), c. p. M. J. FELLER.

mon-nire, f., Bournois (Doubs), ROUSSEY. — Clerval (Doubs), rec. p.

mouliné, fém., env. de Mouzon (Ardennes), c. p. M. N. GOFFART.

moliné, m., envir. de Charleville (Ardennes), *Feuille du Cultivateur*, 22 nivôse, an IV.

mofioul', f., Lierneux (Province de Liège) et Malmédy (Prusse wallonne), BODY.

butereau, m., français, *L'Année champêtre*, 1769, I, p. 104.

bouté, fém., env. de Poitiers, LALANNE.

buti, fém., Montcontour (Vienne), LALANNE.

bouhé, m., *bouhelèr'*, f., *bouhemèr'*, f., *bouhèr'*, f., Landes, FOIX, 1902, p. 65.

bouhèr', f., *bouhoèr'*, f., *bouhatèr'*, f., *taoupièr'*, f., béarnais, LESPY.

bouhouèra, f., Argelès (H.-Pyr.), c. p. M. P. TARISSAN.

estoquée, f., wallon, *Wallonia*, 1901, p. 174.

froumouhe, f., Verviers, BODY. [Le dessus d'une taupinière ressemble à une fourmilière.]

frumouche, f., *frimouche*, f., Namur, NIED.

foumouhe, f., *foumou*, f., Liège, c. p. M. J. FELLER.

labourè, m., Pouzauges (Vendée), *Usages locaux du cant. de Pouzauges*, 1856.

pènèrèz', f., jargon de Razey près Xertigny (Vosges), rec. p.

3. — Prendre les taupes ou détruire les taupinières se dit :

estaupiner, anc. franç., GODEFROY.

étópd, Maillezais (Vendée), c. p. M. PH. TELOT.

tauper, St-Georges-des-Groseilliers (Orne), rec. p. — Saint-Pol (Pas-de-C.), c. p. M. ED. EDMONT.

dédarbounà, Bonneville (Haute-Sav.), CONST.

« Le travail du preneur de taupes s'appelle *le taupage*. » Saint-Pol (Pas-de-C.), c. p. M. ED. EDMONT.

4. — Celui qui fait profession d'exterminer les taupes, est appelé :

estauppineur, m., anc. franç., document de 1404, DU CANGE.

taoupi, m., Brémoy (Calvados). *Bull. d. parlers norm.*, 1901, p. 402.

tópinié, m., Fougerolles-du-Plessis (Mayenne), r. p.

darbounié, m., Haute-Loire, MOUSSIER, *Catal. des anim. de la Haute-Loire*, 1853.

taoupatè, m., béarnais, LESPY.

5. — Le piège à prendre les taupes est nommé :

bostaupier, m., Lyon, MÉNAGE, 1750, I, 208.

tèpière, f., *tópière*, f., Aisne, c. p. M. L.-B. RIOMET.

taoupéy', m., La Teste (Gironde), MOUREAU.

bouhoère, f., béarnais, LESPY.

6. — « Douss coumo uno péou dé taoupo = doux comme une peau de taupe » Provence, MISTRAL.

7. — « Il est noir comme un fouan. » Valenciennes, Hécart; Saint-Pol (Pas-de-C.), c. p. M. Ed. Edmont. — « *Taupin* = noir comme une taupe. » Yonne, Jossien. — « *Taoupou* = enfant trop brun de peau. » Pézénas, Mazuc. — « *Taoupéu* = 1° individu à la peau noire; 2° nom donné à un chien qui a le pelage de la taupe. » Comberouger (Tarn-et-Gar.), c. p. M. A. Perbosc. — « Les charretiers appellent *taupins* les chevaux complètement noirs. » Eure-et-L., c. p. M. J. Poquet.

8. — « Gras comme un fouan. » Valenciennes, Hécart. — « *Tooupéu* = homme petit et trapu; *tooupétou* = enfant petit et trapu. » Corrèze, Béronie. — « Cros (*gras*) comme un p'tit fouan. » Saint-Pol (Pas-de-C.), c. p. M. Ed. Edmont.

9. — « Flérà coma un darbon crevà = *puer*. » Dauphiné, *Poes. en pat. du Dauph.*, 1874, p. 60.

10. — « Ce grand preneur de taupes à la glu = *fanfaron* ? » Beroalde de Berville, *Moyen de p.*, éd. Royer, II, 202.

11. — « *Taupage* = égoïsme, état de celui, qui comme la taupe, vit dans son trou sans s'occuper des autres. » Argot franç., Francisque Michel. — « *Taupier* = égoïste. » Argot franç. d'après un manuscrit du commencem. du xixe siècle. — « Cette femme est jalouse comme une taupe. » *La Gaudriole* du 10 septembre 1891.

12. — « *Taupe* = putain de bas étage. » — « *Vieille taupe* = injure à l'adresse d'une femme vieille et laide. »

13. — « *Tauper* = travailler (¹). » Argot, L. Rigaud.

_____

(¹) « Deux jours de repos, dimanche et lundi, c'est pas de trop pour un homme qui *taupe* toute une semaine sur un échafaudage. » *Album comique*, Paris, 1843.

« *Darbouniá* = travailler sous terre. » Forcalquier, c. p. M. E. Plauchud.

« *Faire la guerre des taupes* = faire des travaux d'approche dans le siège d'une ville. » *Souvenirs d'un officier*, 1803. — « On appelle *taupins*, à l'École polytechnique, les élèves qui se destinent à entrer dans les Mines ([1]). »

14. — « On dit qu'une personne est *où la taupe juche* pour dire qu'elle est morte et enterrée. » *Dict. de Trévoux*, 1752. — « *Être taupé* = être mort et enterré, être dans le royaume des taupes. » Perche, Fret, *La pèlerine percheronne*, 1840, p. 90. — « Quand les médecins ont *taupé* le cimetière sainct-Innocent, ils en deviennent plus savants. » Locut. ironique, Le Bon, 1557.

15. — On peut verser de l'eau en grande quantité dans un trou de taupe, elle disparaît sans que le trou se remplisse : « *En que pensave ? Vouliéou doune me perdre coumo l'aigo dins un traou de taoupo ?* » Provence, *Aiòli*, 27 juill. 1895, p. 3, col. 3.

16. — « *Être taupé* = être pris, surpris par exemple à braconner. » Berry, Tissier.

17. — « *Tauper, taupigner* = rosser, battre quelqu'un. » Dijon, Cunisset. — « *Tôpiné* = battre. » Chaussin (Jura), Grosj. et Br.

« Ils viendront à grands coups de poing *faire tôpe* sur votre groing. » xvie s., Fournier, *Var. littér.*, III, 338.

([1]) « On appelait autrefois *francs-taupins* de mauvais soldats qui n'étaient bons qu'à creuser la terre, à faire des mines. — Voyez le *Dict. de Trévoux*, 1752.

« Tauper (¹) = consentir à une chose en se frappant réciproquement dans la main. » Franç. du xvii⁰ s. — Aujourd'hui on dit *toper*. — « *Toper* = trinquer, boire à la santé l'un de l'autre en choquant les verres (²). » Parisien mod., r. p.

18. — « La taupe boute, nous aurons de l'eau. » Centre, JAUBERT.

« Les taupes travaillent surtout dans les temps de chaleur, parce que, prétendent les paysans, elles étouffent dans leurs trous. »

Belgique, A. BODY, *Vocab. des agricult.*, 1884.

19. — « *Ua taouha tirada dét prat* = une taupe enlevée du pré, se dit lorsqu'une personne gênante vient de mourir. » Arrens (Hautes-Pyr.), c. par M. M. CAMÉLAT.

> Une taupe dans un pré,
> Un sergent dans un vilage,
> Et dans la vigne un noyer
> Sont capables de tout gâter.

J. BOULLAY, *Manière de cultiver la vigne*, 1723, p. 400.

> « Un advocat en une ville (³),
> Un noyer en une vigne,
> Un pourceau en un bled,
> *Une taupe en un pré*,

(¹) On lit dans DUMANIANT, *Médecin de tout le monde*, comédie, 1786 : *tauper à une chose* = accepter une chose, consentir à une chose.

(²) Au xvii⁰ s. on trinquait en disant : « *crique, croc, mace, taupe, trinque !* » *Almanach bachique*, 1661, p. 443.

(³) Ce proverbe se trouve aussi dans B. DES PERIERS, *Récr.*, éd. Jouaust, II, 26, mais le 1ᵉʳ vers n'est pas le même. Il est ainsi : *un advocat en une ligne*.

Et un sergent en un bourg
C'est pour achever de gaster tout. »

Serées de Guill. Bouchet, 1685.

« Utile comme une taupe dans une planche d'oignons.
Ironique. » Eure-et-Loir, c. p. M. J. POQUET. — « Utile
comme une taupe dans une livre de beurre. » Locut.
facétieuse, Maillezais (Vendée), c. p. M. PH. TELOT. —
« Dégaté comme uno taoupo = *dissipateur, gâcheur
comme une t.* » Provence, MISTR.

20. — « Avoir les yeux petits comme une taupe. » J. BELOT,
Œuvres, 1640, p. 364.

La taupe passe généralement pour être aveugle ([1]) :

« Si l' mouéron (*salamandre*) entendait, Si la taupe véyait
N'y aurait pas d'homme qui vivrait. » Bessin, JORET
(dans *Mélusine*, 1877, p. 198).

« Sé talpo bésio, Sé loup séntio, Jamai ré nou sé salbario
= *si taupe voyait, si loup sentait, jamais rien ne se sau-
verait.* » Gascogne, TAUPIAC.

« Si la taupe voyait, Si le sourd entendait Et si le bœuf
connaissait sa force il ne resterait pas un homme vivant
sur la terre. » Nantes, L. B. (dans *Mélusine*, I, 555.)

Cant eu la vei tot m'abelluc,
Et oclei mai d'un ratairol.

(Lorsque je la vois je suis tout ébloui, et je suis aveugle
plus qu'une taupe).

Anc. provençal, RAYNOUARD, sub verbo *abellucar.*

([1]) L'œil de la taupe est si petit et si bien caché par les poils qu'on
a pu en nier l'existence.

« Myope comme une taupe. » parisien.

« Ils sont taupes à veoir et asnes à sçavoir. » BROUAUT,
Traité du vin, 1646, p. 13.

« Qui ne voit que par les yeux d'autruy est taupe. » LE
BON, 1557. — « Nous ne devons pas être Des taupes
dans chez nous et des linx chez l'autruy. » XVI° siècle,
FOURNIER, *Var. litt.*, IV, 46.

        « Tous tant que nous sommes
Linx envers nos pareils, et taupes envers nous,
Nous nous pardonnons tout, et rien aux autres hommes. »

                               LA FONTAINE.

« La taupe est aveugle parce que le crapaud lui a pissé sur
les yeux. »
                          Brulon (Sarthe), rec. pers.

« Un jour la taupe qui n'avait pas de queue, en emprunta
une aux crapaud et lui donna ses yeux en échange.
C'était un échange désavantageux, aussi dit-on : *hè et
cambi det bouhou* = faire l'échange du crapaud, faire
une mauvaise affaire. » Arrens (Canton d'Aucun, Hautes-
Pyr.), c. par M. M. CAMÉLAT. — « A fa la taoupo, a
chanja lis uéy pèr la co. » Provence, MISTR. — « Càm-
bià lés éls pér la caougo coumo la taoupo. » Aude, c.
p. M. P. CALMET.

21. — « Il entend clair comme une taupe. » La taupe a
l'ouïe très fine.
          Calvados, *Bull. des parlers normands*, 1899, p. 233.

« La plus subtile taülpe ne l'auroit pas ouï. » BERNARD
DE RHION, *Hist. de Rhion*, 1559, p. 47.

« Il faut crier à ce sourdaut comme pour prendre une

taupe. » La locut. est sans doute ironique. » Béroalde de Verv., *Moy. de parv.*, éd. Royer, II, 15.

22 — « Les fées s'étant révoltées contre Dieu furent changées en taupes et condamnées à ne jamais voir. Il ne resta de leur forme primitive que les petites mains qu'ont jusqu'à ce jour ces animaux. »

Forez, Gras.

23. — La main taupée (¹) :

« On empale une taupe vivante au bout de l'index et on l'y laisse mourir. Le doigt meurtrier acquiert le pouvoir de guérir les maux de dents par simple attouchement durant l'année entière. » La Reid (Belgique), Harou (dans *Rev. d. trad. p.*, 1902, p. 375.) — « Celui qui prend une taupe vivante le jour du vendredi-saint et se teint de son sang le pouce et l'index acquiert le pouvoir de guérir les maux de dents pendant l'année. » Villers-le-Temple (Belgique), Harou (dans *Rev. d. trad. p.*, p. 375). — « Celui qui trouve une taupe vivante, sans la chercher, et qui lui arrache les pattes de devant, possède un talisman contre les convulsions. Il suffira d'appliquer ces pattes sur la poitrine de l'enfant qui a cette maladie pour le guérir bientôt. » Hamoir (Belgique), Harou (dans *Rev. d. trad. p.*, 1902, p. 375). — « Procurez-vous une taupe en vie, prenez-la par la peau du dos et de la main gauche, tenez-la ainsi jusqu'à ce qu'elle soit morte. Vous avez dès ce moment le pouvoir de guérir la colique des hommes et des animaux domestiques, il suffira que vous touchiez le malade de la main gauche. » Vosges, Thiriat (dans *Mélusine*, I, 454.)

(¹) On appelle ainsi la main qui a étouffé une taupe vivante dans certaines conditions et qui par suite a le privilège de guérir par son contact certaines maladies.

« La main gauche dans laquelle on a étouffé une taupe qu'on
a trouvée sans la chercher, a la propriété de guérir les
tranchées du cheval sur le ventre duquel elle est passée. »

RODET, *Des amulettes* (dans *Mém. de soc. des
sciences de Lille*), 1835, p. 549.

« Une taupe blanche, prise à la main par quelqu'un, lui
donne le pouvoir de guérir les tranchées des chevaux
par l'imposition de sa main. » — Bocage normand,
LECŒUR, II, 118.

« Si un jeune homme ayant encore son innocence prend une
taupe vivante, lui ouvre le ventre et y tient le doigt
plongé toute une nuit, il acquiert ainsi la vertu de guérir les coliques des chevaux en leur frictionnant le
ventre avec ce doigt. »

Envir. de Laval (Mayenne), *Soc. d'agricult.
d'Angers*, 1896, p. 71.

« Prenez une taupe, étouffez-la dans la main, *sans penser à
l'acte que vous commettez* — ceci est essentiel — et vous
aurez par cela même un talisman. Il vous suffira de
toucher avec cette main le ventre d'un malade, personne
ou bête, atteint de coliques, pour que celles-ci cessent
comme par enchantement. »

Provence, RÉGUIS, *Mat. méd.*, p. 14.

« Si un sourd-muet étouffe dans sa main une taupe, cela peut
lui faire recouvrer la parole. »

Saint-Georges-Lapouge (Creuse), rec. pers.

« Si une personne étouffe une taupe dans ses mains et que
de ses mains encore chaudes elle touche le ventre d'une
personne en proie à une rage de dents ou de coliques
elle l'en guérira immédiatement. « Nièvre, *Mém. de la
soc. académ. du Nivernais*, 1887, p. 160.

« Une main taupée guérit les convulsions des enfants. »
Saint-Georges-Lapouge (Creuse), r. p.

« *Topinaria* = espèce d'abcès. » lat. du m. â., Du Cange.
— « *Sinus talpus, talparia* = ulcère profond et caver-
neux de la tête. » lat. du xvie s., Guy de Chauliac, édit.
Nicaise, 1890. — *Taupe, taupière* = ulcère dans la tête. »
franç. du xviie s., Fabrice d'Acquapendente; *Œuvres
chirurg.*, Traduct., 1649. — « *Talpe* = tubérosité sciatique. » anc. franç., Brandin. — « *Tàrpa*, f. = 1° ien
d'herbes, maladie des bœufs; 2° tache, tache de graisse.»
Haute-Savoie, Const.

« *Vertarpes* = maladie de l'homme que se guérit par
l'attouchement de la main de certaines personnes. »
lat. du moy. âge, docum. de 1221, Du Cange. —
« *Vertaupe* = espèce d'abcès. » Wallon du xv° s., J.
Camus, *Manusc. man.* — « *Vertetaupe* = excroissance
sur les lèvres et sur tout le visage. » Valognes, *Revue
de l'Avranchin*, 1886, p. 34. — « *Vertaupe* = espèce de
panaris; pour conjurer ce mal, un toucheur dit : *Vertaupe, vertaupe, Je t'étouffe comme j'ai étouffé l'autre.* »
Deux-Sèvres, Souché, *Croyances*. — « *Vertetaupe* =
tumeur à la nuque d'un cheval. » Manche, *Revue de
l'Avranchin*, 1886, p. 33. — « *Vertetôpe* = 1° cancer
à la lèvre d'un homme; 2° abcès sur le garrot du cheval. »
Périers (Manche), r. p. — *Taupe* = grosseur qui
vient à la lèvre supérieure des priseurs qui puisent
dans la tabatière d'une personne atteinte de ce mal. »
Eure-et-Loir, Loiret, c. p. M. J. Poquet.

24. — « Faire une calotte avec la peau écorchée d'une taupe et
la mettre toute chaude sur la tête d'un enfant qui a des
convulsions, suffit pour le guérir. »

Saint-Georges-Lapouge (Creuse), rec. pers.

« Pour guérir les convulsions des enfants on leur suspend
au cou un sachet renfermant des pattes de taupe qui ont
été coupées sur l'animal vivant. » Janville (Eure-et-L.),
c. p. M. J. POQUET; Marne, c. p. M. C. HEUILLARD.
— « Pour guérir les convulsions d'un enfant il faut
couper les pattes de devant à une taupe, les coudre en
croix dans un sachet de flanelle qu'on suspend au cou
de l'enfant, de façon à couvrir le creux de l'estomac. »
HAROU, *Folkl. de Godarville* (Belgique).

« Une peau de taupe, placée sur la fontaine de la tête d'un
enfant, facilite la pousse des dents et prévient les convulsions. »

Chef-Boutonne (Deux-Sèvres), BEAUCHET-FILLEAU,
Croy., 1882.

« Une patte de taupe suspendue au cou des enfants les
empêche d'avoir mal aux dents. »

Incuil (Cher), rec. pers.

« Les bonnes femmes mettent au cou de leurs enfants, au
moment de la dentition, un sachet renfermant quatre
pattes de taupe. — Le taupier qui se fait payer par le
propriétaire cinquante centimes par taupe capturée, vend
aux femmes les pattes pour le même prix, non sans gri-
maces, et après s'être fait prier, car, assure-t-il, cette
marchandise est bien payée par les pharmaciens. — A
Mondragon, quand on tue une taupe, on a soin de toucher, avec le pouce de la main gauche, le foie de l'animal; on se lave les mains et on possède un talisman. Si
on souffre du mal aux dents, il suffira de frotter avec ce
doigt la dent malade pour être guéri à jamais. »

Provence, RÉGUIS, *Matière méd.*, p. 34.

« Celui qui a le mal de dents s'attache au cou un petit sac

en flanelle rouge contenant les quatre pattes d'une taupe arrachées à l'animal encore vivant. »

Envir. de Verviers, HOCK, t. III.

« Pour faire « germer » les dents d'un tout petit enfant qui souffre, il faut prendre une taupe, lui couper, pendant qu'elle est encore vivante, les ongles des pattes de devant et enfermer ces ongles dans un sachet que l'on laisse suspendu nuit et jour au cou de l'enfant : plus le sachet sent mauvais, plus la guérison est prompte. »

Ardennes, MEYRAC, *Trad.*, p. 178.

« Un collier de pattes d'une taupe vivante, prise sans qu'on l'ait cherchée, suspendu au cou d'un enfant, empêche les douleurs de la dentition. » Meuse, LABOURASSE, *Anc. us de la Meuse*, 1902.

« La peau de taupe placée sous le bonnet d'un enfant préserve des convulsions dentaires. »

Champdeniers (Deux-Sèvres), SOUCHÉ, *Croyances*.

« Contre le mal de dents on fait porter aux jeunes enfants les quatre pattes d'une taupe mâle tuée sur son chemin sans la chercher. »

Centre de la France, SUBERT, *Préjugés popul.*, 1877.

« On croit qu'une patte de taupe attachée au cou d'un enfant favorise la dentition. Pour que la chose réussisse il faut que la taupe ait été prise sans que l'on sût pourquoi était destinée une de ses pattes. » Bournois (Doubs), ROUSSEY, p. 46.

25. « Le sang de taupe est un spécifique pour rétablir la virilité perdue d'un homme. »

Puy-de-Dôme, c. par M. P. LE BLANC.

TOME VII.

« Le sang de la taupe introduit dans l'oreille guérit la surdité. »

Champdeniers (Deux-Sèvres), Souché, Croyances.

« Boire du sang de taupe guérit l'ivrognerie. »

Monteil-au-Vicomte (Creuse), rec. pers.

« On fait manger des taupes aux enfants pour les empêcher de pisser au lit. » Deux-Sèvres, Souché, *Prov.* — « Un fil trempé dans le sang d'une taupe et porté en collier, empêche les enfants de pisser au lit. » Bocage vendéen, *Rev. d. trad. pop.*, 1903, p. 463.

« Les boutons de la bouche disparaissent quand on les frotte avec une patte de taupe. »

Haute-Bret., Sébillot, Additions, p. 32.

« Le sang de la taupe fait disparaître les verrues. » Haute-Bret., *Rev. d. tr. p.*, 1903, p. 26. — « Pour guérir les verrues on prend une grosse limace jaune, on la frotte sur la verrue, puis on va mettre la main entière dans une taupinière fraîche. » Haute-Bret., *Rev. d. tr. p.*, 1903, p. 26.

« Pour se débarrasser d'un panaris, il faut fendre le ventre à une taupe vivante et y mettre le doigt malade. » Sprimont (Belg.), *Rev. d. tr. p.*, 1903, p. 48.

« On croit se guérir des transpirations aux mains en pressant dans les doigts une taupe vivante, jusqu'à ce qu'elle en meure. »

E. Monsieur, Folkl. wallon, p. 17.

« On prévient l'apparition de la fièvre en faisant écraser au malade une taupe vivante entre les doigts. »

Sauvé, Folkl. d. Vosges, p. 268.

26. — « Elle demeure desoubz terre et si voit le soleil, jamais la terre ne la soutient, mais tantost meurt. » —

« Le cœur de la talpe porté en pel de serf garisse les
lunatiques. » — Si vos englotés le cuer de la taupe,
elle non bien morte, aurez science de savoir ce qui est
avenir et des choses qui sont au monde. » — « Les os
de la taupe soterrés (¹) les en voustre mayson car la
taupe morte et vive est profitable ainsi come la teste de
la feme. » « Por chasteté prenés le cuer de la taupe et
envelopés le en la pel de la upe aveque ces .ij. eaus et le
cuer de la upe et le portés aveque vos et tant come
vos porterés ces choses vos serez chast. » ABRAHAMS,
Manuscrits de la Biblioth. roy. de Copenhague, 1844, p. 36.

« Une taupe vivante placée sur l'artère d'un fébricitant le
guérit de sa fièvre. » Bocage norm., LECŒUR, II, 103.

Porter au cou un sachet renfermant une langue de taupe,
empêche de perdre la mémoire.

SAUVÉ, Folkl. d. Vosges, p. 318.

« Pour guérir les coliques on rôtit les pattes de devant
d'une taupe, préalablement écorchées, puis on les met
macérer dans l'eau-de-vie. Cette liqueur guérit les
coliques. »

HAROU, Folkl. de Godarville (Belg.), p. 20.

« Pour guérir la sciatique on coupe les quatre pattes d'une
taupe; on les enferme dans un chiffon qu'on porte sur
soi. » Auvillar (T.-et-G.), c. p. M. G. LALANNE.

27. — Le type du taupier est en train de disparaître; c'était,
un dépositaire de secrets, recettes et remèdes. Aussi
prête-t-on aux taupiers des faits merveilleux. On
raconte que certains avaient le pouvoir de « *faire pous-*

(¹) Enterrez.

ser » une taupe, sur l'heure et à l'endroit désigné, dans les chemins de terre les plus battus. Deux témoins certifient avoir vu faire pousser une taupe dans un jeu de quilles, par la seule volonté du taupier. Le taupier avait le secret d'appâts mystérieux et spéciaux pour chaque espèce de bête. Avec de la graine de civette, il pouvait faire passer un lièvre où il voulait; il en mettait aux semelles de ses souliers, les portait en main, puis les rechaussait et cheminait vers l'endroit où le lièvre devait passer : l'animal suivait la trace laissée par la civette !

Belgique walonne, Wallonia, 1898, p. 74.

28. — « Quand les taupes font leurs taupinières près des maisons, c'est un mauvais présage. » Loiret, rec. p.

« Si une taupe vient à faire sa butte autour d'un cep de vigne, la mort frappera prochainement un des membres de la famille du propriétaire de la vigne, et *ce sera un homme*. Si la butte se trouve placée entre deux rangs de ceps, la victime *sera une femme*. » Chenay (Marne), c. p. M. E. MAUSSENET.

29. — « Des branches de houx, placées en croix sur une taupinière éloignent les taupes pour deux jours. »

Fougerolles-du-Plessis (Mayenne), r. p.

« Pour chasser les taupes de son jardin, on a soin de le bêcher le mardi de Noël ou le mardi suivant au plus tard, entre deux soleils et tête nue. » La Puysaie (Yonne).

Annuaire histor. de l'Yonne, 1864, p. 192.

« Autrefois, dans la vallée de Barèges (H.-P.), pour écarter les taupes, on répandait, autour de la maison, les cendres de la bûche de Noël, en disant ces paroles :

Touhagne, Bouhagne, Capsaou du Nadaou (= bûche de Noël), *Tire-m' ets bouhous dét casaou.* » c. p. M. P. TARISSAN:

« Le 1er dimanche de carême on fait un grand feu, pour éloigner les animaux nuisibles de la moisson. Cette cérémonie est appelée : *les tôpinôs.* » Guernesey, c. p. M. F. EMANUELLI.

« On s'adresse à Saint Isidore, pour la destruction des taupes. » Bretagne, A. DUBARRY, *A Douardenez.*

30. — La taupe vit sous la terre. On dit aussi qu'elle s'en nourrit :

« Quatuor ex puris vitam ducunt elementis :
Chameleon, *talpa,* maris halec et salamandra.
Halec unda fovet, ignis pascit salamandram,
Talpam terra nutrit, aer quoque chameleontem. »

Carmin. proverb. loci communes, 1670, p. 9.

« Avaricieuse et chiche, n'osant manger son saoul, de peur que la terre ne lui deffaillist, comme fait la taupe. » XVIe s., NOEL DU FAIL, éd. Jouaust, I, 108.

31. — On appelle les habitants d'Ancey (Côte-d'Or), *enterreurs de taupes vivantes,* parce que, dit-on, un jour, voulant se venger d'une taupe qui bouleversait leurs jardins, les Ancéens l'avaient condamnée à être enterrée vivante.

CLÉMENT-JANIN, *Sobriquets de la Côte-d'Or, arrondissement de Dijon,* 1880, p. 3.

La même histoire se raconte à propos des habitants de Stemberg (Belgique). Voyez : *Wallonia,* 1894, p. 94, BEAUQUIER, *Blason de Fr.-Comté,* 1897, p. 34 et *Rev. d. tr. p.,* 1903, p. 557.

32. — « *Taupe diène !* = juron. » XVIᵉ s., FOURNIER, *Var. litt.*, V, 363.

33. — *Devinettes :* « Il est court et gros, Et si n'a nulz os, Et si n'y voit goute, Et quand vient ou trou Dedens il se boute. » *Advineaux amoureux,* Bruges, s. d. (vers 1484.) — « Boute-bouboute, Passe-papasse ; Si Boute-bouboute n' areû nin bouté, Passe-papasse Ni l'areû nin touwé = *Pousse-poupousse, Passe-papasse; si Pousse-poupousse n'avait pas poussé sa taupinière, Passe-papasse ne l'aurait pas (vu et) tué.* La taupe et le passant. » Vottem (Belgique), COLSON (dans *Wallonia,* 1896, p. 60). Voy. une autre devinette relative à la taupe dans *Mélusine,* I, 259.

Erinaceus europaeus (LINNÉ). — LE HÉRISSON.
(Voyez *Faune pop.,* t. I., p. 15.)

1. — Noms de l'animal :

erinacius, erinicius, ericinatius, erecius, ericius, irinacius, eracina, iricinus (¹), lat. du m. â., DIEFENBACH.

hyricus, lat. du moy. âge, Zeuss, *Gramm. celt.,* p. 1075.

chaerogryllus, nitrus albus, lat. du m. â., GOETZ. (Le *nitrus niger* est *la loutre.*)

herix, hericius, echinus, lat. du m. â., GRIMM, sub vᵒ *igel.*

aritz, m., ancien provenç., LEVY

ariss, m., niçois, RÉGUIS.

ériss, m., Aveyron, J. BESSOU, *Countes de la Tata Mannou.*

ày'riss, m., Aude, LAFFAGE.

herinaz, m., normand d'Angleterre au XIVᵉ siècle, P. MEYER, *Contes de Bozon,* p. 88.

erisso, m., *herisso,* m., *hirisso,* m., anc. provenç., RAYNOUARD.

(¹) On trouve *epar urricinum* = foie de hérisson, en lat. du XIIᵉ s., selon LŒWENECK, *Peri didaxeon,* 1896, p. 55.

heriçun, herizun, hericeun, hirec001, hyreçon, hireson, hirechon, yrechon, hierçon, anc. franç., GODEFROY.

hérichon, m. (*h* se prononce), Thaon (Calvad.), GUERL. DE GUER.

érissoun, m., *érissou~, érissou, arissou~, arissou,* midi de la France.

ëy'rissou, m., *ëy'rissou,* m., Lézignan (Aude), ANGLADE (dans *Revue d. langues rom.,* 1897, p. 176 et p. 295).

érichon, m., Fargniers (Aisne), r. p.

richou, m., Les Vans (Ardèche), rec. pers. — Dord., r. p.

irichou, m., Corrèze-près-Tulle (Corrèze), r. p.

alissoun, m., La Teste (Gironde), MOUREAU.

ilissou, m., env. de Toulouse, VISNER.

érëssou, m., Issertaux (Puy-de-D.), r. p.

érusson, m., Petit-Noir (Jura), RICHENET. — Juvigny-sous-Andaine (Orne), r. p.

éruchon, m., Saône-et-Loire, r. p.

yérichon, m., Dives (Calvados), r. p.

rérichon, m., Saint-Sauveur-le-Vicomte (Manche), *Rev. de l'Avranchin,* 1887, p. 564. — env. de Cambremer (Calvados), c. p. M. ED. EDMONT.

orisson, m., Ineuil (Cher), r. p.

urisson, m., lyonnais, PUITSP. — blaisois, THIBAULT. — Verdes (Loir-et-Ch.), r. p. — Eure-et-L., c. p. M. J. POQUET. — anc. dauphin., DEVAUX, p. 343.

urusson, m., Côtes-du-Nord, SÉBILLOT, *Trad. pop. de la H^{te}-Bret.,* II, 96.

eurësson, m., *urisson,* m., *urëçon,* m., *yërëchon,* m., *urëchon,* m., *yurëchon,* m., *yuérëchon,* m., *yërson,* m., *yeurchon,* m., *yurson,* m., Terres-Froides (Isère), DEVAUX, p. 355.

irisson, m., Semons (Isère), r. p.

érson, m., Mesnay (Jura), *Rev. de philol. franç.,* 1800, p. 132. — env. de Pontarlier (Doubs), c. p. M. ED. EDMONT.

ërson, m., Vaudioux (Jura), THEVENIN. — Bournois (Doubs), ROUSSEY. — Clerval (Doubs), r. p. — Saucey (Doubs), *Rev. de philol. fr.*, 1899, p. 192. — Plancher-les-Mines (Hᵗᵉ-Saône), POULET. — Isère, DEVAUX, p. 355.

eürchon, m., Villeneuve-sous-Puymont (Jura), r. p.

hèrchon, m. (*h* se prononce), Périers, Pirou (Manche), r. p.

ërchon, m., Thénésol (Savoie), r. p.

yërson, m., env. de Dinant (Belgique), c. p. M. ED. EDMONT.

gnërson, m., env. de Gedinne (Belg.), c. p. M. ED. EDMONT.

irson, m., Forêt-de-Clairvaux (Aube), BAUDOUIN. — Isère, DEVAUX, p. 355. — Poissons (Haute-Marne), c. p. M. ED. EDMONT.

irchon, m., Valenciennes, HÉCART. — Env. de Cambrai, BONIFACE, p. 322. — Saint-Pol (Pas-de-Cal.), c. p. M. ED. EDMONT.

urson, m., canton d'Arbois (Jura), r. p.

urchon, m., Valenciennes HÉCART. — Trélon (Nord), c. p. M. ED. EDMONT. — Quarouble (Nord), c. p. M. L.-B. RIOMET.

urchon à picó, m., env. de Saint-Amand (Nord), c. p. M. ED. EDMONT.

lurson, m., Liège, Verviers, c. p. M. J. FELLER. — Durbuy (Luxemb. belge), c. p. M. ED. EDMONT.

lurchon, m., env. de Nassogne (Belgique), c. p. M. ED. EDMONT.

ourson, m., anc. franç., DUEZ, 1664. — Malmédy (Pays wallon), PIETKIN, *Orthogr. pour le wall.*, 1899, p. 57. — Jodoigne (Brabant wallon), c. p. M. J. FELLER. — Montbozon (Haute-Saône), c. p. M. ED. EDMONT.

orson, m., Landremont (Meurthe), L. ADAM.

aüsson, m., Saint-Sauveur (Yonne), c. p. M. ED. EDMONT.

usson, m., Etréchy (Cher), JAUB.

orsan, m., Châtenois (Vosges), c. p. M. ED. EDMONT.

hirchyon, m., Tournai (Belg.), c. p. M. J. FELLER.

irchan, m., Marquion (Pas-de-Cal.), r. p.

lirsan, m., env. d'Etalle (Luxembourg belge), c. p. M. ED.
 EDMONT. — pat. gaumet (Luxemb. mérid.), J. FELLER,
Pat. gaum., p. 44.

nursan, m., Bastogne (Luxembourg belge), c. p. M. ED.
EDMONT.

ghèrson, m., namurois, PINSOUL.

yèrsan, m., Godarville (Belgique), c. p. M. ED. EDMONT.

larson, m., Coulombs (Seine-et-M.), r. p.

risson, m., Saint-Valérien (Yonne), r. p.

rsson, m., Bournois (Doubs), ROUSSEY. — Pouilly-en-
Auxois, Nolay (Côte-d'Or), c. p. M. ED. EDMONT.

nicheron, m., Tourcoing (Nord), r. p.

érissin, m., Fougerolles-du-Plessis (Mayenne), r. p. —
Maillezais (Vendée), c. p. M. PH. TELOT.

pourkéspin, m., mentonais, ANDREWS.

pourk-épi, m., env. d'Ardres (Pas-de-C.), c. p. M. ED.
EDMONT.

pork-èrpi, m., env. d'Aire (Pas-de-C.), c. p. M. ED. EDMONT.

picaré, m., jargon de Razey, près Xertigny (Vosges), r. p.

lapi trouncut, m., Comberouger (Tarn-et-Gar.), c. p. M. A.
PERBOSC.

2. — « On dit de quelqu'un qui est toujours de mauvaise
humeur : il est d'une humeur d'hérisson. » Boulogne-
sur-Mer, r. p. — « Il est comme un hérisson, on ne
sait par quel bout le prendre. » H.-Gar., c. p. M. P.
FAGOT. — « Il n'y a plus moyen de durer avec vous;
jamais je ne vous ay veu *si hérisson*; vous picquez de
tous côtés. » *Le banqueroutier*, comédie, par D***, 1687.
— « Une barbe en piquans d'hérisson faché. » XVIIᵉ s.,
FOURNIER, *Var. hist. et litt.*, VI, 318.

« Plus couvert de flèches qu'un hérisson n'a de pointes. »
A. BIET, *Voy. de la France équinox.*, 1664, p. 219.

« *Tête de hérisson* = enfant qui a les cheveux mal peignés, hérissés. » Aisne, c. p. M. L.-B. RIOMET.

« *Cap d'arisson.* « même sens, H.-P., c. p. M. M. CAMÉLAT.

3. — « *Se coucher comme un hérisson* = se mettre en boule dans le lit de peur du froid. » Eure-et-L., c. p. M. J. POQUET.

« Le hérisson est un symbole de lenteur. *Djans donc lurson !* = allons donc, hérisson ! dit un cocher liégeois à un piéton qui ne se range pas assez vite. » Belgique, c. p. M. J. FELLER.

4. — On dit que le renard a un moyen de forcer le hérisson roulé en boule d'étendre ses membres; ce moyen c'est de pisser dessus. Est-ce une superstition? est-ce un fait assuré ?

5. — Il paraît certain que le hérisson se roule sur les pommes pour pouvoir les emporter dans sa cachette, attachées à ses piquants. — « On l'appelle en breton *laer avalou* (= voleur de pommes) et *avalouer* (= celui qui ramasse les pommes. » c. p. M. E. ERNAULT.

6. — « On attache une peau de hérisson au museau des veaux déjà grands pour les empêcher de tetter. Les mères refusent alors de se laisser faire. » Doubs et Jura, rec. pers.

« Les hérissons attirés par l'odeur du lait dévorent les enfants au berceau. » Fougerolles-du-Plessis (Mayenne), r. p.

7. — « Le hérisson est friand de lait; il trait les vaches pendant la nuit. » Haute-Normandie, DELBOULLE.

8. — « La vue du hérisson fait avorter les vaches. » Eure, EUGÈNE NOEL, *La Campagne.*

  « Une femme enceinte, une vache pleine, avortent si elles passent au-dessus d'un hérisson. » Haute-Saône, r. p.

9. — « Le hérisson donne aux vaches des *hérissons*, maladie des jambes dont elles crèvent. » Côtes-du-Nord, SÉBIL-LOT, *Trad. de la Haute-Bretagne*, II, 97.

10. — « Dans le canton de Périers (Manche) on assure que la vache qui mange de l'herbe sur laquelle une femelle d'hérisson a passé ou a pissé, étant en chaleur, devient malade. Est-ce un préjugé ? » r. p.

  « Si une vache passe sur un hérisson mort elle sera ins-tantanément privée de son lait. »

                 Baugé (Maine-et-Loire), A. DE SOLAND, *Animaux
                 de l'Anjou,* 1868, p. 19.

  « Quand une vache pleine va boire, là où un hérisson vient de boire, elle avorte. » Bretagne et Anjou, LA PERRAU-DIÈRE (dans *Mém. de la soc. d'agric. d'Angers,* 1896, p. 68.)

11. — « Il a un hérisson dans le ventre » == (c'est-à-dire : *il a grand soif*).

                       Dicton français, DUEZ.

(Selon OUDIN, 1681 le sens est : *avoir grand faim.*)

  « Il a un hérisson dans le ventre, s'il ne boit, il le pique. » Prov. du XVII° siècle.

  « La première fois que la femelle du lièvre met bas, elle met au monde un petit hérisson. » Lauraguais (H.-Gar.), c. p. M. P. FAGOT.

12. — « Il suffit qu'une femme, à l'époque de ses mois, passe sur un hérisson caché sous des feuilles, pour qu'elle devienne enceinte. Six semaines après, elle fait un plein *paillas* (panier en paille) de petits hérissons. Ce préjugé est très vivace chez nous. Mon vigneron y croyait si fermement qu'il ne voulait plus aller travailler à mon jardin où il y avait un hérisson, dans la crainte que l'aventure n'arrivât à ses filles, lorqu'elles iraient lui porter à manger. » Brioude (Haute-Loire), comm. de M. Paul Le Blanc.

13. — « Un mariage entre parrain et filleule est regardé comme monstrueux... Une femme mariée dans ces conditions accoucha de *douze hérissons* que le maire de l'endroit se hâta de faire enfouir, de peur de voir sa commune deshonorée. » Laisnel de la Salle, *Croyances du Centre*, II, p. 8-9.

14. — On dit souvent à un enfant, soit pour l'injurier, soit pour plaisanter :

énfàn d'érissou, La Malène (Lozère), r. p.
bougré d'érissou, Creuse, r. p.
sale hérisson, Avon (Seine-et-Marne), r. p.
orisson de cras (= hérisson de pommes sauvages), Ineuil (Cher), r. p.

15. — « Voir un hérisson traverser le chemin devant soi est un signe de malheur. Si un lièvre coupe votre route en même temps qu'un hérisson, c'est un présage de mort inattendue. » Ineuil (Cher), r. p.

16. — *Bibliographie*. — Pour les mœurs du hérisson, voyez : Lavallée, *Le hérisson* (dans *Journal des chasseurs*, 1838-39, pp. 15-21.)

N.-B. — Dans le t. I de la *Faune pop.*, p. 16, il faut sup-
primer l'article : *palluc de castagnya;* il ne s'agit pas de
l'animal, mais de la bogue de la châtaigne.

Sorex araneus (Linné). — LA MUSARAIGNE.

(Voy. *Faune pop.*, t. I, p. 17.)

1. — Noms de l'animal :

mus araneus, latin.

araneus, lat. du IV° s. après J.-C., Oder. (Ce nom lui vient
probablement de ce qu'on croyait sa morsure de la
même nature venimeuse que celle de certaines araignées
ou tarentules.)

sorix, lat. du moyen âge, L. Duvau (dans *Mém. de la soc. de
ling.*, 1889.)

musiranus, lat. du moy. âge, *Zeitsch. f. deutsches Alterth.*,
1845, p. 198.

sri, m., Bournois (Doubs), Roussey. — Clerval (Doubs),
rec. p. — Montbéliard (Doubs), Contejean. — Montrôt
(Saône-et-L.), Gaspard.

souris araigneuse, f., anc. franç., Cotgrave, 1650.

musaragno, f., Bagnères-de-Bigorre, c. p. M. J.-J. Pépoury.

mureraigne, f., *miseraine,* f., anc. fr. Duchesne, 1544.

mus-araigne, masc., J. Bodin, 1597.

myseraigne, franç., Du Poy-Monclar, 1543. (L'auteur fait
le mot tantôt *masculin,* tantôt *féminin*).

musarine, f., Saint-Georges-des-Gros. (Orne), r.c. p.

mizrèn', f., Planches (Orne), rec. p.

mezerine, f., franç., D'Yauville, *Traité de vénerie,* 1788,
p. 251; Des Combes, *Culture des pêches,* 1750, p. 115.

misëragne, f., canton de Périers (Manche), rec. pers.

misèrègne, f., Saint-Lubin-de-la-Haye (Eure-et-Loir), r. p.

muserigne, f., Vendômois, Martellière; Poitou, Lalanne.

muzragn', f., Chailloué (Orne), r. p. — Poitou, LALANNE.

muzrègn', f., Fougerolles (Mayenne), r. p. — Bierné (Mayenne), c. p. M. ED. EDMONT. — Chemillé (M.-et-L.), c. p. M. ED. EDMONT. — L.-Inf., c. p. M. ED. EDM.

muzrogn', f., Chantonnay (Vendée), c. p. M. ED. EDMONT.

muzrèy', f., env. de Clisson (Loire-Inf.), c. p. M. ED. EDMONT.

buzrogn', f., Saint-Gilles-sur-Vie (Vendée), c. p. M. ED. EDMONT.

muzorin-go, f., Saint-Georges-Lapouge (Creuse), r. p.

muzérgne, f., Ille-d'Elle (Vendée), *Rev. de philol. fr.*, 1889, p. 101. — Maillezais (Vendée), c. p. M. PH. TELOT.

muzgrègne, f., Blaisois, THIBAULT.

mizgrille, f., Saint-Aignan-sur-Roë (Mayenne), c. p. M. ED. EDMONT. — Mayenne, DOTTIN.

mizrille, f., env. de Baugé (Maine-et-L.), c. p. M. ED. EDMONT. — Mayenne, DOTTIN.

migrin-ne, f., Moisdon (Loire-Infér.), c. p. M. ED. EDMONT.

musel, m., anc. franç., DU PINET, *Hist. du monde*, 1625, II, 449; WECKER, *Secrets de nature*, 1663, p. 390.

mëzè, m., *muzò*, m., Doubs, BEAUQUIER.

moëzè, m., Bas-Valais, GILLIÉRON. — Albertville (Savoie), BRACHET.

mouzë, m., *mozë*, m., *ra-mozë*, m., H.-Sav., CONST.

ra-mouzë, m., Saint-Maurice (Haute-Savoie), r. p.

mouthè (avec *th* anglais), m., Thénésol (Savoie), r. p.

muè, m., Centre de la France, JAUBERT.

muselle, f., anc. fr., J. LAURENT, *Abrégé pour les arbres*, 1575, p. 116. — picard, JOUANCOUX. — Bohain (Aisne), r. p. — Hesdin (Pas-de-Cal.), r. p. — Meuse, LABOURASSE. — Marne, c. p. M. E. MAUSSENET. — Méry-sur-Seine (Aube), *Mém. de la soc. d'agric. de l'Aube*, 1863, p. 274. — Luxembourg méridional, c. p. M. J. FELLER.

mozèlle, f., Meuse, LABOURASSE.

mizouèll', f., wallon, c. p. M. J. FELLER.

muzalle, f., Chattancourt (Meuse), VARLET.

muzott', f., Brillon (Meuse), VARL. — Gaye (Marne), HEUILL.

m'zo, fém., Les Fourgs (Doubs), TISSOT.

mèsto, fém., canton d'Arbois (Jura), rec. pers.

moustèlo, f., Aude, c. p. M. P. CALMET.

mujolle, f., Forêt-de-Clairvaux (Aube), BAUDOUIN.

meüjale, f., Yonne, JOSSIER.

musaigne, f., anc. franç., J. MASSÉ, *Art vétérinaire*, 1563, f°¹ 114, recto. — La Puisaye (pays entre le Loiret et l'Yonne), c. p. M. J. POQUET.

musine des prés, f., *rat-loupier*, m., franç. de la Haute-Loire, MOUSSIER, *Catal. des anim. de la Haute-Loire*, 1853.

muzine, f., Étampes (S.-et-O.), r. p. — Loiret, Eure-et-Loir, c. p. M. J. POQUET.

méluzine, f., Aix-en-Othe (Aube), MONCHAUSSÉ.

misérelle, f., *mésirelle*, f., Eure, ROBIN.

mizérèll', f., Thaon (Calv.), GUERLIN DE GUER.

misralle, f., Saint-Hubert, Couvin, (Belgique), MARCHOT.

mëzlòt', f., Xertigny (Vosges), rec. p.

mousket, m., anc. franç., GODEFROY.

muigne, f., Diges (Yonne), JOSSIER.

mugnolle, f., Troyon (Meuse), *Bull. de la Soc. des Lettres de Bar-le-Duc*, 1896, p. 469.

mügnolle, f., Meuse, LABOURASSE.

mon-inolle, f., Brillon (Meuse), VARLET.

mugott', f., *mughèll'*, f., Méry-sur-Seine (Aube), *Mém. de la Soc. d'agric. de l'Aube*, 1883, p. 274.

murjo, f., Thiers (Puy-de-Dôme), rec. pers.

murje, f., Champtoceaux (Maine-et-Loire), c. p. M. ED. EDMONT.

mèrje, f., Incuil (Cher), rec. pers.

mërjott', f., Allain (Meurthe), L. ADAM. — Vignot (Meuse), VARLET.

miërdzo, f., Estandeuil (Puy-de-D.), r. p.

piquerêle, f., *piquereule*, f., Valenciennes, HÉCART.

rablette (= rat belette), anc. franç., GRÉVIN, *Deux livres de venins*, 1568, p. 139; DUEZ, 1678.

rato, f., Avignon, HONNORAT.

taoupét' f., *bouhét'*, f., Chalosse (Landes), c. p. M. J. DE LAPORTERIE.

ratt valpi, m., Villefranche-de-Laur. (H.-Gar.), c. p. M. P. FAGOT.

taoupa, f., Allos (Basses-Alpes), HONNORAT.

ratt taoupénk, m., Comberouger (T.-et-G.), c. p. M. A. PERBOSC.

mouré pountchutt, m., La Malène (Lozère), r. p.

quatre-dents, m., Villeneuve-s.-F. (Aisne), c. p. M. L.-B. RIOMET.

sètch bètch (= bec sec), m., Nivelles (Brabant wallon), c. p. M. J. FELLER.

simon, m., Voiron (Isère), BLANCHET.

tchiproûle, f., Namur, Jodoigne (Belg.), c. p. M. J. FELLER.

2. — « *Rond comme une musette* = gras comme une musaraigne. » Picardie, JOUANCOUX.

3. — « On appelle *migritte* (musaraigne) un enfant chétif. » Mayenne, DOTTIN. — « *Tchiprôule*, f. = petite fille chétive. » Luxembourg central, c. p. M. J. FELLER.

« Par comparaison on appelle en wallon, *misouètte,* le pénis des petits enfants », c. p. M. J. FELLER. « SIGART, *Vocab. montois* donne *mirètte* dans le même sens. »

4. — Les vieux chats ne la mangent pas; les jeunes la mangent quelquefois, ce qui leur cause un empoison-

nement qu'on ne peut guérir qu'en leur faisant boire du lait doux.

Canton de Périers (Manche), rec. pers.

« Le chat ne la mange pas craignant d'être empoisonné ([1]). »

Spa (Belgique), HAROU, dans *Rev. d. trad. p.*, 1902, p. 374.

« Cet animal fait mourir les chats et on tient qu'il érène les bœufs et les vaches s'il passe dessus. » *Dict. de Trévoux*, 1752.

5. — Lorsque la musaraigne passe sur le dos d'un cochon, elle le fait crever. C'est pour en préserver les bestiaux qu'on met du *haut boué* (sureau) dans les étables.

Côtes-du-Nord, SÉBILLOT, *Trad. de la Haute-Bret.*, 1882, II, 113.

« Si une musaraigne passe par un sentier où se trouve un homme, elle crève aussitôt. »

Idem, p. 113.

6. — Sur les morsures venimeuses que la musaraigne fait aux chiens, voyez : D'YAUVILLE, *Traité de vénerie*, 1788, p. 251.

7. — Certain endurcissement du pis des vaches est attribué à la piqûre (morsure) des musaraignes.

Saint-Lubin-de-la-Haye (Eure-et-Loir), rec. personnellement.

Même croyance dans le département de l'Orne.

([1]) « Les musaraignes répandent une odeur de musc qui, à l'époque du rut, est tellement prononcée que, les chats, lorsqu'ils les tuent, ne peuvent les manger. » A DE SOLAND, *Animaux de l'Anjou*, 1868, p. 22.

Une personne du département de la Manche m'a affirmé qu'elles tettaient les mères lapines.

« On suspend dans l'étable aux vaches de gros cailloux trouvés fortuitement pour empêcher *les musettes* de les piquer au pis. » Allaines (Somme), BOULANGER, *Monogr. d'A.*, 1903, p. 133.

Sorex fodiens (GMELIN). — LA MUSARAIGNE D'EAU.

sorice ewestre (= souris aquatique), f., normand d'Anglet., au XIVᵉ siècle, P. MEYER, *Contes de Bozon*, 1889, p. 69.

garri d'aigo, m., *rat d'aigo*, m., *rato d'aigo*, f., provençal, RÉGUIS.

ra pifou, m., env. de Carcassonne, LAFFAGE.

Mus rattus (LINNÉ). — LE RAT.

(Voyez *Faune pop.*, I, p. 20.)

mus major, ratus, ratus, rato, lat. du moy. âge, DU C.

raturus, l. du m. â., AELFRICUS, *Glossar.*, 1059.

glis, l. du m. â., *Tijdsch. v. nederl. Taalk*, 1894.

ra, m., Corrèze, BÉRONIE. — Saint-Alvère (Dordogne), c. par M. R. FOURÈS.

rè, m., Clerval (Doubs), rec. pers.

rò, m., Hesdin (Pas-de-Cal.), rec. pers.

ró, m., Palaiseau (Seine-et-Oise), rec. — Saint-Pol (Pas-de-C.), c. p. ED. EDMONT.

arratt, m., La Teste (Gironde), Moureau. — Luz (Htᵉˢ-Pyr.), r. p. — Arrens (Htᵉˢ-Pyr.), c. p. M. M. CAMÉLAT.

lató, m., Coulombs (Seine-et-Marne), r. p.

rétour, m., Ardèche, *Rev. des lang. rom.*, 1877, p. 21.

raton, m., Hémérence (Valais), LEVALL.

ratun, m., Toulon, *Bouil-abaisso*, journal, 1844, II, n° 10.

ratjô, masc., Uzès (Gard), r. p.

rata, f., niçois, SÜTTERLIN.

rrata, f., Ténésol (Savoie), r. p.

ratte, f., anc. franç., P. DE CHANGY, *Singularitez de Pline*,
1542, f^{et} 59. — Tourcoing (Nord), WATTEEUW. — Saint-
Martin-du-Puits (Nièvre), r. p. (Remarquez qu'ici le
mot *ratte* signifie *le rat* en général et ne désigne pas
particulièrement *la femelle du rat.*)

raton, m., Hémérence (Valais), LAVALLAZ.

ratun, m., Toulon (Var), *Lou Bouil-abaisso*, journal, 1844,
II, n° 10.

ratouno, f., Lozère, BALDIT (dans *Bull. de la soc. d'agric.
de la Lozère*, 1855, p. 160.)

rat brun, m., *rat normand*, m., franç., TOUSSENEL, *L'esprit
des bêtes*, 1847, p. 218.

rat de grenier, m., anc. franç., L. GUYON, *Livre de la beauté*,
Lyon, 1615, II, 238.

gros rat de grenier, m., anc. fr., GUYON, *Cours de médecine*,
1673, I, 72.

rat des toits, m., Fougerolles (Mayenne), r. p.

ra calamàndrié, m., Lasalle (Gard), c. p. M. M. RÉGUIS.
(Il fréquente les *calamans* = poutres.)

arratt saoumanè = rat de la grande poutre), Arrens (H.-P.),
c. p. M. M. CAMÉLAT.

rat charbounier, Centre, JAUBERT.

rò tcharbouniè, m., Saint-Georges-Lapouge, Monteil-au-
Vicomte (Creuse), r. p.

ra stobrouniè, m. (= rat chevronnier, qui court sur les
chevrons ou poutres dans les granges et les greniers),
Corrèze, BÉRONIE.

rètte, f., *loé*, m., *louo*, m., *louoa*, m., *loo*, m., Lorraine,
L. ADAM.

lû, m., Lorraine, L. ADAM. — Val-d'Orbey (Alsace), LAHM.

lô, m., Meuse, LABOURASSE.

luron, m., Ineuil (Cher), r. p.

liron, m., Allier, E. Olivier, *Ess. s. la faune de l'Allier.*

ravou, m., Morvand, Chambure.

garri dé téoulé, m. (= rat des tuiles), prov. mod., Réguis.

garri, m., provenç., Pellas, 1723.

zarri, m., Bruis (Hautes-Alpes), *Soc. d'Études des H.-A.*,
    1884, p. 337.

jari, m., Die (Drôme), Boissier.

dsàri, m. Haute-Loire, Vinols.

darbou, m., Draguignan (Var), *Feuille du cultivateur*, 1796,
    p. 367.

mùlò, m., Cozes et Gemozac (Char.-Infér.), P. Marcut, *Bou-
    quet*, 1885, p. 153.

trottant, m., argot franç., Bras de Fer, *Nouv. dict. d'argot*,
    1829.

trotteur, m., arg. fr., d'après un manusc. du commencem. du
    xixe siècle.

croquant, m., *gaspard*, m., argot, Bruant, 1901.

chèra, m., jargon de Rozey près Xertigny (Vosges), r. p.

2. — Noms du jeune rat :

raton, m., anc. provençal, Raynouard.

ratoun, m., provençal mod., Mistral.

ratou, m., Escales (Aude), Mir, *Cansou de la lauseto*, 1900,
    p. 153. — Comberouger (Tarn-et-G.), c. p. M. A.
    Perbosc.

rotou, m., Corrèze, Béronie.

arratoun, m., béarnais, Mistral.

arratou, m., *arratétt*, m., Arrens (Htes-Pyr.), c. par M.
    M. Camélat.

ratéy'ror, m., Alpes cottiennes, Chabrand.

3. — « *Ratounà* = mettre bas, en parlant de la femelle. —
    Ratounado = nichée de rats. » Provence, Mistral.

« *Ratouna*, m. = nid de rats, de souris. » Alpes cottiennes, CHABRAND.

4. — En parlant à un enfant qu'elles veulent choyer les mères et les nourrices, lui disent : « *mon petit rat, mon petit raton,* » franç.; « *moun ratoun,* » provenç. mod., MISTRAL; « *ma ratte, ma petite ratte* = en parlant à une petite fille », Centre, JAUB.; « *arratou* », Hautes-Pyr., c. par M. M. CAMÉLAT; « *ratéy'ror* », Alpes cott., CHABRAND; « *ma ratouno* en parlant à une fille. » Lozère, *Armanac de Lozero*, 1903, p. 17.

5. — « *Que bouol pas nourri lou cat Cal que nouirigo lou rat* = celui qui ne veut pas nourrir le chat il lui faut nourrir le rat. » Aveyron, DUVAL.

6. — « *Quand l'arrat béd lou gat, Qu'és hique, sé pot, en soun hourat* = quand le rat voit le chat, il se met dans son trou, s'il peut; devant un plus fort que soi on cherche à se mettre à l'abri. » Bigorre, *Annuaire de Saint-Pé*, 1890.

« *Guilhà quauqu'un coumo le gat au rat* = guetter quelqu'un comme le chat le rat. » Tarn-et-Gar., c. p. M. A. PERBOSC.

« *Esté d'acordi coumé le gat e le rat* = être d'accord comme le chat et le rat. » Tarn-et-Gar., c. p. M. A. PERBOSC.

« *S'en joga coma lo cat de la rata.* » anc. provenç., RAYN.

« *Trop tard se repent le rat Entre les pates du chat.* » P. DE LA NOUE, *Synonyma*, 1618, p. 431.

« *Dormé lé cat, Vélio lé rat* = quand le chat dort le rat veille. » langued., SAUV., 1785.

« *Quan èts gats nou gué soun, èts arrats qué trépan* = Quand
les chats n'y sont pas les rats sautillent à leur aise. »
Arrens (H.-P.), c. p. M. Camélat.

« *A bon chat bon rat* = à malin, malin et demi. » Locut.
franç. — « A mal chat, Mal rat. » prov. anc. fr., Langlois. — « A mau chat Mau rat. » Cotgrave, 1650.

« A viéio cato Jouino rato. » Provence, Achard, 1785. —
« Om un cat biél caou un rat téndre. » Cantal, *Rev. d.
trad. p.*, 1886, p. 386.

« *Quand les rats prendront les chats, Les François prendront
Arras.* Ces paroles étaient autrefois gravées sur la porte
d'Arras. » xvıı⁰ s., Tallem des Réaux, édit. de 1862, V,
125.

7. — « *Payer en chats et en rats* = payer mal ce que l'on doit,
payer en marchandises de toutes sortes et sans grande
valeur. » Roux, 1796.

8. — « *Méy de gats, méy d'arrats* = plus il y a de chats, plus il
y a de rats ; dans certains cas plus il y a de préposés à
empêcher une chose, plus cette chose se produit. »
Béarn, Lespy.

9. — « Qu a gatè ratièro Digué pas maou doou ratun = *quand
on a des défauts il ne faut pas faire de reproches aux
autres qui en ont aussi.* » Provence, Achard, 1785.

« Qu a fénièro sé poou pas dédiré dé ratun = *celui qui a
grenier à foin ne peut pas dire qu'il n'a pas de rats.* »
Provence au xvıı⁰ s., *Bugado prov.*

« *De bèts palhès, De bèts arrats* = celui qui a de beaux tas
de paille a de beaux rats, c.-à-d. celui qui a des proprié-
tés trop étendues a des désagréments, des pertes et des
désillusions en nombre. » Arrens (H.-P.), c. p. M.

M. CAMÉLAT. — « *Ens grands palhès que soun éts grands arrats.* » Argelès (H.-P.), c. p. M. P. TARISSAN.

10. — « Comme le rat en paille, chascun veut estre le maistre. » BERLUCUS, 1632, p. 702. — « *Etre comme le rat en paille* = avoir toutes ses aises. » VOITURE, *Œuvres*, 1691, I, 398. — « S'énténdoun coumo rats én palhiés. » Lot, AYMA. — « Se carrer comme un rat sur un pain. » Deux-Sèvres, B. SOUCHÉ, *Prov.*, 1881. — « Sé coullà coumo un ratt sus un pà caoutt. » Aude, c. p. M. P. CALMET.

11. — « *Les rats jouent aux barres;* se dit quand les rats font grand bruit dans un grenier. » FUR., 1708. — « *Las gouyatetes, à la danse, han l'arratet* = Les filles à la danse ont le petit rat, c.-à-d. le cœur qui bat. » Béarn, LESPY.

« Les enfants appellent *petit rat* le mouvement, le tic-tac d'une montre. » Argelès (H.-P.), c. p. M. P. TARISSAN.

12. — « *Bouléguét coumo un panè de rats* = remuant comme un panier de rats. » Tarn-et-G., c. p. M. A. PERBOSC.

13. — « *Eusses tu la couille pleine d'avoine et une couvée de rats dedans !* = malédiction facétieuse. » XVIᵉ s., BÉROALDE DE VERV., *Moy. de p.*, éd. Royer, I, 130.

14. — « Mais s'il dort le diable le berse, Il est éveillé comme un rat. » L. RICHER, *L'Ovide bouffon*, 1662, p. 85. — « Dégourdit coumo un rat. » Tarn-et-G., c. p. M. A. PERBOSC. — « Avivà coum' un rat dé graniè. » Languedoc, SAUV., 1785. — « Evilià coumo un ra. » Corrèze, BÉR. — « *Oquei un ralirou que passo pertou.* = C'est un raton, un éveillé qui s'introduit partout. » Corr., BÉR. — « *Est-il fin ce rat-là ! il n'y a pas de souris pareille !* = c'est un éveillé, un rusé. » DUPEUTY, *Balochard*, comédie, 1839.

15. — « Cinq choses sont contre nature : belle femme sans
amour, ville marchande sans larrons, jeunes enfans sans
gaillardise, greniers sans rats et chiens sans puces. »
Prov. anc. franç. dans un docum. de 1644, ED. Four-
NIER, *Var. hist.*, t. IJ, p. 262.

> « Je suis *gueux comme un rat d'église*
> J'ay pour tout meuble un tabouret,
> Et pour tout linge une chemise
> Mais j'ay crédit au cabaret. »
>
> CHR. BALLARD, *Nouvelles parodies bachiques*,
> 1700, I, 215.

« Je suis gueux comme un rat d'église, mais fier comme un
rat de cave. » SEWRIN *Jocrisse-maître*, comédie, 1810.

« Et je suis à présent presqu'aussi gueux qu'un rat. »

> SCIPION, *L'Advocat savetier*, comédie, La Haye,
> 1683, p. 4.

« Pauvre comme un rat. » Aisne, c. p. M. L.-B. RIOMET;
H.-Gar., c. p. M. P. FAGOT. — « Plus gueux qu'un rat. »
D'ASSOUCY, *Ravissem. de Proserpine*, 1664, p. 17.

« Gras comme un rat d'église. » Aisne, c. p. M. L.-B.
RIOMET.

16. — « *Rat de cave* = employé des contributions chargé du
contrôle des vins. » MAILLOT, *Madame Angot*, comédie,
1802. — *Rat de cave* = petite bougie portative pour descendre à la cave.

17. — « *Rat d'eau* = jardinier, maraîcher. » Centre, JAUB.

18. — « *Être rat* = être avare. » Locut. franç.

19. — « *Durà la vido di rat* = durer indéfiniment. » Provence,
MISTRAL.

20. — « S'ennuyer comme un rat mort. » Loc. franç.

Puer comme un rat mort = répandre une mauvaise odeur.

> « Or comme le gousset des hommes
> Put le plus souvent un peu fort
> Et quelquefois plus qu'un rat mort. »
>
> SCARRON, *Typhon* ou *la Gigantomachie*, 1644,
> Chant IV, p. 6.

21. — « *Rat mort*, m. = mauvais client qui bouleverse tout dans un magasin, sans rien acheter : *aujourd'hui nous n'avons vu que des rats morts.* » Argot parisien, rec. pers.

22. — « *Prendre un rat par la queue* = couper une bourse, la voler ; les anciennes bourses avaient une longue queue et étaient suspendues à la ceinture. » XVIᵉ s., G. BOUCHET, *Serées*, éd. Roybet, II, 130.

« *Courir le rat* = voler la nuit dans une auberge ou un garni. — *Raton* = jeune voleur qu'on introduit dans les boutiques. » Argot français, d'après un Mss. du commencement du XIXᵉ siècle.

23. — Quand il rit La bouche en rat va mordre les oreilles. » *Le Petit-neveu de Boccace,* Amsterd., 1787, III, 14.

« Sa moustache à queue de rat derrière l'oreille. » Docum. de 1616, FOURNIER, *Var. hist.*, VI, 33.

24. — *Queue de rat* = nom de certaine carte, au jeu ; laquelle ? « Moi, j'ai la queue de rat qui ne perd jamais. » *Figaro* du 6 janv. 1861, col. 3.

25. — « *Aquero qu'et tournara èra arrata en courbelhou* = cela te remettra ton rat dans ta corbeille ; tu auras maintenant ce que tu demandais. » Arrens (Hautes-Pyr.), c. par M. M. CAMÉLAT.

26. — « *Génié ne vol pas veire pissar un rat* = janvier n'aime pas à voir pisser un rat. » Limousin, *Annada limousina*, annuari per 1895.

27. — « *Un rat négat ne bouldrio beire néga un aoutre* = Un rat noyé en voudrait voir noyer un autre. » Aveyron, Duval. — Cf. « *Besi rouïnat e fat inoulhat bouldrioou beire tout négat* = voisin ruiné et fou mouillé voudraient voir tout noyé. » Aveyron, Duval. — « Ra néga démando pas qué d'aïgo = *rat noyé ne demande que de l'eau; se dit de celui qui s'empêtre de plus en plus dans l'infortune.* » languedoc., D'Hombres; Aveyron, Duval.

28. — « Rat escaoudat, aygo tèbio y fa poou = *rat échaudé, l'eau tiède lui fait peur.* » Lot, Ayma.

29. — « *Faict comme un rat pris à la glux* = sale, poisseux. » Cl. Gauchet, *Plais. d. Ch.*, 1583, éd. Blanch., p. 319.

« Trempé comme un rat ou comme un rat d'égoût. » Genève, Annecy, Const.

30. — « Ils se sauvent comme des rats emboconnés. » Lyon, L.-E. Blanc, *Les canettes, Supplém.*, 1864, p. 256. — « Courré coumé u arrat émpouzoat. » Argelès, c. p. M. P. Tarissan.

« Boire comme un rat empoisonné. » Saint-Pol (P.-de-C.), c. p. M. Ed. Edmont.

31. — « Empétra coum' un ra én trés nozés. » Languedoc, Sauv., 1785. — « Embarrassat coum' un rat ambé trés nouzés. » Tarn-et-G., Buscon; Lot, Ayma.

32. — « On dit d'une jeune fille hardie et trop portée à la galanterie : *a pas poou d'un rat.* » Tarn-et-G., c. p. M. A. Perbosc. — « *Je me moque des rats* = je me moque du qu'en dira-t-on. » Bullet, 1754, III, 297.

33. — « Il aurait mangé un **rat**, la queue lui sortirait de la bouche, qu'il dirait que ce n'est pas vrai, *se dit d'un menteur.* » Aisne, c. p. M. L. RIOMET.

34. — « *Ratier* = capricieux, fantasque. » anc. provenç., RAYN. — « *Avoir des rats dans la tête, avoir des rats* = avoir des caprices, des lubies. » Locut. franç. — « *Prendre un rat* = avoir des caprices. » Suisse rom., *Arch. suisses d. trad. p.*, 1902, p. 167. — « *Avé doous rats* = avoir des rats, des caprices. » Corrèze, BÉR. — « *Un ra lio possa per lo testo* = un rat, un caprice lui a passé par la tête. » Corr., BÉR. — *Rotié, rotiéy'ro,* = capricieux, capricieuse. » Corr., BÉR. — « La *rotiéy'-réto* est un caprice qui dure plus longtemps qu'un caprice ordinaire appelé *ra.* » Corr., BÉR. — « *Garris dins la testo* = caprices, fantaisies. » Var, F. PBISB, *Talounados*, 1873, p. 203. — « *Ratatt* = capricieux. » Limousin, *Lemouzi*, 1895, p. 29. — « *Es plen de ratun* = il est tout caprice. » Provence, MISTRAL. — « *Ey arrats en cap* se dit d'une personne exaltée, extravagante ou d'une bête de somme ombrageuse. » Hautes-Pyr., c. p. M. M. CAMÉLAT. — Une arme à feu qui trompe votre attente en ne partant pas, est censée avoir une lubie. *Elle prend un rat, elle a un rat, rate :*

> « Le coup ne fit aucun esclat
> Et son arme ne prit qu'un rat. »
>
> FURETIÈRE, *Le voyage de Mercure*, 1653, p. 5.

« Il y a un rat dans la serrure = *elle ne marche pas.* » SEURAT, *Le dentiste,* comédie, 1892, p. 10.

« Ces préparatifs n'ont abouti qu'à prendre un rat. » LE NOBLE, *Trav. d'Hercule*, 1694, 14e partie, p. 16.

« Un rat vous prend = *vous avez une lubie.* » DORVIGNY,
Chacun son métier, comédie, 1780, p. 27.

« *Gros rat* = grosse méprise. » RABELAIS, II, 53.

35. — « Les joueurs disent, quand ils perdent d'une manière
continue : *les rats ont dû pisser sur moi.* » Pays wallon,
Wallonia, 1893, p. 142.

36. — « Pour empêcher les enfants de pisser au lit, prenez
de la fiente de rat ou de souris, réduisez-la en poudre,
mettez-en le poids d'un écu d'or dans du bouillon et
réitérez ce remède trois matins de suite. »

MAD. FOUQUET, *Recueil de remèdes*, 1704, p. 126.

« Pour ne pas pisser au lit, il faut manger un rat cuit sur
le gril. » Tarn-et-Gar., c. p. M. A. PERBOSC.

37. — « Quand on est mordu par un rat, il faut chercher à
le tuer, lui couper du poil et mettre ce poil sur la morsure. » Pays wallon, MONSEUR, *Folklore wallon*, p. 16.

38. — Dans la saison des vers à soie, au lieu d'appeler les
rats, *lous rats*, on ne doit les désigner que sous cette
dénomination : *aquelos bestios* (ces bêtes).

Gard, c. par M. P. FESQUET.

39. — « Parmi le peuple, on dit donner des *rats;* pour dire,
marquer les habits des passans avec de la craye, ou de
la farine, dont on a frotté un petit morceau d'étoffe
attaché au bout d'un bâton, et ordinairement couppé
en forme de rat. Pendant les jours gras, les enfans
s'amusent à donner des *rats* aux passans. »

FURETIÈRE, 1708. La même locution est employée
dans ANICET BOURGEOIS, *Mystères du carnava.*,
drame, 1847, p. 53.

40. — « Le *meneur de rats* a le pouvoir de faire fuir les rats
ou d'en envoyer là où il lui plait. Il ne faut pas refuser
l'aumône aux mendiants qui pourraient aussi amener les
rats. En ce cas les chats n'y pourraient rien (¹). »
Mayenne, DOTTIN.

« *Mener les rats* = être dans la misère. » Avranchin, LE
HÉRICHER, 1890.

41. — « Il arrive parfois qu'un certain nombre de rats réunis
en un même lieu, se trouvent liés par la queue de façon
à constituer ce que le vulgaire appelle un *roi de rat*. On
en a trouvé quatorze, seize, vingt-sept et jusqu'à qua-
rante-quatre qui avaient leur queue soudée. Ce qu'il
y a de plus curieux, c'est que les animaux ainsi accolés
à leurs semblables, ne pouvant plus se mouvoir, sont
nourris par d'autres rats. Une croyance, qui a encore
cours dans le peuple, veut que ces rongeurs ainsi enlacés,
servent de siége à un autre rat, leur roi; celui-ci, la
tête ornée d'une couronne d'or, trône là et donne ses
lois à la gent ratoneuse. La cause de ce singulier phé-
nomène est encore à trouver; on suppose que ces
queues sont maintenues ensemble par une exsudation
particulière de parties environnantes. »

Provence, RÉGUIS.

42. — « Deux rats entrent dans un poulailler. L'un prend
un œuf, se couche sur le dos et saisit l'œuf entre ses
quatre pattes, l'autre le tire par la queue et l'emmène.
C'est le seul moyen pour eux d'emporter un œuf. »
Belgique, *Rev. d. trad. pop.*, 1901, p. 110.

(¹) Cf. *Mélusine*, III, 134.

43. — « Lorsque les rats émigrent d'un pays ils vont
par grandes bandes. Il y en a toujours un de boiteux,
qui suit à une certaine distance. Celui qui pourrait
l'apercevoir, au clair de lune et au croisement de quatre
chemins, serait sûr d'être heureux pendant toute sa vie. »
Rouvray (Eure-et-L.), c. p. M. J. POQUET.

Mus decumanus (PALLAS). — LE SURMULOT.
(Voy. *Faune pop.*, t. I, p. 27-28.)

rat d'égout, m., parisien.

ratt dé goutièro, m., Aude, c. p. M. P. CALMET.

scaphandre, m., argot parisien, rec. pers.

rat de Norvège, m., français, NEMNICH.

grosse ratte, f., *rat brun*, m., dép. du Nord, DE NORGUET
(dans *Ach. de l'agric. du Nord*, 1886).

rat d'étable, m., Châteaudun (Eure-et-L.), r. p.

rat de Montfaucon, m., franç., TOUSSENEL, *Esprit des bêtes*,
1847, p. 240.

jarri, m., Queyras, CHABRAND, *Pat. des Alpes cott.*

djarri, m., Haute-Loire, MOUSSIER, *Catal. des anim. de la
Haute-Loire*.

Mus musculus (LINNÉ). — LA SOURIS.
(Voy. *Faune pop.*, t. I, p. 28-31.)

1. — Noms de l'animal :

saurix, sorex, surix, lat. du m. â., GOETZ.

sorex, clissemus, lat. du moyen âge, ZEUSS, *Gramm. celt.*,
1871, p. 1075.

lassicius, lat. du m. â., DU CANGE.

sourik, f., Landes, DAUGÉ, *Flous de Lanne*, 1901, p. 11 et
p. 22.

sourits, f. sing., béarnais, LESPY. — Laluque (Landes), r. p.

souritt', f., Cozes, Gemozac (Char.-Inf.), P. MARCUT, *Bou-
quet*, 1885, p. 55. — Ile d'Yeu, c. p. M. ED. EDMONT.
— Azay-le-Rideau (Indre-et-L.), c. p. M. ED. EDMONT. —
Eure-et-L., c. p. M. J. POQUET.

souzitt', f., Eure-et-L., c. p. M. J. POQUET.

sorice, f., *sorice gernetere* (= souris de grenier), f., normand d'Anglet. au XIVᵉ siècle, P. MEYER, *Contes de
Bozon*, 1889, p. 69.

souriss, f., La Malène (Lozère), r. p.

sou-iss, f., Ourville (Seine-Inf.), c. p. M. ED. EDMONT.

sorit, f., *surriz*, f., anc. franç., *Zeitschr. f. deutsches Alterth.*,
1859, p. 142.

souriyo, f., Uzès (Gard), rec. p.

soriy', f., Grandvilliers (Oise), SÜTTERLIN (dans *Zeitsch. f.
rom. Phil.*, 1902.)

souéré~, Moreuil (Somme), SÜTTERLIN (dans *Zeits. f. rom.
Phil.*, 1902.)

souri, masc., Saint-Martin-du-Puits (Nièvre), rec. p. —
Bourbonne-les-Bains (Hᵗᵉ-Marne), c. p. M. ED. EDMONT.

séri, f., Bavay (Nord), c. p. M. ED. EDMONT. — Saint-Valery-
s.-Somme, c. p. M. ED. EDMONT.

seûri, f., Mᶜharicourt (Somme), rec. p. — Quarouble (Nord),
c. p. M. L.-B. RIOMET.

théri, f. (avec *th* anglais), Fougerolles-du-Plessis (Mayenne),
rec. pers.

sèri, m., Palaiseau (Seine-et-Oise), rec. p.

souëri, f., Périers (Manche), rec. pers.

souori, f., Ile d'Aurigny, c. p. M. ED. EDMONT. — Manche,
Calvados, r. p.

chouari, f., Dives (Calv.), r. p.

suri, f., Cambrai, r. p. — La Thiérache (Aisne), c. p. M. L.-B.
RIOMET. — Verquigneul (Pas-de-C.), c. p. M. ED. EDMONT.

suru, f., Malmédy (Prusse wallonne), Bastogne, Vielsalm (Belgique), c. p. M. J. FELLER.

sri, f., Bourberain (Côte-d'Or), E. Rabiet, *Pat. de Bourber.*

soué-i, f., Quettehou (Manche), c. p. M. Ed. Edmont.

chorche, f., Cachy (Somme), Logie.

mousse, f., anc. fr., Palsgrave, 1530.

murena, f., anc., provenç., Raynouard.

murga, f., dauphinois, Charbot.

murgo, f., Nestier (Hautes-Pyr.), Portes, *Fablos, 1857,* p. 148. — Montauban, c. p. M. A. Perbosc.

murgé, f., Ussel (Corrèze), Champeval.

murdzë, f., Vinzelles (Puy-de-D.), Dauzat, p. 154.

mirgo, f., toulousain du xviiᵉ s., Noulet, *Œuvres de* Goudelin — H.-Gar. — Aude. — Tarn. — T.-et-G.

murgh', f., *murghéll*, m., *murghél'*, f., béarnais, Lespy. — Bigorre, c. p. M. P. Tarissan.

murghéta, f., Arrens (Hautes-Pyr.), c. p. M. M. Camélat. — Bigorre, c. p. M. P. Tarissan.

murghéto, f., Lot, *Bull. de la soc. d'ét. du Lot*, 1877, p. 139. — Gilhoc (Ardèche), Clugnet. — Dunes (Tarn-et-Gar.), r. p. — Nestier (Hautes-Pyr.), Portes, *Fablos*, 1857, p. 51. — Bagnères-de-Bigorre, c. p. M. J.-J. Pépouey. — Lozère, Baldit (dans *Bull. de la soc. d'agric. de la Loz.*, 1855, p. 160.)

mirghéto, f., Escales (Aude), Mir, *Cansou de la laus.*, 1900, p. 153. — toulousain du xviiᵉ s., Noulet, *Œuvres de* Goud.

mouselotte, f., Badonviller (Meurthe), L. Adam.

ratt-souris, m., Saint-Ybard (Corrèze), La Roche.

arratt, m., Lembeye (Basses-Pyr.), r. p.

rò, m., Saint-Georges-Lapouge, Monteil-au-Vicomte (Creuse), r. p.

rata, f., lyonnais, Puitspelu. — Bas-Valais, Gill. — Albertville (Savoie), Brach. — Vaudioux (Jura), Thevenin. — Villeneuve-sous-Puymont (Jura), r. p.

rato, f., Alpes cott., Chabr. — Forcalquier, c. p. M. E. Plauchud. — Gourdon (Lot), c. p. M. R. Fourès.

rota, f., Montbenoît (Doubs), c. p. M. ED. EDMONT.

roto, f., Les Fourgs (Doubs), TISSOT.

ratte, f., Chattancourt (Meuse), VARLET. — Doubs, BEAU-
QUIER. — Plancher-les-M. (Hᵗᵉ-Saône), POUL. — Lyon,
PUITSP. — Varzy (Nièvre), c. p. M. ED. EDMONT. —
Ruffey-l.-Beaune (Côte-d'Or), JOIGN.

rètt', f., Lorraine, L. ADAM. — Forêt-de-Clairvaux (Aube),
BAUD. — Bournois (Doubs), ROUSSEY. — Clerval
(Doubs), r. p. — Haute-Saône, Côte-d'Or, c. p. M.
ED. EDMONT.

ratàn, m., mentonais, ANDREWS.

ratouno, f., La Crau, M. GIRARD, *La Crau*, 1894, p. 54.

arratou, m., Luz (Hautes-Pyr.), r. p.

rotou, m., Ardèche, rec. pers.

arratin', f., La Teste (Gironde), MOUREAU.

ratugo, f., Béziers (Hérault), MISTRAL.

ratéta, f., niçois, c. p. M. M. RÉGUIS.

ratotte, f., Pontailler-sur-Saône (Côte-d'Or), *Rev. d. pat.
gallo-rom.*, 1887, p. 198.

rat gris, m., anc. fr., DU PINET, *Hist. du Monde*, 1625, II,
p. 407.

gàrri, m., Arles, DE TRUCHET, *La pastresso*, 1824, p. 32. —
Tarascon, DESANAT, *Lou travai*, 1847, p. 7.

liri, m., niçois, SÜTTERLIN, p. 474.

furo, f., languedocien, SAUV., 1785. — provençal mod.,
RÉGUIS.

furéto, f., *furé*, m., lang., SAUV., 1785.

furgni, f., Noirétable (Loire), GRAS.

huragno, f., gascon, J. NOULENS, *La flahuto gascouno*,
1897.

filou, m., Haute-Loire, MOUSSIER, *Catal.*, 1853,

trotteuse, f., argot parisien, rec. pers.

trottante, f., argot fr., d'après un ms. du commenc. du
xıxᵉ siècle.

trelon (¹), m., argot, Franc. Michel.

sóvotte, f., jargon de Razey, près Xertigny (Vosges), rec. p.

2. — La jeune souris est appelée :

souriceau, m., *sourisseau*, m., anc. franç., Godefr. (docum. de 1567); Du Pinet, *Hist. du monde,* 1625, II, 388.

sourió, m., Vendômois, Martellière.

sourichon, m., anc. franç. *Rec. de poésies françoises,* t. VII, 1857, p. 149.

souricètt', f., Romorantin (Loir-et-Cher), rec. pers. — Avon (Seine-et-Marne), r. p.

souriètt', f., Verdes (Loir-et-Cher), rec. pers.

ratèta, f., niçois, Sütterlin, p. 490.

ratouno, f., Forcalquier, c. p. M. E. Plauchud.

ratoli, m., Pyrénées-Orient., *Soc. agric. des Pyr.-Orient.,* 1880, p. 285.

murghètt, m., Nestier (Hautes-Pyr.), Portes, *Fablos,* 1857, p. 198.

3. — L'ensemble des souris, rats et mulots, est appelé avec un sens péjoratif :

suricyë, m., Thiérache (Aisne), c. p. M. L.-B. Riomet.

souridyatt, m., Char.-Inf., Jon.

sourcin, m., Chaumont-en-Vexin (Oise), Frion, *Descript. de Chaum.,* 1867. — Pays-de-Bray (Seine-Inf.), Decorde.

surcin, m., Pays-de-Bray (Seine-Inf.), Decorde.

————————

(¹) « Le dab Lustucru
Lui dit : Dabuche Michelon,
Allez ! votre greffier n'est pas pomaqué,
Il est dans le roulon
Qui fait la chasse *aux trelons.* »

Franc. Michel, *Etudes sur l'argot,* 1866, p. 131.

sorgin, m., Laduz (Yonne), r. p. — Est du Loiret, c. p. M. J. POQUET.

surgin (¹), m., anc. fr., LE BON, 1557. — env. de Nemours (Seine-et-M.), *Rev. de philol. fr.*, 1896, p. 31.

chorchéne, f., Somme, JOUANCOUX.

churchingne, f., Samer (P.-de-C.), c. p. M. B. DE KERHERVÉ

ratage, m., Blaisois, THIBAULT.

ratalho, f., limousin, MISTRAL. — Lozère, BALDIT (dans *Bull. de la soc. d'agric. de la Loz.*, 1854, p. 30).

ratàyo, f., *ratounàyo*, f., *ratun*, m., *ratugno*, f., provenç. mod., MISTRAL.

ratày', f., Eure-et-Loir, c. p. M. J. POQUET. — Berry, JAUB.

ratounalho, f., limousin, MISTRAL.

arratalha, f., Arrens (H.-P.), c. p. M. M. CAMÉLAT.

arratalhé, m., béarnais, LESPY.

ratin, m., anc. fr., doc. de 1566, GOD. — Chef-Boutonne (Deux-S.), BEAUCHET. — Poitou, LAL.

ratùn, m., Marseille, GROS, 1763, p. 182.

ratyun, m., Haute-Loire, VINOLS.

mourrins, m. plur., anc. franç., RABELAIS, III, 2.

murghétalho, f., Nestier (Hautes-Pyr.), PORTES, *Fablos*, 1857, p. 51. — Bagnères-de-Bigorre, c. p. J.-J. PÉPOUEY.

murghétalh', f., béarnais, LESPY.

vermine (²), f., anc. fr., J. THIERRY, 1564. — Paris, r. p. — Romorantin (Loir-et-Ch.), r. p.

vérméne, f., Bessin, JORET.

vérmin-ne, f., Pays-de-Bray (Seine-Inf.), DECORDE.

vérmingne, f., Samer (P.-de-C.), c. p. M. B. DE KERHERVÉ.

(¹) Le surgin et le clergin
Faict mourir le peuple de faim. »
LE BON, 1557.

(²) « Le chat est pour garder le dedans de la maison *contre la vermine*. » SYDRACH, *Fontaine de toute science*, 1486.

vérminiè, m. plur., Maine-et-Loire, A. DE SOLAND, *Étude sur les Ophidiens.*

vérmënié, m., *varmënié*, m., Vendômois, MARTELLIÈRE.

varminiè, m., Verdes (Loir-et-Cher), r. p.

varmiè, m., Eure-et-Loir, c. p. M. J. POQUET.

aquelos bestios (= ces bêtes), *michàn cabaou* (= mauvais bétail), Gard, c. p. M. P. FESQUET. (Ces mots sont employés pour ne pas prononcer le vrai nom de ces animaux, ce qui porterait malheur.)

4. — Pour la souris et le rat, qui font entendre un certain sifflement, on emploie les termes suivants :

trissare, trissitare, latin, *Arch. f. lat. Lexicogr.*, 1900, p. 270.

mintrire, lat. du moyen âge, *Germania*, 1888, p. 291; WACKERNAGEL, p. 64.

mintrare, minnire, minitare, mintare, munnire, murire, pipitare, pippitare, desticare, destalare, denticare, dentitare, lat. du moy. âge, WACKERNAGEL, p. 64.

faire pi pi, anc. français ([1])

piper ([2]), anc. franç., GODEFROY, sub verbo *braire* au *Complément.*

pipioter, anc. franç., MARIN, *Dict. holland.-franç.*, 1730.

chicotter, anc. franç., DE MAROLLES (xvi* s.), cité par CH. NODIER, *Philomèle*, 1829, p. 78.

guiorer, m., anc. franç., FURETIÈRE, 1708; RESTIF DE LA BRET., *Les provinciales*, 1790, I, 114.

([1]) « Je vous ouys tantost le cry
De petites souris : *pipi !*
Fortfuisans à mon oreille. »

G. COQUILLART; *Poésies* (xv* siècle), Édit. de 1723, p. 148.

([2]) A Paris et aux environs on dit de celui qui à une violente apostrophe ne répond pas le plus petit mot : *il n'a pas pipé.*

grioulà, Béziers (Hérault), *Rev. d. langues rom.*, 1877, p. 239.
— Aude, c. p. M. P. CALMET.

kilé, Gaye (Marne), HEUILLARD.

surkeler, anc. fr., GOD. [Quant il escoute une soris qui sur-
kelle en ses charbons, grant paor a de ses tresors.]

rataler, *rateler*, anc. franç., GOD. [Se dit de la chauve-souris;
se dit sans doute aussi de la souris.]

ratouner, Centre, JAUBERT.

pioulà, *pioucà*, Argelès (H.-P.), c. p. M. P. TARISSAN.

piulhà, *r'bëlà*, env. d'Annecy, CONST.

couikë, *coukÿë*, *cuikë*, *couistë*, Mayenne, DOTTIN.

couicà, Comberouger (Tarn-et-Gar), c. p. M. A. PERBOSC.

5. — « *Mussium*, *musca*, *musia*, *musiarius*, = un nid de souris. » l. du m. â., DIEFEND. Cf. la locut. franç. *se musser*
= se cacher.

6. — Ce qui a été en partie rongé par les souris et les
rats, est dit :

chorchiné, *churchiné*, picard, JOUANCOUX.

churchiné, m., Somme, LEDIEU.

dëssërië, Rémilly (Pays messin), r. pers.

ratatt, Montauban, c. p. M. A. PERBOSC.

ratà, m., niçois, PELLEGRINI. — Marseille, GROS, 1763,
p. 71.

raté, m., franç. du XIIIe siècle, LESPINASSE et BONNARDOT,
Livre des métiers, 1879, I, 54. — Poitou, LALANNE.

rètë, m., Clerval (Doubs), rec. p.

rati, m., Saintonge, BOUCHERIE.

ratouné, m., Montaigut le Bl. (All.), c. p. M. J. DUCHON DE
LA JAROUSSE.

ratiyé, m., Centre, JAUBERT.

« Il n'y avoit pas une dent de rat de dentelle = *il n'y avait*

même pas une dentelle rongée par les rats. » XVII⁰ s.,
TALLEMANT DES RÉAUX, édit. de 1862, V, 206.

Une rongeure de rat ou de souris est appelée :

ratonadura, f., anc. provençal, RAYNOUARD.
rataduro, f,, languedocien, SAUVAGES, 1785.
ratado, f., provençal, MISTRAL.

> « *Nas rata* = nez marqué de petite vérole; en Catalogne
> on trouve *Nasratat*, comme nom de famille. » Provence,
> MISTRAL. « On appelle *rataton*, m., une partie de la
> tête des teigneux, dégarnie de cheveux comme si elle
> avait été rongée par les rats ou souris. » anc. franç.,
> GODEFROY.

7. — Les crottes des souris et des rats sont appelées :

muscerda, latin, VARRON selon PLINE, 29, 6, 34.
muscreda, l. du m. â., PAPIAS, 1476.
ratun, m., Provence, MISTRAL.
cagalho, f., *cagalhou*, m., H.-Pyr., c. p. M. J.-J. PÉPOUEY.
cagalètos, f. pl., gascon, J. NOULENS, *La flahuto gascouno*,
    1897.
cagalhétes, f. pl., *caghilhétes*, f. pl., *cagalites*, f. pl.,
    B.-Pyr., c. p. M. L. BATCAVE.
caghilhes, f. pl., Chalosse (Landes), c. p. M. J. DE LAPOR-
    TERIE.
ghiy', f. pl., Dijon, CUNISSET.
tchiagna, f., Barcelonnette (B.-Alpes), HONNORAT.
péto, f., Forcalquier, c. p. M. E. PLAUCHUD.
pétoulo, f., Gard, c. p. M. M. RÉGUIS.

8. — Prendre les souris et les rats, en parlant du chat,
    se dit :

sourigà, béarnais, LESPY.

surker (¹), anc. franç., Du CANGE.

surquier, surgier, anc. franç., *Romania*, 1893, p. 68.

surquer, chorquer, anc. picard, JOUANCOUX.

surké, Aisne, c. p. M. L.-B. RIOMET.

sorjé, Gaye (Marne), HEUILL.

surjé, Chenay (Marne), c, p. M. E. MAUSSENET.

surcher, anc. franç., *Romania*, xv, 609.

surghè, cant. de Périers (Manche), rec. p.

sorizer, surrizer, anc. franç., GOD.

souritâ, Maillezais (Vendée), c. p. M. Ph. TELOT.

sourité, Ineuil (Cher), r. p.

souridijé, Char.-Inf., JONAIN.

rater, français, *Dict. de Trév.*, 1752. — Saône-et-Loire,
     FERT. — Chaussin (Jura), c. p. M. A. BRIOT.

ratar, Alpes cottiennes, CHABRAND.

ratà, provenç. mod. — languedocien. — Jujurieux (Ain),
     PHILIPON. — Savoie.

arratà, Vallée du Lavedan, E. CORDIER, *Dial. du Lavedan*,
     1878. — Arrens (H.-P.), c. p. M. M. CAMÉLAT. —
     B. Pyr., c. p. M. L. BATCAVE.

dérratà, Pays d'Albret, DARDY, I, 234.

rètè, Clerval (Doubs), r. p.

9. — Le piège qui sert à prendre les souris et les rats
est appelé :

muscellarium, muscipulum, muscipula, decipula, latin.

raterium, lat. de 1443, docum. d'Aix-en-Pr., *Bull. du comité
     des travaux hist.*, 1882, p. 352.

follis, l. du m. â., Du CANGE.

sourissière, f., anc. franç., OUDIN, 1681.

(¹) « Tout surke quanque de cat ist. » Du CANGE, VII, 83.

soriziére, f., Valenciennes, Hécart.

sorigier, m., Lille, docum. de 1592, God.; lillois, Hécart.

souriçouère, Ineuil (Cher), rec. pers.

souricič, m., *souoricière*, f., Thaon (Calvados), Guerlin.

seurisiere, f., anc. fr., *Not. et extr. des man.*, 1891, p. 38.

souritouère, f., Romorantin (Loir-et-Cher), rec. p.

surikêtte, f., Lambercy (Aisne), c. p. M. L.-B. Riomet.

sorkètte, f., picard, Jouancoux.

surkètte, f., Aisne, c. p. M. L.-B. Riomet.

surguelle, f., anc. norm., Delboulle (dans *Romania*, 1902, p. 107.)

suërghètte, f., La Hague (Manche), Fleury.

churquètte, f., Picardie, J. Thierry, 1564. — Somme, Jouancoux; Ledieu.

sërquètte, f., Pas-de-Cal., Lecesne.

surghiètte, f., canton de Périers (Manche), r. p.

siërjètte, f., Argentan (Orne), Chrétien, 1835.

sourjètte, f., Vendômois, Martellière.

sourijètte, f., Melle (Deux-Sèvres), Beauchet-Fill..

ratier, m., *ratoir*, m., *ratoire*, f., *ratouere*, f., *ratuere*, f., anc. franç., God.

rateira, f., anc. provenç., Bartsch, *Chrestom*, 1892; Rayn.

ratày'ro, f., Besse (Puy-de-D.), r. p.

ratič, m., niçois, Sütterlin, p. 483. — Avon (Seine-et-M.), r. p. — Montauban, c. p. M. A. Perbosc.

ratè, m., Dunes (Tarn-et-Gar.), r. p.

rati, m., Liége, Forir.

arratè, m., Laluque (Landes), r. p. — Gers, Duffard. — béarn., Lespy.— Arrens (H.-P.), c. p. M. M. Camélat.

arratéy', masc., La Teste (Gironde), Moureau.

ratiéro, f., env. de Foix (Ariège), comm. par M. P. Sicre.

ratiérou, fém., Arles (B.-du-Rh.), De Truchet, *La pastresso*, 1824, p. 32.

rotiéy'ro, f., *rotié*, m., Corrèze, Béronie.

raloire, f., anc. franç., DUEZ, 1664.

ralouère, f., *ralouére*, f., Chef-Boutonne (Deux-Sèvres), BEAUCHET-FILLEAUX. — Saône-et-Loire, FERTIAULT.

rètoïre, f., Bournois (Doubs), ROUSSEY. — Clerval (Doubs), rec. p. — Damprichard (Doubs), *Mém. de la Soc. de Ling.*, VIII, 330.

rëtoure, f., Bourberain (Côte-d'Or), E. RABIET, p. 46.

raleure, f., Montrêt (Saône-et-Loire), GASPARD.

rakère, f., Aisne, c. p. M. L.-B. RIOMET.

grateine, f., anc. fr., doc. de 1348, GOD.

estrie, f., anc. fr., J. LE SAIGE (douaisien), *Voy. de Douay à Jérusal.* en 1518.

hholure, f., Rehaupal (Vosges), L. ADAM.

« On appelle *la souricière* le dépôt de la préfecture de police. » argot, BRUANT, 1901.

10. — Le pelage de la souris est d'une teinte grise particulière :

« *Couleur de poil de souris* », anc. franç., J. THIERRY, 1564. » — *Gris de souris*, franç. = *sorcigno* en ital. » DUEZ, 1678. « *Poil de souris = sorcigno, sorcio.* » OUDIN, *Dict. franç. ital.*, 1681. — « *Gris de rat.* » franç., SAVARY, 1741.

« On appelle *cheval souris* celui dont le poil ressemble en couleur au poil d'une souris. » franç., FÉRAUD, *Dict. crit.*, 1787.

11. — « On dit d'un objet qui sent la souris qu'il est *sourici*; les chevaux refusent de manger la paille *souricie.* » Cant. de Périers (Manche), rec. p. — « *Puer le chorche* = puer l'odeur de souris. » Picardie, JOUANCOUX; Saint-Pol (Pas-de-C.), c. p. M. ED. EDMONT.

12. — Les souris et les rats ont les dents petites et fort
blanches. De là vient qu'on appelle une jolie petite
dent blanche d'enfant ou de femme :

dent de souris, f., français.

dént de souritz, f., Béarn, LESPY, p. 226.

rata, f., Bas-Valais, GILLIÉRON. —Jujurieux (Ain), PHILIPON.
— Savoie, CONST.

rato, f., Tarn, GARY. — Lot, c. p. M. A. PERBOSC.

roto, f., *ratoto*, f., Corrèze, BÉRONIE.

ratounéto, f., provençal mod., MISTRAL.

ratéto, f., Dunes (Tarn-et-Gar.), rec. pers. — Lot, c. p.
M. A. PERBOSC.

ratoto, f., Gibel (Haute-Gar.), LAMOURÈRE, *Pé l'campestré*,
1899, p. 232. — Villefranche (H.-G.), c. p. M. P. FAGOT.

ratote, f., Chaussin (Jura), c. p. M. A. CHAUSSIN.

rate, f., Saintonge, BOUCHERIE.

ratélo, f , provençal, AVRIL.

ratilhe, f., Charente-Inf., JÔN.

13. — « *Ratte* = clignotement des yeux. » Plancher
(Hte-Saône), POULET. — « *Hè ets oueys dé murghéta* =
faire les petits yeux. » Arrens (Htes-Pyr.), c. par
M. M. CAMÉLAT.

« *Faire la souris* = Agiter un miroir en face du soleil de
façon à ce que la lumière brillante en soit renvoyée çà
et là. » Locut. franç. » — « *Faire la rate* = même
sens. » Genève et Savoie, CONST. — « C'est ce qu'on
appelle le *garri-baboon*. On dit d'une personne qui a peur
de tout : *qu'a poou doou garri-baboou*. » Provence, AVRIL.

14. — « *Musculus* = muscle. » lat. du m. A. — « *Soris de
gambe* = muscle du mollet. » anc. fr., SCHELER, *Trois.
tr.* — « *Ratte* = muscle du mollet.» Dun le Roi, docum.
de 1603, JAUBERT.

« *Muscle de la jambe.* » anc. fr., Du C. — « *Souris du bras* = muscle du bras. » PALSGR., 1530. — *Soriz* = muscle du bras. » anc. fr., BRANDIN. — « *Souris* = muscle du bras. » Cher, COUDEREAU. — « Les médecins appellent *souris* l'espace qui est dans la main entre le pouce et l'indice. » FUR., 1708. — « On appelle *souris* un cartilage dans les naseaux du cheval qui le fait ébrouer ou ronfler des naseaux. » FUR., 1708.

« *Cauda soricina = pulsus ratio.* » l. du m. à., Du C.

15. — « Dans une formulette wallonne on appelle *les deux trous de souris*, les deux narines. » MONSEUR, *Folkl. wall.*, p. 97.

16. — « Les Bretons appellent familièrement *bez al logodenn*, doigt de la souris, le doigt annulaire. » SAUVÉ, *Formul.* (dans *Rev. celt.*, V, 161.)

17. — *Ratounéyà* = fureter, se fourrer partout. » Var, MISTRAL.

18. — « *Faire la souris* = prendre adroitement l'argent de la poche de quelqu'un sans qu'il s'en aperçoive. » FURETIÈRE, 1708. — Voyez plus haut, p. 57.

« *Ratà* = soustraire des denrées à ses parents pour les vendre en cachette. » env. d'Annecy, CONST.

19. — « On appelle en termes de fortification, *le pas de la souris*, un petit relais ou espace, qu'on laisse sur la muraille au-dessus du cordon pour donner du pied au parapet. » FURETIÈRE, 1708. — « *Tour de la souris* = espace de trois pouces qu'on laisse entre un tuyau d'aisance ou de descente et un mur mitoyen. » MORISOT, 1814.

20. — *Le moulin de trompe-souris* = un moulin tout à fait sans ressources où les souris risquent de mourir de faim; au figuré une maison commerciale ruinée. — « *Gâte-souris, pleume-souris* = mauvais pays. » Centre, JAUB. — « *Chasse-rat* = mauvais moulin. » Char.-Inf., JON.

21. — « Heureux comme une souris dans un pâté. » *L'intermédiaire*, X, 334. — « Une bonne qui devient patronne, c'est comme une souris dans un fromage, faut que tout le fromage y passe. » B. LEBRETON, *J'épouse ma bonne*, vaudeville, 1899.

22. — « *Avoir des rates aux ventre* = avoir grand faim. » Genève, HUMBERT. — « *Avoir un rat au ventre*, se dit d'une femme enceinte. » B.-Pyr., c. p. M. L. BATCAVE.

« *Avoir un lardon dans la souricière* = être ivre ou fou. » H. BUGUET, *Le singe et la mariée*, comédie, 1869.

23. — « La souris cognoist-on au ronge, le cerf au train, le sanglier aux fouilleures. » LOUIS D'ORLÉANS, *Banquet d'Arete*, 1594, p. 66.

24. — « Madame de Lyonne ayant esté fort coquette et estant sur le retour, elle soutenoit le debris de ses charmes par beaucoup de pierreries; Madame Cornuel disoit que c'estoit du lard dans une souriciere. » XVIIᵉ s., TALLEM. D. RÉAUX, éd. de 1862, VI, 160.

25. — « Filia que fadezat,
   Murge que troutegat,
   Pei galant, pei chat,
   Faraunt liau un plat. »
(Fille qui folâtre, souris qui trottine, pour le galant, pour le chat, feront vite un plat.) Bas-Limousin, CHAMPEVAL.

« *Cal pas que la mirgo se trufe d'al cat ni la fillo de l'amour* = il ne faut pas que la souris se moque du chat ni la

fille de l'amour. » Prov. d'Albi, COMBETTES-LABOU-
RELIE, *Roman et pat.*, 1878, p. 148.

26. — « *C'est une souris à cinq chats* se dit d'un objet minime
qui ne vaut pas la peine d'être partagé. » Bayeux,
PLUQUET, *Ess. sur Bayeux*, 1829, p. 313.

27. — « La ou n'a chat, sorit se revelent. » Prov. anc. fr.,
Zeitsch. f. d. Alterth., 1859, p. 137. — « Là où chat
n'est souris i révèle. » Idem. — « Où chat n'est
sorices revelent. » Idem. — « Là où n'i ad chat surriz se revèle. » Idem. — « La ou chat n'est souris
reveillent. » Prov. anc. franç., LANGLOIS. — « Quand
le chat court sur les toits, les souris dansent sur les
planchers. » BALZAC, *Eugénie Grandet*, roman. —
« *Quan lous gats se prouséyen Lous arrats qué houléyen*
= Quand les chats prennent leurs ébats les rats folâ-
trent. » Basses-Pyr., LARROQUE, *Arrépouès*, 1897. —
« Can ets gats nou y soun, ets arrast qe trépau. »
Ht**-Pyr., BOURDETTE, *Prov. du Labéda*, 1893. — Quand
les stës mancan Los rats danchan. » Albertville (Sav.),
CONST.

28. — « La souri une fois eschappée ne se reprend plus à la
mesme souricière. » XVIᵉ s., *Hist. macaron. de Merlin
Coccaie*, éd. Jacob, p. 104.

29. — « *Del gro leissat én éstampel Per la rataillo és lou
pus bel* = du grain laissé en tas pêle-mêle, en désordre,
les rats dévorent le plus beau. » Lozère, BALDIT (dans
Bull. de la soc. d'agr. de la Loz., 1854, p. 30.)

30. — « *Si nou y-ha cabélhs au graé, nou y ban arrats ni sourits* = s'il n'y a pas d'épis au grenier, les rats et les souris
n'y vont pas. » Béarn, LESPY. — « Quand n'y a pas dé

gra al graniè n'y a pas ni rats ni mirgos. » Villefranche
de L. (H.-G.), c. p. M. P. FAGOT.

31. — « *D'Angers à Paris Se loge la souris,*= elle est partout, on ne sait où la chercher pour la prendre. » Prov
angevin, A. DE SOLAND, *Animaux de l'Anjou*, 1868,
p. 53.

32. — « Les souris sortent de l'armoire en pleurant = *la
misère est dans le ménage.* » Vielsalm (Belg.) c. p. M. J.
FELLER.

33. — La souris qui n'a qu'une entrée
Est incontinent happée.

NUCERIN, Proverbes comm., 1612.

« La souris est tost prinse qui n'a qu'un pertus. » Prov.
anc. franç., LANGLOIS.

« La surriz est abaie qui n'a·l que un pertuz. » « Dolente
la souris qui ne set qu'un seul pertuis. » Proverbes
français anciens, *Zeitschr. f. deutsches Alterth.*, 1859,
p. 142. — « Dolente la souris qui ne set qu'un pertuis. » prov. du XIII° s., ULRICH, 1902. — « Toute souris
qui a deux trous se mocque du matou le plus habile. »
PALAPRAT, *La fille de bon sens*, comédie, 1692.

« Lou ratt qué n'a qu'un traouc Es plà malaoutt. » Montauban, c. p. M. A. PERBOSC.

34. — « *U burguè de palhe n'ha jaméy esglaxat nat arratt*
= un tas de paille n'a jamais écrasé aucune souris ; se dit
d'une petite femme qui a un gros mari. » Béarn, LESPY.

« Le couvercle est moins grand que la maie, les souris man-
geront le pain, se dit par plaisanterie, à un mariage,
quand le mari est moins grand et moins gros que sa
femme. » Blaisois, THIBAULT, p. 225.

35. — « Les souris courent en la paille sans se pocher les yeux,

c'est une chose merveilleuse. » xvie siècle, BEROALDE
DE VERV., *Moy. de parv.*, éd. ROYER, I, 205.

36. — « *Il fait la souris et il lui met la queue* = il invente un
mensonge et l'affirme. » wallon, *Diction. des Spots.*

37. — « Ressembler à celuy qui pour faire peur aux souris avait
escorché un rat = *faire un exemple.* » xviie s., *Caquets
de l'accouchée*, éd. Fournier, p. 27.

38. — « *Encore est vive la souris* = on me croit mort ou im-
puissant, mais on se trompe et on le verra bien ; petit
bonhomme vit encore. » LEROUX DE LINCY, *Rec. de
chants histor.*, 1re série, 1841, p. 314.

39. — « *Se mettre en peau de souris pour quelqu'un* = se dé-
vouer à lui corps et biens. » Genève, HUMBERT.

40. — « Esveillé comme souris. » docum. de 1627, FOURNIER,
Var. hist., VII, 22. = « Une esrattée = *une personne vive,
gaie,* » xviie s., *Caquets de l'accouchée*, éd. Fournier,
p. 188.

« Éveillé comme un nid de souris. » Doubs, ROUSSEY.
— Une femme érattée comme une potée de souris. »
Rec. de pièces qui ont paru en 1649, p. 564.

« Echauffé comme ine pouchée de souris mortes. *Locut.
ironique.* » Char.-Inf., *Arch. histor. de Saint.*, 1886,
p. 337.

41. — « Blanches souris, chiens à ne rien faire. » xvie s.,
BAIF, édit. Blanch., I, 74.

42. — « *D'als no val una rata* = d'ailleurs il ne vaut une souris. » anc. prov., RAYN.

43. — « Elle disoit à sa sœur qui estoit fort laide, pour la
consoler de ce que ses enfans n'estoient point jolys : ma

sœur, que voulez-vous, *les souris font des souris.* »
XVII⁰ s., TALLEMANT D. RÉAUX, édit. de 1862, V, 176.

44. — « *Rata, yun; migna, dô;jappa, tré; grougna, quatrou =
la souris (porte) un mois; la chatte, deux; le chien, trois;
la truie, quatre.* » Le Saugeais (Franche-Comté), PER-
RON, *Proverbes,* p. 49. [Se dit du temps que portent les
femelles de ces animaux.]

45. — « Les souris et les rats ont un certain instinct de
sçavoir quand une maison doit tomber et s'en retirent. »
Œuvres de Tabarin, édit. D'HARMONVILLE, 1850,
p. 26. (Ailleurs la *maison* est remplacée par le *navire*).

« *Brûler les souris =* mettre le feu à la maison. » anc. fr.,
doc. de 1446, DU C., s. v⁰ *sorilegus.* — « *Frille-rèttes =*
brûle souris; on appelle ainsi celui qui met volontai-
rement le feu à sa maison. » Broye-les-Pesmes (Haute-
Saône), PERRON.

« Ha! pauvres pulces! ha! pauvres souris! vous aurez
maulvais hyver, le feu est en vostre paillier. » RABE-
LAIS, *Pantagruel,* 1533, chap. IX.

« La grousse Jaquete metit lou feu dans sa maison pré
chasser lous rats et les souris. » docum. de 1614,
FOURNIER, *Var. histor.,* VIII, 297.

« Pour chasser les rats d'une maison tout à fait, il faut y
mettre le feu. *Proverbe pour dire qu'il faut employer
des moyens énergiques.* » FUSI, *Le franc archer de l'église,*
1619, p. 892.

46. — « Elle remonta chez elle en trottant comme une souris
à qui on crie : *au chat!* » *La Gaudriole* du 1ᵉʳ oct. 1891.

47. — « On peut sans l'oreille prester, Entendre une souris
trotter. » D'ASSOUCY, *Ravissem. de Proserpine,* 1664,
p. 13.

48. « Quand un enfant perd une de ses dents de lait, il doit la
déposer dans un trou de muraille, en disant : *petite sou-*
ris, je t'apporte une de mes dents, donne-m'en une autre. »
SAUVÉ, *Folkl. des Vosges.*

« Les enfants mettent leurs dents de lait dans un trou de
mur ou de charpente pour que les souris ou les rats
viennent les chercher. Les dents qu'ils auront, par la
suite, seront belles et blanches comme celles des rats. »
Corrèze, BÉRONIE.

« Lorsqu'une dent tombe à un enfant il faut la cacher dans
un trou de souris afin d'en voir pousser une nouvelle. »
Seraing (Belgique), *Rev. d. trad. p.*, 1901, p. 114.

« Les enfants jettent leurs dents de lait sous le lit,
quand elles sont tombées, afin que la souris s'en empare,
les utilise dans ses voyages et en rapporte de neuves
pour les petits édentés. » Basses-Pyr., *Coundes biar-*
nés, Pau, 1890, p. 228.

49. — « *Ratadiss,* masc. sing. = éruption de boutons aux
lèvres qui vient à ceux qui ont mangé du pain rongé par
les souris. » Env. de Foix (Ariège), c. par M. P. SICRE.

« *Arratadiss,* m., même sens. » Bigorre, c. p. M. J.-J.
PÉPOUEY.

« *Mal de souris* = dartres aux lèvres, mal qui vient de ce
qu'on a mangé après une souris; on dit alors du malade
qu'il a été *caressé par une souris.* » Pays wallon, MON-
SEUR, *Folkl. wall.*, p. 47.

50. — « Muscerdæ novem tritæ ex vini quartario super
scabellum vel sellam laboranti potui dantur, ita ut pede
uno quem dolet stans ad orientem versus potionem
bibat et cum biberit saltu desiliat et ter uno pede saliat

et hoc per triduum faciat, confestim remedio gratu-
labitur. »

MARCELLUS BURDIGALENSIS, cité par GRIMM, *Ueber
Marc. Burdig.*, 1849, p. 19.

51. — « Pour guérir l'incontinence d'urine, il faut manger
une souris cuite. » Nièvre, *Mém. de la Soc. acad. du
Nivern.*, 1887, p. 148. (Ce remède est recommandé dans
un grand nombre de pays.)

52. — « *Fa las ratos* = faire les souris, faire un régal à la
fin d'un travail. » Limousin, MISTRAL.

53. — « Il ne faut pas filer le jour de Carême-prenant, de
peur que les souris ne mangent le fil tout le reste de
l'année. » THIERS, *Traité d. superst.*, 1697, I, 296. —
(SAUVÉ, *Folkl. d. Vosges*, p. 50, donne la même superstition).

« Les femmes doivent se garder, la veille de Noël et avant
d'aller à la messe de minuit, de laisser du chanvre à
leurs quenouilles, sans quoi les souris et les rats vien-
draient y déposer leurs ordures et le manger. » Vosges,
THIRIAT (dans *Mélusine,*). — I, 478 Tout ce que les
femmes cousent ou filent avant la messe de minuit, à
Noël, sera mangé par les souris. » Chaussin (Jura),
c. p. M. A. BRIOT.

54. — « Si on rêve de souris, c'est signe qu'on a *des
envieux.* » Menton, *Rev. d. trad. pop.*, 1894, p. 258.
— « Rêver de souris ou de rats présage *maladie.* »
Liége, *Rev. d. trad. pop.*, 1902, p. 374. — « C'est un
présage de *misère.* » Laroche (Luxemb. belge), c. p.
M. J. FELLER.

55. — « Lorsqu'on entend crier des souris, c'est un signe

que l'on est trompé en amour. » Pays wallon, *Wallonia*,
1895, p. 66.

56. — Souhait de bonne année : « *Bonne année à tout ce qui
est vôtre et dans le ménage point de souris.* » Trad. du
breton, SAUVÉ, *Formulettes*, p. 182.

57. — « Pour chasser les rats et les souris, on conseille
d'aller tuer un de ces animaux le vendredi à minuit au
centre d'un carrefour : tous les autres vont le rejoindre
le vendredi suivant et ne reviennent plus. » Neufchâteau
(Belgique), *Wallonia*, 1899, p. 89.

« Pour se débarrasser des mulots on plante dans les
champs infestés par ces rongeurs quelques piquets.
Plusieurs fois par jour on frappe ces piquets à coups
redoublés ; au bout de quelque temps les mulots disparaissent. » Godarville (Belg.), HAROU, 1893.

« Les femmes des faubourgs de Saint-Pol (Pas-de-Cal.),
ramassent de l'*éparsin* (de la jonchée) après le passage
de la procession du Saint-Sacrement, et le mettent dans
leur grenier ou dans leur grange afin d'en chasser les
rats et les souris. » Comm. p. M. ED. EDMONT.

« Pour se débarrasser des rats et souris il faut mettre aux
quatre coins de la cave des fleurs recueillies sur le par-
cours de la procession de la Fête-Dieu. » Malmédy
(Pays wallon), *Rev. d. trad. pop.*, 1902, p. 374.

« Le jour de la Saint-Jean vous prenez un épi de blé dans
un champ, vous le suspendez dans votre maison ; les
souris ne feront aucun tort à votre grain pendant l'année. » Aigle (Orne), VAUGEOIS, *Hist. d. ant. d'Aigle*,
1841, p. 589. « On se rend le 17 mars à Villers-Sainte-
Gertrude pour y faire bénir de l'avoine qu'on dépose
ensuite aux quatre coins des granges. Les souris ne
toucheront pas à d'autres grains que ceux bénits et

épargneront ainsi la récolte. » Hamoir (Belgique),
Rev. des trad. p., 1902, p. 374.

« Voulez-vous être préservés des rats et des souris? invo-
quez la fille du bienheureux Pepin de Landen et de la
bienheureuse Itte, sainte Gertrude enfin, en wallon
Gètrou. » Pays de Liége, HOCK, *OEuvres compl.*, t. III.

« On envoie les souris chez qui l'on veut en écrivant des
papiers avec mots cabalistiques. S'il y a de l'eau à
traverser on leur fait des ponts momentanés avec une
simple planche. » Meuse, LABOURASSE, *Us de la M.*, 1902.

« Dans les villages près de Liége, à l'heure de minuit, à
Noël, les paysans répandent de l'eau, tout autour de
leur maison. Ils sont persuadés que cette traînée empê-
chera les rats et les souris d'entrer dans les habitations. »
HOCK, *OEuvres compl.*, t. III.

« Pour débarrasser son jardin des atteintes du mulot on
prend la bûche de Noël à moitié entamée et on la pro-
mène neuf fois autour en disant : *Souc dé Nadaou, Biré
m éro bouho dét casaou.* » Orignac (H.-P.), c. p. M.
M. CAMÉLAT.

« Le pain bénit le jeudi saint préserve la maison des rats
et des souris. » Eygurande (Corrèze), LONGY, *Le cant.
d'Eygur.*, 1893.

Formule de conjuration contre les rats et les souris. « Rat,
rate et souriate, souviens-toi que Sainte-Gertrude est
morte pour toi dans un coffre de fer rouge ; je te con-
jure, au nom du grand Dieu vivant, de t'en
aller hors de mes bâtiments et héritages et d'aller au
bois dans le délai de trois jours. » Meuse, LABOURASSE,
Anciens us de la M., 1902.

Sur les moyens magiques de se débarrasser des rats et des

souris, en Belgique wallonne, voyez ERNEST DOUDOU
(dans *Wallonia*), 1902, pp. 102-108.

58. — « Si vous voulez vous faire aimer de quelqu'un, prenez
un rat mâle vivant; fendez-le par le milieu du corps tout
vif; prenez-en les deux rognons que vous porterez sous
l'aisselle gauche 24 heures; faites-les ensuite sécher sur
une pelle, réduisez en poudre et faites prendre à la
personne avec du tabac. » XVIIe siècle, J. COUSIN, *Secr.
mag.*, 1868, p. 18.

59.— CONTES ET LÉGENDES.

Sur le conte des *souris qui veulent attacher des sonnettes au
cou d'un chat* on trouvera de nombreux renseignements
dans : MOULIÉRAS ET BASSET, *Fourberies de Si Djeha*,
1892, pp. 49 et suiv.

Sur le conte de LA FONTAINE (IX, VII), *la souris métamor-
phosée en fille*, voyez : P. MEYER, *Contes de Bozon*,
pp. 259-260.

Sur le conte *des souris qui préfèrent la malédiction lointaine
du chat, leur évêque, à sa bénédiction proche*, voy.
P. MEYER, *Contes de Bozon*, p. 68.

Des petites souris, dans leur trou, sont terrifiées par la
vue d'un coq à allures guerrières, tandis qu'elles sont
ravies de la bonne et douce mine d'un chat. Le coq et le
chat sont ensemble à proximité; les souris ne sortent
pas, parce qu'elles ont peur du coq, ce qui les sauve. »
Voyez sur ce conte : *Rec. de poesies françoises*, 1857,
t. VII, pp. 194-197.

Sur la légende de l'âme d'une personne récemment décédée
et revenant sous la forme d'une souris blanche, voy. LE
BRAZ, *Légendes de la mort en Basse-Bretagne*, 1893,
p. 122.

Pour l'âme sortant de la bouche d'un homme, pendant son sommeil, sous forme de souris, voyez *Mélusine*, t. X, C. 21.

Sur le conte des souris qui censément rongent le soc de la charrue, voyez : *Revue des trad. pop.*, 1899, p. 29, en note.

60. — « Qué mé donnaras? Un rat sans couéto. *Réponse ironique à un enfant quémandeur.* » L.-et-G., c. p. M. H. BAREYRE.

61. — « Pour faire rire les petits enfants, on leur chatouille le ventre et les bras en remontant jusqu'au cou, en imitant le trottinement d'une souris. En même temps, on lui dit : c'est la petite souris qui court, qui court, c'est la petite souris qui court dans le grenier. » Saint-Brieuc, c. p. M. E. ERNAULT.

62. — Eur vroegik vihan rouz mouzerez,
     He bugale rouz mouzerienn,
     Hag holl int milinerienn.

(Une petite femme rousse, cachottière et ses enfants roux, cachottiers, c'est une famille de meuniers. — Une souris.)

SAUVÉ, *Devinettes bretonnes* (dans *Revue celtique*, 1879, p. 71.)

Mus sylvaticus (LINNÉ). — LE MULOT.

(Voy. *Faune popul.*, t. I, pp. 33-35.)

1. — Noms :

mulotes, lat. du moy. âge, DU CANGE

sorice champestre, f., anc. franç., P. MEYER, *Contes de Bozon*, 1889, p. 69.

arrall dé càmp, m., Chalosse (Landes), c. p. M. J. DE LAPORTERIE.

souris de terre, f., franç., SCHABOL, *Pratique du jardinage*, 1776, II, 39. — Marne, c. p. M. E. MAUSSENET.

ratte rousse, f., franç., DU PINET, *Pline*, 1566, X, 73.

rat d'champ, m., *rat d'jàrdin*, m., *ratte*, f., wallon, DEFRÉ-CHEUX.

rò dë tchan, m., Monteil-au-Vicomte (Creuse), rec. pers.

arrat-bouhe, m., Landes, c. par M. l'abbé V. FOIX.

arratt-bouhou, m., Arrens (H.-P.), c. p. M. M. CAMÉLAT

gàrri di champ, m., *furo di champ*, f., *gàrri di campagno*, m., provenç. mod., RÉGUIS.

rat court, m., provenç. mod., CASTOR.

rata corta, f., H. Savoie, CONST.

rato courto, f., provençal, PELLAS, 1723. — Forcalquier, c. p. M. E. PLAUCHUD.

arratt découtt (= rat à queue écourtée), m., Morlaas (B.-Pyr.), c. p. M. L. BATCAVE.

mulot, m., français. (Sur l'étymologie de ce nom, voyez *Zeitsch. f. rom. Philol.*, 1885, p. 187.)

mulé, m., Fougerolles-de-Plessis (Mayenne), rec. pers.

mulon, m., anc. franç., BODIN, 1597, p. 485.

mulotte, f., île d'Yeu, c. p. M. ED. EDMONT.

mulou, m., Méharicourt (Somme), rec. pers.

moulò, m., Avon (Seine-et-Marne), rec. pers.

murlò, m., env. de Nemours (S.-et-M.), *Rev. de Philol. franç.*, 1896, p. 26.

mèrlò, m., Yonne, JOSSIER.

barbon, m., Normandie, *L'Avranchin du 6 sept. 1868*, cité par LITTRÉ, *Supplément*.

mozrètte, f., Le Tholy (Vosges), L. ADAM.

mzè, m., Les Fourgs (Doubs), TISSOT.

rèll' reüziäl', f. (= souris rongeuse), Clerval (Doubs), rec. pers.

ra-lis, Menton, ANDREWS.

quatre-dents, La Thiérache (Aisne), c. p. M. L.-B. RIOMET

mifou, m., Gaillac (Tarn), c. p. M. ED. EDMONT.

lobé, m., jargon de Razey, près Xertigny (Vosges), rec. p.

tàrpa, f., env. de Bonneville (H.-Sav.), r. p.

tôpe, f., Godarville (Belg.), HAROU, 1893, p. 20.

tôpyèr', f., Thénésol (Savoie), rec. pers.

rat taoupiè, m., Pézénas (Hérault), MAZUC.

rat taoupigné, m., Aude, c. p. M. P. CALMET.

darboun, m., provençal, AVRIL.

darbous, m., Var, AVRIL.

mulodenn, *milloténn*, breton, c. p. M. E. ERNAULT.

2. — « *Mulotier* = chien ou chat qui aime à prendre les mulots. »
Verdes (Loir-et-Cher), rec. p. — « *mulotière*, f. = trou
de mulots dans les champs. » Verdes (Loir-et-Cher),
rec. p.

« *Mulotter* = fouir et creuser la terre pour prendre les
mulots.. » (Se dit des chiens).
Mulottier = qui fouit la terre pour prendre les mulots. »
franç., DUEZ, 1664. — « *Muloter* = retourner la terre, se
dit des sangliers. » ROUX, 1796. — « *Muloté* = prendre
des mulots, en parlant des chats. » Périers (Manche),
rec. p.

3. — « On appelle *câtreû de mulots* (châtreur de mulots)
un homme qui n'est bon à rien, qui exerce un métier
peu lucratif. On donne aussi ce nom à un mauvais
couteau. » Normandie, DELBOULLE, *Glossaire*.

4. — « *Un homme qui sait endormir les mulots* = un homme
fin, adroit. » *Dict. de Trévoux*, 1752. [C'est une allusion
aux oiseaux de proie qui fascinent les mulots, en
décrivant au-dessus d'eux des cercles concentriques.] —
« Le proverbe est changé et au lieu de dire *endormir les
mulots* on dit *endormir le milord* pour exprimer qu'on fait

ses affaires aux dépens du sot qui se laisse amuser. »
Le festin de Guillemot, comédie, 1689, p. 23.

Arvicola amphibius. (LINNÉ.) — LE RAT D'EAU.

(Voy. *Faune populaire*, t. I, p. 31.)

Noms de cet animal :

ratt d'ày'go, m., Lozère, r. p.

rat blanc, m., français, NEMNICH.

grosse ratte, f., wallon, DEFRÉCHEUX.

arrat agày'ssé, m., Landes, c. par M. l'abbé V. FOIX.

ra pôchrò, m., Saône-et-Loire, FERTIAULT.

arrall péscanè, m., B.-Pyr., LESPY.

ra grioulé, m., langued., SAUV., 1785. — Albi (Tarn), *Rev
    du Tarn*, 1897, p. 184. — Env. de Carcassonne, LAFFAGE
    — Lot, c. p. M. A. PERBOSC.

ra griouré, m., Gard, *Rev. d. l. rom.*, 1884, p. 69. — Anduze
    (Gard), VIGUIER.

rè grioouré, m., Die (Drôme), BOISSIER.

rasclioulé, m., Lot, c. p. M. A. PERBOSC.

luron d'eau, m., Ineuil (Cher), rec. pers.

tôbé, m., jargon de Razey, par Xertigny (Vosges), rec. p.

« On appelle *rat d'eau* un douanier. » Argot, BRUANT, 1901.

Arvicola arvalis. (LACÉPÈDE.) — LE CAMPAGNOL.

(Voyez *Faune populaire*, t. I, p. 32.)

còmpognol, m., La Malène (Lozère), r. p. (D'origine savante ?)

garri-gréou, m., Var, RÉGUIS, *Rongeurs*.

garrìnghén, m., Forcalquier, RÉGUIS, *Rongeurs*.

garignoun, m., Berre (Boûches-du-Rh.), *Soc. de statist. de
    Marseille*, 1846, p. 284.

Myoxus glis. (Linné.) — LE LOIR.

(Voyez *Faune populaire*, t. I, p. 35.)

1. — Noms de l'animal : ([1])

glis ([2]) (au génitif *gliris, gliridis, glisis, glidis, glitis*), lat.
　du m. à., Diefenbach.

gliris, glerus, cleris, l. du m. à., E. Bourciez (dans *Annales*
　de la faculté de Bordeaux, 1889, p. 80.)

laero, l. du m. à., Bourquelot, *Foires de Champ.*, 1865,
　p. 278.

loira, l. du m. à., Du Cange.

bufo (= sorex silvestris), l. du m. à., Miller, 1880.

glis, m., anc. franç., Chrestien, *Vénerie d'Oppian*, 1575,
　f^{et} 20, v°.

glire, m., anc. provençal, Raynouard.

gliron, m., anc. franç., Lemne, *Secrets miracles de nat.*, 1566,
　p. 217; Bretonnayau, *Génér. de l'homme*, 1583,
　f^{et} 115, v°; J. Bodin, 1597, p. 484.

gleron, m., *rat gleron*, m., anc. fr., Junius, 1577.

glé, m., anc. franç., *Dict. de Trévoux*, 1752.

grè, m., Saint-Maurice (Haute-Savoie), r. p.

gréoulé, m., provenç., Pellas, 1723. — Azillanet (Hér.),
　Concours philol., Montpell., 1875, p. 156.

gréouré, m., provenç. mod., Réguis. — Forcalquier, c. p.
　M. E. Plauchud.

réoulé, m., limousin, Mistral.

gou, m., Saône-et-L., r. p. — Jura, Toubin, *Supp.*, 1871. —
　Vaudioux (Jura), Thévenin.

([1]) On donne souvent les mêmes noms au *loir* et au *lérot*.

([2]) Ce mot semble avoir signifié *glouton* à l'origine. *Glis* est aussi le nom latin de l'herbe appelée *gloutonier* ou *bardane*.

liri, m., niçois, Toselli.

ler, m., *lair*, m., anc., franç., *Le jardinier françois*, 1654, p. 98; Liger, *Cult.*, *parf.*, 1714, p. 424. — Floient (Marne), Janel.

lor, m., Les Riceys (Aube), Guén. — Clai:vaut (Aube), Baud.

louér, m., Avon (S.-et-M.), r. p.

louày'r, m., Guernesey, r. p.

loir, m., franç., Lemne, *Secr. mir. de nat.*, 1566, p. 217; *Thresor de santé*, 1607, p. 182; etc., etc.

lày', m., Ban-de-la-Roche, Oberlin, 1775.

lô, m., Lunéville, Oberlin, 1775.

nouar, m., Quarouble (Nord), c. p. M. L.-B. Riomet.

luiron, m., *loiron*, m., anc. fr., Bourquelot, *Foires de Champ.*, 1865, p. 278.

liroun, m., langued., D'Hombres.

liron, m., franç., *Dict. de Trév.*, 1752. — poitevin, *Rev. de philol. fr.*, 1893, p. 109.

léron, m., La Hague (Manche), Fleury.

leyrot, m., anc. franç., Palsgrave, 1530.

loirot, m., anc. fr., Cardan, *De la subtilité*, trad. par R. Le Blanc, 1578, p. 252.

lirot, m., anc. franç., *Conseil contre la famine*, 1546, p. 10.

lirô, m., Periers (Manche), r. p.

lërô, m., Eure, Robin. — Chaillloné (Orne), r. p.

lhithô (avec *th* angl.), m., Vinzelles (Puy-de-D.), Dauzat, p. 96.

liro, fém., Sardent (Creuse), *Rev. d. l. rom.*, 1879, p. 108.

leure, f., Chaussin (Jura), Grosj. et Br.

louèy'ro, f., Monteil-au-Vicomte (Creuse), r. p.

loudtré, m., jargon de Razey, près Xertigny (Vosges), r. p.

uèche, f., Saint-Georges-des-Groseilliers (Orne), r. p.

rà-liroun, m., provenç., Mistral.

rat-liron, m., anc, fr., *Thresor de santé*, 1607, p. 182. —
 Poitou, LAL. — Deux-Sèvres, BEAUCHET.

ra-lirou, m., Saint-Alvère (Dord.), c. p. M. R. FOURÈS.

ra-luron, m., Poitou, LALANNE.

ra-rulon, m., Fougerolles-du-Plessis (Mayenne), r. p.

la-lirin, m., Maillezais (Vendée), c. p. M. PH. TELOT.

ra-lirène, m., île d'Elle (Vendée), *Rev. de philol. fr.*, 1889,
 p. 96.

ra-léró, m., Pays de Bray (Seine-Inf.), DECORDE.

ratt-grioulé, m., *ra-grioulé*, m., langued., SAUV. 1785. —
 toulousain, VISNER, *Ramel païsan*, 1892, p. 132. —
 Pézénas (Hér.), MAZ. — Gourdon (Lot), c. p. M. R.
 FOURÈS.

ra-crioulé, m., Auvergne, *Lo Cobreto*, 7 sept. 1895, p. 2.

ratt-griéouré, m., *ra-griéoulé*, m., Hérault, *Le Campana de
 Magalouna*, 15 sept. 1898, p. 2. — dauphinois, MISTR.

ra-rioulé (l'accent est sur *ri*), m., Gourdon (Lot), c. p. M. R.
 FOURÈS.

garri-gréoulé, m., provençal, PELLAS, 1723.

garri-gréou, m., Var, AVRIL.

rat-veul (¹), m., anc. fr., THIERRY, 1564; DU PINET, 1625,
 I, 455; DUEZ, 1678.

ra-gou, m., Uchon (Saône-et-L.), SIMONET.

ra-gheù, m., Aisne, c. p. M. L.-B. RIOMET.

ru-vou, m., Uchon (S.-et-L.), SIM. — Doubs, BEAUQ. —
 Ruffey-l.-Beaune (C.-d'Or), JOIGN.

ra-veù, m., Yonne, Joss. — Loiret, Eure-et-L., c. p. M. J.
 POQUET.

ra-boudó, m., Doubs, BEAUQUIER.

ra-vouzó, m., *ra voujò*, m., Yonne, JOSSIER.

(¹) On trouve le mot écrit *rat-vclu* dans DU PINET et dans DUEZ, mais
c'est une faute d'impression par métathèse typographique, *vclu* pour *veul*.

ra-vouzió, m., Sacy, près Vermanton (Yonne), RESTIF DE LA BRET., *Monsieur Nicolas*, 1794, I, 140.

ra-vouzäï, m., Bourberain (Côte-d'Or), RABIET.

ra-vouzeù, m., Nuits (Côte-d'Or), PH. GARNIER.

ro-vouazeù, m., Dijon, CUNISSET.

ra gri, m., Thénésol (Sav.), r. p. — Voiron (Isère), BLANCHET. — Loiret, Eure-et-L., c. p. M. J. POQUET.

arrall' gris', f., Landes, c. p. M. V. FOIX.

rat véret (ra vérè), m., anc. fr., *Le jardinier françois*, 1654, p. 98. — Bernay (Eure), VEUCLIN, *Hist. de Bernay*, 1875, p. 37. — Ezy-sur-Eure (Eure), *Rev. de philol. fr.*, 1894, p. 10. — Eure-et-L., r. p.

ra baré, m., *rappelle-perdrix*, m., Saint-Martin-du-Puits (Nièvre), r. p.

ra baghè, m., Bernay (Eure), VEUCLIN, *Hist. de Bernay*, 1875, p. 37.

ra bàyäy', m., Vaudioux (Jura), THÉVENIN.

ra bàyè, m., Eure, ROBIN. — Eure-et-L., P.-de-C., r. p.

ra bàyò, m., Pays de Bray (Seine-Inf.), DECORDE.

ra vàyè, m , Eure, ROBIN.

ra càyé (= rat bigarré), m., langued., D'HOMBRES.

ra calhol, m., Dunes (Tarn-et-G.), r. p. — Montauban, c. p. M. A. PERBOSC. — Villefranche de L. (H.-G.), c. p. M. P. FAGOT.

ra colhol, m., Gourdon (Lot), c. p. M. R. FOURÈS.

rall càyol, m., Pézénas (Hérault), MAZUC.

éskiroou griss (= écureuil gris), provenç. mod., RÉGUIS.

sghirò, m., mentonais, ANDREWS.

ra iskiroou, m., *ra d'arbré*, m., Haute-Loire, MOUSSIER, 1853

rat des jardins, m., fr., L. B***, *Traité de jard.*, I, 158.

garri déy' boué, m., provençal, ACHARD, 1785.

garri d'aoubé, m., provençal, RÉGUIS.

ra taoupié, m., lang., SAUV., 1785.

garri mourtuèy', m., Var, MISTRAL.

missarro (¹), f., Carcassonne, LAFF. — Tarn-et-G., c. p.
  M. A. PERBOSC. — Tarn, GARY.

micharro, f., Villefranche de L. (H.-G.), c. p. M. P. FAGOT.

marmollaine, f., anc. franç., *Thresor de santé*, 1607, p. 182.

murel, m., anc franç., DU CANGE.

rall bufoou, m., *ra bufou*, m., lang., SAUV., 1785. — Gibel
  (Haute-G.), LAMOURÈRE, *Pé l' campestré*, 1899, p. 186 (²).

bufo, f., toulousain, DOUJAT, 1637.

ra pifou, m., Aude, c. p. M. P. CALMET.

péhall, m., Vallée-d'Ossau, Louvie-Juson (Basses-P.), LESPY.

ra dormeü, m., *lërö dormeü*, m., Eure, ROBIN.

ra dorman, m., Aix-en-Othe (Aube), MONCHAUSSÉ.

rall durmàn, m., Saint-Ybard (Corr.), LA ROCHE.

arrall droumilhè, m., gascon, MISTRAL.

ra dourmèy'ré, m., lang., SAUV., 1785.

lou dorman, m., Luxembourg méridional, DEFRÉCHEUX.

lô dorman, m., Meuse, LABOURASSE.

sò douarman, m., Namur, GRANDGAGNAGE.

sou dorman, m., Ardenne belge et Luxembourg wallon,DEFR.

serpent dormant, m., anc. fr., GUY DE LA BROSSE, *Nature des
  plantes*, 1628, p. 70. (Le mot est étrange. N'y aurait-
  il pas là une faute de transcription pour sept dormant?)

egilae, eglae, anglo-saxon, DIEFENBACH.

seven-sleeper, Somersetshire, *Notes and Queries*, 28 août 1890.

gleiermusse, greull, grewel, anc. haut. all., DIEF.

relle, rellemaus, allemand.

(¹) Ce nom et le suivant sont quelquefois donnés à *la marmotte*. Ces
deux animaux ont cela de commun de rester endormis pendant l'hiver.

(²) *Rall bufou = rat qui bouffe*, c.-à-d. qui se gonfle. On prétend
que le loir, poursuivi par un autre animal, chat, martre, etc., jusqu'en
haut d'un grand arbre, se gonfle d'air pour se jeter en bas et amortir
ainsi sa chûte. — Cf. le mot latin *bufo* (crapaud) dont le sens est : *celui
qui se gonfle d'air*.

2. — « *Un lureau* = Un joyeux compagnon. » anc. fr.,
God. — « *Un gai luron* = même sens. » franç. mod. —
« *Une petite leure* = une petite rusée. » Claussin (Jura),
Grosj. et Br. — « *Réoulé* = éveillé, gaillard. » Limou-
sin, Mistr. — « Gras comme un gliron. » Rabelais,
L'isle sonnante, 1562.

Par opposition on a dit : « C'est un meschant luron. »
XVI° s., Mabille, *Choix de farces*, 1873, II, 172.

3. — « On dit d'une personne qui s'endort habituellement aussitôt le dîner terminé : Quand vient le soir Il dort comme
un loir. » Anjou, A. de Soland, *Animaux de l'Anjou*,
1868, p. 52. — « Il dort comme un lair dans les étoupes. »
Florent (Marne), Janel. — « Douormé coumo un
muret. » Provence, au XVII° s., *Bugado prov.* Ces locu-
tions ne sont pas en contradiction avec les précédentes. Il
s'agit ici du loir complètement engourdi pendant la saison d'hiver.

4. — « Il a chaud comme un lérot. » Manche, r. p.

5. — « On va à l'affût aux perdrix, le matin et le soir, avec
une cage en bois dans laquelle un loir est enfermé. On
lui tire la queue, de temps en temps, et la douleur lui
arrache un cri exactement semblable à celui de la perdrix, ce qui fait venir celle-ci. » — Saint-Martin-du-
Puits (Nièvre), r. p.

Myoxus nitela. (L.) — LE LÉROT.

(Voyez *Faune populaire*, t. I, p. 38.)

nitedula, l. du m. â., Papias, 1476.
nitela, lat. du X° s., Wright, 1884.
citellus, l. du m. â., Du Cange.
cisinus, l. du m. â., Bourquelot, *Foires de Champ.*, 1865,
    p. 278.

piti só douarman, m., wallon, DEFRÉCHEUX.

garri dé jardin, m., *garri dé campagno*, m., *rat-caïé*, m.,
    garri-griéou, m., provenç. mod., RÉGUIS.

leù d'terre, m., Verviers (Belgique), DEFRÉCHEUX.

On donne très souvent au muscardin les mêmes noms qu'au
loir.

Myoxus avellanarius. (L.). — LE MUSCARDIN.

(Voy. *Faune pop.*, t. I, p. 39.)

muscaliet, m., anc. franç., GOD.

crok-noué (croque-noix), m., Saint-Pol (P.-de-C.), c. p.
    M. ED. EDMONT.

crohh-naouè, m., *crohh-neühh*, m., *raouhion*, wallon,
    DEFRÉCHEUX.

crahh-naouè (= croque-noyaux), m., Herve (Belg.), *Wal-*
    lonia, 1896, p. 32.

rat-muscatt, m., Aveyron, MISTRAL.

rat miralhè, m., languedocien, MISTRAL.

maragnou, m., *malagnou*, m., Genève, HUMBERT.

rat avelin, m., CARDANUS, *De la subtilité*, trad. p. R. LE
    BLANC, 1578, p. 252.

rètt' neusiyère, f., Montbéliard, CONTEJEAN.

On lui donne souvent les mêmes noms qu'au *loir* et au *lérot*

Ursus arctos. (LINNÉ.) — L'OURS.

(Voyez *Faune pop.*, t. I, p. 40.)

1. — Noms de l'animal :

ourss, m., niçois, SÜTTERLIN. — Béziers, *Rev. d. ang. rom.*,
    1877, p. 239.

orss, m., mentonais, ANDREWS. — Péry (Suisse), c. p.
    M. ED. EDMONT.

orsa, f., Thénésol (Savoie), r. p. (Le mot sert à désigner l'ours
    en général.)

oursè, m., Montbenoît (Doubs), c. p. M. Ed. Edmont.

oursé, m., Eget (Hautes-Pyr.), c. p. M. M. Camélat.

os, m., anc. béarnais, Lespy.

ouss, m., Arrens (H^tes-Pyr.), c. par M. M. Camélat. — Luz (H^tes-Pyr.), r. p. — Nestiers (H^tes-Pyr.), Portes, *Fablos*, 1857, p. 22. — Lectoure (Gers), A. Durrieux, *Belhados de Leytouro*, 1892, p. 354.

ouch, m., env. de Giromagny (Territ. de Belfort), c. p. M. Ed. Edmont. — Plancher-les-Mines (Haute-Saône), Poulet.

euch, m., Montbenoît (Doubs), c. p. M. Ed. Edmont.

or, m., Le Landeron (Suisse), c. p. M. Ed. Edmont. — Hémérence (Valais), Lavall. — H. Sav., Const.

eur, m., Albertville (Savoie), Brachet.

ë-ü, m., Vaudioux (Jura), Thevenin.

oud, m., Gruyère (Suisse), c. p. M. Ed. Edmont.

ó, m., Estavayer (Suisse), c. p. M. Ed. Edmont.

moutz, m., fribourgeois, Grangier.

Brun, m., nom de l'ours au moyen âge dans l'épopée animale. (Sur ce mot voy. G. Paris, dans *Journ. des sav.*, 1894 p. 601 et p. 605, en note.)

Berengarius, nom latin facétieux de l'ours au m. â., Ed. du Ménil, *Poés. inéd. du m. â.*, 1854, p. 118.

2. — La femelle est appelée :

oursa, f., *ourso*, f., midi de la France.

ourse, f., franç. — béarnais, Lespy.

ourcesse, f., franc-comtois, doc. de 1457, God.

oussa, f., Arrens (H.-P.), c. p. M. M. Camélat.

ousso, f., Luz (Hautes-Pyr.), r. p.

3. — Le jeune ours est nommé :

orsat, m., anc. provenç., Raynouard.

ourset, m., *oursel*, m., *ourselet*, m., *urselet*, m., anc. fr. God.

4. — Les mamelles de l'ourse sont appelées par les chasseurs :

pouppe, f., franç., RICHELET, 1710.

5. — Crier, en parlant de l'ours, se dit :
uncare, urcare, micare, sevire, lat. du moy. âge, Du C.
  (*Micare* est sans doute une mauvaise lecture pour
  uncare.)
ouchigni, Plancher-les-M. (Haute-Saône), POULET.
arrounnà, Argelès (H.-P.), c. p. M. J.-J. PÉPOUEY.
ousséyà, Arrens (H.-P.), c. p. M. M. CAMÉLAT.
idoulà, Béziers, *Rev. d. l. rom.*, 1877, p. 239. (Le mot *idoulà*
  signifie habituellement *hurler* et s'applique au loup; il
  est douteux qu'il puisse s'appliquer à l'ours.)
oncare, italien, DUEZ, 1678.

6. — L'endroit où se tiennent les ours s'appelle :
les oursiers, l'oursiere, anc. champenois, GOD. (*Remarque :*
  les ours, à l'état sauvage, n'ont jamais dû beaucoup fréquenter les plaines de la Champagne. Il y a là quelque
  malentendu.)
oussatère, f., *tutère*, f., Arrens (H.-P.), c. p. M. M. CAMÉLAT.
tuto, f., Vallée de Barèges, *Rev. d. trad. pop.*, 1904, p. 361.

7. — « L'ours chemine sur le dos sans frayer du pied à
fin d'oster tout jugement aux veneurs et ainsi s'enclost
en sa tasniere. » LOUIS D'ORLÉANS, *Le banquet d'Arete*,
1594, p. 85.

8. — « La mere (*ourse*) ne porte que trente jors. Et por la
brieté dou tens, nature n'a pooir d'acomplir la forme de
eux ne la façon ou ventre lor mere, ains naist une piece
de char blance sanz nule figure, fors tant que il i a deux
oilz. Et neporquant la mere la conforme et adresce à sa

langue, selonc la semblance de soi... » P. CHABAILLE, *Livres dou Tresor par Brunetto Latini*, 1863, p. 253.

« Joubert qui a eu de la reputation et qui en effect plaidoit bien pour le fond, quand on luy avoit donné tout le temps qu'il luy falloit pour *lescher son ours*, disoit de grandes sottises quand il se mettoit sur le bien dire. » XVIIe s., TALLEMANT DES RÉAUX, *Hist.*, éd. de 1862, VI, 71.

« Je me doutois bien que tu ne manquerois pas de me donner d'un petit préambule : est-ce qu'il te faut tant de temps *pour lécher ton ours ?* Dis-moi, je te prie, sans façon ce que tu as à me dire, et conte-moi toute chose par ordre. » *Le festin de Guillemot*, 1689, p. 4.

« *Bourrut coumo un ours* = velu comme un ours. » Tarn-et-Gar., c. p. M. A. PERBOSC. — « *Velu comme un ours.* » RABELAIS, 1533.

« Pélutt commé u ouss, » H.-Pyr., c. p. M. J.-J. PÉPOUEY.

« *Il est poli comme un ours* ou *il est poli comme un vis* (visage) *d'ours.* — « *C'est un ours mal léché.* » Locut. françaises.

« Mignou commé et dére séoubé = *mignon comme celui* (c.-à-d. *l'ours) de la forêt.* » Gèdre (H.-P.), c. p. M. M. CAMÉLAT.

« *Ch'est l'ours saint Guislain* = c'est un bourru, ennemi des plaisirs de la société. » Valenciennes, HÉCART. —

« *Se n'ero pas las fremos, leis omes serien d'ours maou lipats.* S'il n'y avait pas de femmes, les hommes seraient des ours mal léchés. » Prov. provençal mod., MILLIN, *Voy. dans le Midi*, t. III, p. 478.

9. — « *Tu as fait de ton chien un ours*, se dit à quelqu'un qui a fait couper la queue et les oreilles à son chien, ce qui l'a rendu difforme. » Eure-et-L., c. p. M. J. POQUET.

10. — « *Orgueilleux comme un ours.* » Hautes-Pyr., c. par M. M. CAMÉLAT.

11. — « *Sentir l'ours* = sentir mauvais. » Béarn, LESPY.

12. — « *Faire l'ours* = se promener de long en large devant la guérite. » J. CHANCEL, *Grandeur et servitude, saynète milit.*, 1899. — « *A l'ours* = locut. franç., en prison. »

13. — « Mieux aimerois gésir entre les ours. » J. BOUCHET, *L'amoureux transy*, 1507, f^{et} 13, v°.

14. — « L'ours en hyver quarante jours ne boit, ne mange, sinon suçant ses mains. » R. FRANÇOYS, *Essay des merv. de nat.*, 1622, p. 23.

15. — « A un enfant qui se montre difficile pour la nourriture et ne veut manger que des choses délicates, on dit : *tu es comme les ours, il ne te faut que du miel.* » Eure-et-Loir, c. p. M. J. POQUET.

16. — « A Nouste Dame dére Candelère Et ouss qué yéss dére tutère = *A N. D. de la Ch. l'o. sort de sa tanière.* » Arrens (H.-P.), c. p. M. M. CAMÉLAT.

17. — « Il se laisse mener par le nez comme un ours. » FÉRAUD, 1787.

18. — Quatre bestes dompte l'on bien,
Ung hours, ung chat, singe et chien,
Mais la femme par nul moyen
De mal on ne la tire à bien.

Les mots dorez de Cathon, XVIe siècle.

Hours, lyon, singe et chien
Ces .V. bestes aprenion bien,

Mais on ne puet par nul engin
Mauvaise femme aprenre bien.

> Quatrains moraux (xvᵉ siècle), publiés à la suite
> de L'Hôtel de Cluny, au moyen âge, par Mᵐᵉ DE
> SAINT-SURIN, 1835.

19. — « On dit d'un homme qui a peur, qu'il le faut faire
monter *sur l'ours,* comme on fait les enfans. » FURE-
TIÈRE, 1708.

20. — « Si cavalgatz nau passes l'ors,
Apres qu'aura fait les nau tors,
Descavalgatz de la ma esquerra,
Et jamays n'auretz mal de terra
Ni degun autre mal pareilh. »

> Superstit. toulousaine du xviᵉ s., NOULET, *Las
> ordenansas del libre blanc,* 1878.

« Pour guérir les enfants du *maou dé terra* (mal de terre,
épilepsie) on les hisse sur le dos d'un ours l'espace de
neuf enjambées. » Hautes-Pyr., c. par M. M. CAMÉLAT.

21. — « Ainsi que les femmes de Paris au long voyage de
Montmartre vers Sainte-Ourse, pour avoir des enfans. »
BILLON, *Fort du sexe fém.,* 1555, p. 79.

22. — *Envoyer quelqu'un à l'ours.* (Envoyer promener quelqu'un. » — Locut. franç. — *Mandare à veder ballar
l'orso.* (Envoyer voir danser l'ours; tuer.) Locut. ital.,
DUEZ, 1678. — *Andar a véder a balar l'ôurs.* (Mourir.)
Loc. bolonaise, CORONEDI-BERTI.

23. — « Il se présentera quelque moyen pour museler l'ours
= se dit au figuré. » *Conversat. famil. entre l'abbé Sauveur et sa sœur,* 1783, p. 35.

24. — « *Prenez mon ours* = se dit, à celui qui est embarrassé
pour trouver quelque chose, par quelqu'un qui veut pro-

fiter de la circonstance pour lui fourrer un objet sans valeur dont il a le désir de se défaire. » La locut. se trouve pour la première fois à notre connaissance, dans SCRIBE, *Le puff*, acte I, sc. 2, et dans *L'ours et le pacha*, comédie du même auteur, sc. 6. Ces pièces ont été jouées vers 1820.

« *Ours* = au théâtre, pièce qu'on ne peut faire jouer. »

25. — Tous les ans, à l'époque du carnaval, les jeunes gens de la contrée se rassemblent et s'habillent en chasseurs. Un d'eux se déguise en ours, et court se cacher dans les bois. Bientôt la chasse commence, l'ours est traqué de tous côtés, et les chasseurs du village, auquel appartient celui qui atteint la bête humaine, sont hébergés et fêtés durant plusieurs jours par leurs camarades des autres hameaux.

Environs de Luz, A. JUBINAL, Lettres sur
les Pyrénées.

26. — Sur les combats d'ours, servant de divertissements, voyez : P. MEYER, *Le débat des hérauts d'armes*, p. 157.

27. — Sur la manière de prendre l'ours, au moyen âge, au moyen d'un maillet avec lequel il se bat, et qui lui retombe sur la tête et le tue, voir : P. MEYER, *Contes de Bozon*, p. 13 et p. 231.

28. — Vender la pelle dell' orso innanzi che sia preso.

Prov. ital., PESCETTI, Pr. ital., 1711.

PESCETTI (p. 249) explique ainsi l'origine de ce proverbe : Diede un hoste da mangiar in credenza à tre giovani, che avean deliberato d'andar alla caccia d'un terribil orso, che in quella contrada facea di gran danni ; avendo egli-no promesso, che preso che avesser l'orso e venduta la pelle, lo sodisfarebbero intieramente. I giovani andati,

subito che vider l'orso, la diedero à gambe. Uno si salvo
sopra un' albero, l' altro, che avea migliori gambe si
trasse in sicuro; il terzo fù raggiunto dall'orso, il quale,
come vide non poter scampare, si getto in terra con la
faccia in giù, e si finse morto, sapendo l'orso esser di
questa natura, che quando e' crede, che l'animal ch' egli
ha preso sia morto, non gli dà più noia. L'orso per
schiarirsi, s'egli era veremente morto, accostatogli il gri-
fo all' una delle tempie, s'ingegnava di voltarlo sottosopra,
per veder, se alitava; e poiché si fù in cio affaticato un
pezzo indarno, finalmente credendolo veramente morto,
se n' ando. Ora disceso, quel che sù l'albero era salito,
e raggiunto il compagno, che anch' egli, partito l'orso,
se n'era inviato verso la città, gli domando, che cosa la
bestia gli avea detto nell'orecchio, mentre egli era disteso
in terra; e colui respose : Egli ma hi dati questo con-
siglio, che io non debba più vender niuna pelle d'orso,
se prima non l'ho preso.

« Deux compaignons cheminoient ensemble lesquels ren-
contrerent ung ours qui les asailli. Et de peur de lours
lung dès compaignons monta sus ung arbre et laultre qui
neut espasse de fuir faisoit semblance quil fuist mort
sur la terre lors vint a cheluy qui couchoit sur la terre
comme mort et cuidât quil fut mort le lassa. Car sy
noble est lours quil desdaigne bestes mortes. Ja adont
son compaignon descendit de larbre et demanda a ces-
tui auoit fait le mort en disant : Que ta dit lours en
lorelle lequel respondi il ma conseillé que ie ne faiche
compte dun tel compaignon qui ma laissie en tel peril. »

G. Lyon, *Dyalogue*, 1482, réimprimé par DELTEIL,
p. 195.

20. — Un jour le lion dit à l'ours : « Je suis plus fort que
l'homme, et l'homme est le plus fort de tous les animaux.

— L'homme ! répliqua l'ours, mais moi aussi je suis plus fort que lui. — On voit bien que tu ne le connais pas, reprit le lion. Tiens, va te poster sur ce chemin ; quand un homme passera tu essayeras de lutter avec lui ; puis tu m'en donneras des nouvelles ».

Seigneur ours, aussitôt, court se poster au détour du chemin. Après quelques instants d'attente, il voit arriver un enfant qui, son panier au bras, s'en allait à l'école ; il s'avance vers lui et lui dit : « C'est toi qui es l'homme ? — Non, répond l'enfant ; je ne suis pas encore un homme ; je ne suis qu'un enfant. — Tu peux passer », grogna l'ours ; et il reprit son poste d'attente.

Bientôt un vieillard arriva, marchant péniblement appuyé sur son bâton. « C'est toi qui es l'homme ? lui demanda l'ours. — Non, répondit le vieillard ; je ne suis plus un homme. — Tu peux passer ».

Presque aussitôt survint un soldat qui se retirait du service avec armes et bagages. « C'est toi qui es l'homme ? lui dit l'ours. — Oui ; que me veux-tu ? — Je veux me battre avec toi. — Soit ; mais quel genre de lutte choisirons-nous ? — Celle que tu voudras. — Eh bien, nous allons commencer par nous cracher au visage, pour savoir celui qui crache le plus fort. — Soit ; commence, toi ». Et l'ours de s'escrimer à cracher sur son adversaire, mais sans grand succès. « As-tu fini ? lui dit bientôt le soldat. — Oui. — A mon tour ». Il prit alors son fusil, mit l'animal en joue et le coup partit.

Le fusil était chargé à poudre seulement et l'ours en fut quitte pour quelques brûlures autour du museau, mais, renonçant à continuer la lutte, il s'enfuit au plus vite. Le lion qui l'attendait derrière un fourré, l'appela et lui dit : « Eh bien ! qu'en penses-tu de l'homme ? —

Je ne veux plus me mesurer avec lui, répondit l'ours ; il crache trop fort ».

F.-N. N. (dans *Bull. de la Soc. d'Etudes des Hautes-Alpes*, Gap, 1895, p. 176. (Cf. *Wallonia*, 1893, pp. 186-189.)

30. — Une fois un homme en poursuivait un autre et l'atteignant il fit : *ouss!* à son oreille. Celui-ci répartit :

> Ouss séras
> En tout arbé puyaras
> Sounqué en espi-blan.

(Ours tu seras, contre tout arbre tu monteras excepté sur l'aubépine.)

Orignac (Hautes-Pyr.), c. par M. M. Camélat.

31. — M. M. Camélat a publié des contes du Lavedan (Hautes-Pyr.), relatifs à l'ours dans *Mélusine*, tome X, col. 157, 230, 258, 272, 273.

32. — Sur le conte de l'ours qui prend un pavé pour assommer une mouche sur la tête de quelqu'un, voir : Mouliéras et Basset, *Fourberies de Si Djeh'a*, 1892, p. 57. (On y trouvera de nombreux rapprochements.)

33. — Sur le conte de *Jean de l'Ours*, voyez *Mélusine*, III, 298, 329, 395 ; V, 206 ; VI, 261 ; Duffard, p. 211.

Sur l'ourse qui lèche ses petits, voyez : *Revue critique*, 1883, p. 516.

Voyez encore diverses traditions sur l'ours, dans Brunetto-Latini, *Livres dou tresor*, publ. par Chabaille, 1863, pp. 253-254 et Berger de Xivrey, *Tradit. tératol.*, 1836, pp. 513-517.

Ursus meles. (Linné.) — LE BLAIREAU.

(Voy. *Faune pop.*, t. I, p. 45.)

1. — Noms de l'animal :

taxus, latin.

taxo, l. du m. â., Aelfricus; Zeuss, *Gramm. celt.*, 1871, p. 1075.

tesso, *taxonus*, *melo*, *melota*, l. du m. â., Du C. [De *melota* vient *melotina* = peau de bl. Du C.]

meles, l. du m. â., Goetz.

melus, l. du m. â., Aelfricus; Zeuss, *Gramm. celt.*, 1871, p. 1075; Wackernagel, *Vocab. opt.*, 1847, p. 45.

melis, *porcus silvaticus*, l. du m. â., Boucherie, 1872.

melos, l. du m. â., *Germania*, 1888, p. 294.

melotus, l. du m. â., Escall; Chass., 1857.

taish, *taisho*, anc. provenç., Rayn.

tày'ch', m., Lézignan (Aude), *Rev. d. l. rom.*, 1897, p. 298. — Comberouger (Tarn-et-G.), c. p. M. A. Perbosc.

tay'ss, m., provenç. mod. — langued. — limousin.

tach', m., Breil (Alpes-Mar.), c. p. M. Ed. Edmont. — Léguevin (H^te-G.), c. p. M. Ed. Edmont. — Orthez (B.-P.), Lespy. — Landes, Daugé, *Flous de Lane*, 1901, p. 203. — Auvillars (T.-et-G.), c. p. M. G. Lalanne.

tày', m., lang. Sauv., 1785. — Auvergne, *Lo Cobreto*, 7 févr. 1895, p. 4. — Corr., Bér. — Gourdon (Lot), c. p. M. R. Fourès. — Villefort (Lozère), c. p. M. Ed. Edmont. — Aubin (Aveyr.), r. p.

taixon, m., anc. fr., J. Bodin, 1597, p. 504.

tèy'ksoun, m., Martigues (Bouches-du-Rh.), c. p. M. Ed. Edmont.

taysson, m., anc. provenç., Raynouard.

tèy'ssoun, m., Var, Dauphin, *Las bastidanos*, 1878, p. 179. — Bruis (Hautes-Alpes), *Soc. d'études d. H.-Alpes*, 1884, p. 337.

tày'ssou~, m., niçois, Sütterlin, p. 474.

téy'chou~, m., Largentière (Hautes-Alpes), r. p.

téy'ssou, m., Portes (Gard), r. p. — Die (Drôme), Boissier.
— Saint-Georges-Lapouge (Creuse), r. p.

tày'ssou, m., Monteil-au-Vicomte (Creuse), r. p.

tày'chou, m., env. de Carcassonne, Laffage.

tòy'chou, m., Pyrén.-Or., *Soc. agric. d. Pyr.-Or.*, 1884,
p. 346.

taisson, m., anc. fr., Chassant, 1857; Junius, 1577.

tesun, m., anc. fr., *Notices et extr. des m. de la B. N.*, 1891,
p. 53.

tachoun, m., Bayonne, Lagravère. — Pays d'Albret,
Dardy. — Lectoure (Gers), A. Durrieux, *Belhados de
Leytouro*, 1892, p. 110. — La Teste (Gir.), Moreau. —
Landes, Daugé, *Flous de Lane*, 1901, p. 203.

tachon, m., Montbéliard, Contej. — Thénésol (Savoie), r. p.
— Hémérence (Valais), Lavall. — Thiaucourt (Meurthe),
c. p. M. Ed. Edmont.

tèchon, m., Plancher-les-M. (Hte-Saône), Poul.—Yonne, Joss.

téchyon, m., env. d'Avallon (Yonne), r. p. M. Ed. Edmont.

téchon, m., *tèchon*, m., Pouilly-en-Aux. (Côte-d'Or), c. p.
M. Ed. Edmont. — Saint-Martin-du-Puits (Nièvre), r. p.

tachan, m., Luxembourg méridional, Defrécheux.

taëzon, m., env. de Nantua (Ain), c. p. M. Ed. Edmont.

taison, m., *taizon*, m., anc. franç., Escallier; Evon. Phi-
liatre, *Tresor d. remedes*, 1555, p. 53. — Yonne,
Jossier. — Ain, Philipon.

tésson, m., *tèsson*, m., Yonne, Joss. — Saint-Germain-du-
Bois (Saône-et-L.), c. p. M. Ed. Edmont. — Clerval
(Doubs), r. p. — Env. de Liége, c. p. M. J. Feller.

tasson, m., vaudois, Callet. — Bas-Valais, Gill. — Annecy,
Const. — Jura, Monnier. — Doubs, Beauquier. —
Yonne, Joss. — Luxemb. septentr., c. p. M. J. Feller.

tinson, m., Ineuil (Cher), r. p. — Pruniers (Indre), Porcheron, *Addit. aux gloss. du centre*, 1888.

ténchou, m., Périgueux, SAUVEROCHE, *Poes. en pat. du Périg.*,
    1890, p. 19.

tahon, m., env. de Bonneville (H.-Sav.), CONST.

tohon, m., env. de Baccarat (Meurthe), c. p. M. ED. EDMONT.

tachou, m., Luz (Hautes-Pyr.), r. p. — Arrens (Hautes-P.),
    c. par M. M. CAMÉLAT. — Basses-Pyr., LESPY.

tèchou, m., Campan (Hautes-Pyr.), c. p. M. ED. EDMONT.

tissou, m., env. de Pierrelatte (Drôme), c. p. M. ED. EDMONT.

tézott, m., La Malène (Lozère), r. p.

tassó, m., env. d'Annecy, CONST.

chin'-taé, m., *chë-té*, m., Loire, GRAS.

tchë-té, m. (= chien-blaireau [1]), Vinzelles (Puy-de-D.), DAU-
    ZAT, p. 61.

chi-tày', m., Haute-Loire, MOUSSIER.

tày'-tsé, m., *tày'-téchou*, m., Beaulieu (Corrèze), r. p. M. ED.
    EDMONT.

tày'-tchyi, m., *tày'-coutsou*, m., Allanche (Cantal), c. p.
    M. ED. EDMONT.

taé-si~, m., *taé-por*, m., env. de Verteillac (Dord.), c. p.
    M. ED. EDMONT.

chi~n'-té, m., Saint-Georges-en-Couzan (Loire), c. p. E. ED.
    EDMONT.

tày'ss-cagnéne, m., *tày'ss-pourkéne*, m., Lot, c. p. M. A.
    PERBOSC.

tach cagnin, m., *tach pourkin*, m., Auvillars (T.-et-G.),
    c. p. M. G. LALANNE.

tày'ss-ché, m., *tày'ss-porc*, m., limousin, LABORDE.

téy'ssoun canin, m., *t.y'ssoun pourcin*, m., provençal mod.,
    CASTOR.

---

[1] « Son museau est allongé comme celui de quelques chiens et son
nez a la même forme que celui des chiens. » ROZIER. — On prétend qu'il
y a deux variétés de blaireaux, l'une dont le museau ressemble à celui
du chien et l'autre à celui du porc.

blar, m., Chenay (Marne), c. p. M. E. MAUSSENET.

blarel, m., anc. franç., GODEFROY.

blaré, m., Châteauponsac (Haute-Vienne), c. p. M. ED. EDMONT.

blaryó, m., Douai, ESCALLIER. — Valenciennes, HÉCART.

blarieu, m., *blérieu*, m., Aisne, c. p. M. L.-B. RIOMET.

bléraou, m., Maillezais (Vendée), c. p. M. PH. TELOT.

bluró, m., Champtoceaux (Maine-et-L.), c. p. M. ED. EDMONT.

blhyéré, m., *blhyëryó*, m., *blhërö*, m., *blhéró*, m., *byeüré*, m., *byéré*, m., *byéró*, m., *byërö*, m., *byéyó*, m., Calvados, GUERLIN DE GUER, *Dialectol. norm.*, 1899.

bélhéra, m., Saint-Junien (Haute-Vienne), c. p. M. ED. EDMONT.

blérott, m., Pessac (Gironde), c. p. M. ED. EDMONT.

biéraou, m., Côtes-du-Nord, c. p. M. E. ERNAULT.

bedouault, m., *vedouaut*, m., *bëdouau*, m., anc. fr., RABELAIS; SÉB. COLIN, *Livre de Trallian trait. les gouttes*, 1557, p. 173; J. THIERRY, 1564. — Anjou, MÉNAGE, 1750.

bédouao, m., *béduao*, m., *bëdouè*, m., Mayenne, DOTT.

bouduaut, m., anc. franç., LAGADEUC, 1499.

boudvó, m., Muzillac (Morbihan), c. p. M. ED. EDMONT.

boudviâ, m., Allaire (Morbihan), c. p. M. ED. EDMONT.

bedou, m., Basse-Normandie, MÉNAGE, 1750.

baussan, m., anc. franç., MOWAT.

bausan, m., fr. du m.-âge, P. MEYER (dans *Romania*, 1903, p. 98).

grisart, m., *grisard*, m., anc. fr., CH. ESTIENNE, 1561; JUNIUS, 1577. — Cambrai, BONIF. — Valenciennes, HÉC. — Saint-Pol (P.-de-C.), c. p. M. ED. EDMONT.

rabass, m., lang., SAUV., 1785. — env. de Lodève, c. p. M. ED. EDMONT.

robass, m., Aveyron, VAYSSIER.

rabà, m., Hyères (Var), c. p. M. ED. EDMONT.

ranblé, m., jargon de Razey, près Xertigny (Vosges), r. p.

melota, f., anc. provenç., RAYNOUARD.

mamonètt', f., Bastogne (Belg.), c. p. M. ED. EDMONT.

patach', m., béarnais, LESPY.

2. — La femelle est appelée :

tachouno, f., Luz (Hautes-Pyr.), r. p.

tèy'ssounèlo, f., Saint-Georges-Lapouge (Creuse), r. p.

3. — Le terrier où se réfugie le blaireau est appelé :

tày'ssougnèy'ro, f., langued., D'HOMBRES.

tasnière, f., anc. fr., J. BODIN, 1597, p. 504.

tesnier, m., anc. fr., *Le trocheur de maris, farce*. Réimpress.
  TECHENER, s. d., p. 12.

tanière, f., Thénésol (Savoie), r. p.

ténière, f., Vendômois, MARTELLIÈRE. (Plusieurs localités
  s'appellent *Les Ténières*. — On dit dans le même pays
  ténier = chasser le blaireau.)

tachoère, f., anc. gascon, DU BUISSON, *Hist. monasteri Sancti
  Severi*, 1876, II, 394. — béarnais, LESPY.

tachouèra, f., Arrens (Hautes-Pyr.), c. par M. M. CAMÉLAT.

tachouéro, f., Pays d'Albret, DARDY, II, 14.

béduaodyèr', f., Bas-Maine, DOTTIN. (Le mot signifie aussi
  maison, chambre dont les cheminées fument).

bfgódrie, f. (nom de localité où il y a beaucoup de blaireaux),
  Char.-Inf., JÔN.

4. — « Dormir comme un tesson. » *Gloss. de l'anc. th. franç.*
  (Le blaireau passe tout l'hiver endormi dans son terrier.)

5. — « Gras comme un tasson. » Pays de Vaud, CALLET. —
  « Grass com oun toy'chou. » Pyr.-Or., *Soc. agr. des
  Pyr.-Or.*, 1884, p. 346.

6. — « Négligent comme un tesson. » XVIe s., AMBR. PARÉ, éd. Malg., III, 736.

7. — « Suer comme un blaireau. » Franche-Comté, MAX BUCHON, *Le gouffre gourmand*, roman.

8. — « Vesser comme un blarieu. » Aisne, c. p. M. L.-B. RIOMET.

9. — « Respirer aussi bruyamment qu'un *tachoun*. » Lectoure (Gers), A. DURRIEUX, *Belhados*, 1892, p. 110.

10. — « Ey' barbe comme û tachou = *avoir de la barbe comme un bl.* » Arrens (H.-P.), c. p. M. M. CAMÉLAT.

11. — « *Déblaré, déblarié* = qui a perdu ses cheveux, ses poils, en parlant de l'homme et des animaux. » Env. de Douai, ESCALLIER. (Le blaireau a très souvent la gale, ce qui lui fait perdre les poils.) — « *Esblaré* = même sens. » anc. fr., *Romania*, 1904, p. 348. — « *Melotis* = pellis simplex ex uno latere deperdens. » lat. du VIIIe s., HESSELS, 1890.

12. — « Le blaireau est obligé de marcher dans les ornières parce qu'il a les pattes d'un côté plus longues que celles de l'autre. » Deux-Sèvres, SOUCHÉ, *Croyances*.

« Un jaras de tay'ss = un homme qui a les jambes courtes ([1]). » Limousin, LABORDE.

« Man sagt von einem Krummbeinigen, er hat *Dachsbeine*, er ist *dachsbeinig*. » Allem., GRIMM.

13. — « Et qu'aura-t-elle dit de ta face cornue, Chien, qu'aura-t-elle de ton *nez de blaireau ?* »

SCARRON, *Jodelet*, 1646, p. 11.

([1]) Probablement *et inégales*.

14. — « *Faire retraite de blaireau* = chercher son salut sous terre, au fig. disparaître. » Barciet, *Guerre d'Acnée en vers burlesques*, 1650, p. 130.

15. — « *Tocson* = un homme brutal, mal appris. » Perche, De Broc, *Not. sur les Feugerets*, 1883, p. 78; Pays messin, r. p. (C'est par allusion à la défense brutale que le blaireau oppose au chien.)

16. — « On appelle, en peinture et dorure, *blaireau* un pinceau fait avec du poil de cet animal, auquel on donne la forme d'une patte d'oie. Il sert à poser l'or en feuille et à imiter les veines des marbres. » Monisot, 1814.

17. — « Un caractère particulier de conformation dans cet animal, est une espèce de poche peu profonde qui se trouve entre l'anus et la queue. L'orifice de cette poche est garni d'un poil roux à l'extérieur, et parsemé de poils fauves assez longs dans l'intérieur. Elle est enduite d'une matière blanche, épaisse, et semblable à de la graisse par sa consistance; il en suinte continuellement une liqueur onctueuse, d'une odeur fétide, que le blaireau se plaît à sucer. » Rozier.

« Le tesson passe l'hiver, le nez dans son cul, pour y sucer sa graisse. C'est ainsi qu'il se nourrit. » Clerval (Doubs), r. p.

« Sta nascoto, come si sa, per sei mesi dell' anno, ed in Cadore dicono che vive per sei mesi *col mus in tel cul.* » Nardo-Cibele, *Zool. pop. veneta*, p. 154.

18. — « Le clair du blaireau = le clair de la lune. » Bas-Maine, Dottin. (Le blaireau ne sort que la nuit.)

19. — Le blaireau est l'ami du lapin; il lui permet d'habiter son terrier et le défend contre le renard.

Deux-Sèvres, Souché, *Croyances*; Tarn-et-Gar.,
c. p. M. G. Lalanne.

15. — « Vesser comme un blaireau. » Villeneuve-s.-F. (Aisne),
c. p. M. L.-B. Riomet.

« *Bufà coumo un tày* = souffler comme un blaireau. »
Saint-Barthélemy (L.-et-G.), c. p. M. H. Bareyre.

16. — Le blaireau, en retenant son haleine, se gonfle et dès
lors offre moins de prise aux morsures des chiens. »
P. Meyer, *Contes de Bozon*, p. 257.

17. — « Pour obvier à la tempeste,
    Que je cognois du ciel venir,
    En eaue fourre ma teste. » [*Il s'agit du blaireau.*]
        Rec. de poés. franç., 1885, I, 260.

18. — « Pour les armes, tu ressembles aux taissons, tu vou-
drais mordre en fuyant. » Dusouhait, *Le pacifique*,
1604, p. 146.

19. — « Le plus fort en est au taisson, se tu ne m'en crois, va
sçaver. » E. Picot, *Rec. de sotties*, 1902, I, 97. —
(Quel est le sens de ce passage ?)

20. — « Compter les ruches d'abeilles porte malheur, cela y
fait venir le blaireau. » Pays d'Albret, Dardy, I, 232.

« D. Lepelletier, *Dict. de la langue bretonne*, 1752, dit
qu'on l'appelle *louss* (= le sale), pour ne pas prononcer
son vrai nom *broc'h*, parce que cela le ferait venir. »
Basse-Bret., c. par M. E. Ernault.

21. — « Etre comme le blaireau de Broucante = courir par
monts et par vaux, être sans le sou. » Villelongue (Hautes-
Pyr.), c. par M. M. Camélat.

22. — « Le blaireau tette les vaches et les chèvres. » Miche-
roux, Seraing (Belgique), *Rev. d. trad. pop.*, 1903, p. 50

Viverra genetta (LINNÉ). — LA GENETTE.

(Voy. *Faune pop.*, t. I, p. 50).

genetta, panthera minor, catus Hispaniae, l. du m. â.,
SCHMELLER, I, 918.

jehannette, f., anc. fr., *Biblioth. de l'éc. des ch.*, 1849, p. 236.

janette, f., fr. du XV° s., TUETEY, *Invent. de Charl. de Sav.*,
1865, p. 8.

jenette, f., *genette*, f., anc. fr., *Bull. arch. du comité d. trav.*
1890, p. 24 ; DAMERVAL, 1507.

geneste, f., anc. fr., DU CANGE.

ginette, f., anc. franç., J. BODIN, 1597, p. 494.

djonéto, f., arrond. du Vigan (Gard), *Rev. de philol. franç.*,
1895, p. 228.

djanéta, f., Hérault, *Feuille des jeunes natur.*, 1896, p. 48.

chày'né, m., Languedoc, SAUV., 1785.

chat d'Espagne, m., *chat de Constantinople*, m., franç.,
GUILLAUMIN, *Dict. du Commerce.*

Mustela vulgaris (LINNÉ). — LA BELETTE

(Voy. *Faune pop.*, t. I, p. 50.)

migale, l. du m. â., GRAFF. (D'où *migalinum* = fourrure de
peau de belette).

*mustela, mustella, mustelus, muscella, vivernus, viverra,
vivera*, lat. du m. â., GOETZ.

mussela, l. du m. â., *Anzeig. f. Kunde d. d. Vorz.*, 1835, c.
94.

mus longus, lat. du m. â., *Zeitschr. f. deutsches Alterthum*,
Bd. V. 1845, p. 572.

mus longa, lat. du m. â., STOKES, *Cormac's glossary*, 1868;
Germania, 1876, p. 5.

sisus, l. du m. â.; BOUCHERIE, 1872.

mostela, fr., anc. prov., BARTSCH, *Chrestom.*, 1892, col. 546.

moustéla, f., Montpellier, *Félibrige lat.*, 1896, p. 63.

moustèlo, f., Hérault. — Aveyron. — Aude. — Tarn. — Gard.

mostèle, f., Fraize (Vosges), c. p. M. Ed. Edmont.

mostòy', f., Gérardmer (Vosges), c. p. M. Ed. Edmont.

moustauille, f., anc. franç., Arnoul, 1517.

moustiala, f., Haute-Loire, Vinols.

moustialo, f., Lozère, Baldit (dans *Bull. de la soc. d'agr. de la Loz.*, 1850, p. 212.)

moustiolo, f., Saint-Agrève (Ardèche), c. p. M. Ed. Edmont.

moustiara, f., dans le Champsaur (Hautes-Alpes), *Soc. d'Études des Hautes-Alpes*, 1883, p. 228. — Paulhaguet (Haute-Loire), c. p. M. Ed. Edmont.

moustééro, f., Alpes cottiennes, Chabrand et Rochas.

moustièro, f., Die (Drôme), c. p. M. Ed. Edmont. — Forcalquier (B.-Alpes), c. p. M. E. Plauchud.

mohhày'là, m., Saint-Maurice (Haute-Savoie), r. p.

mouch'tyar, m., env. de Saint-Flour (Cantal), c. p. M. Ed. Edmont.

moustiago, f., Saint-Chely (Lozère), c. p. M. Ed. Edmont.

moustiava, f., H.-Loire, c. p. M. Dussaud.

moustiavo, f., env. de Rochefort (Puy-de-Dôme), c. p. M. Ed. Edmont.

moustiaou, m., ...assiac (Cantal), c. p. M. Ed. Edmont.

ra-moustiaou, m., Allanche (Cantal), c. p. M. Ed. Edmont.

mostoile, f., anc. fr., Hippeau, *Bestiaire de Richard de Fournival*.

moustoille, f., anc. fr., Gachet, *Gloss. lat. fr.* (dans *Commiss. roy. d'hist.*, Brux., 1846, p. 308); Du Pinet, 1660.

mutoille, f., *belette*, f., anc. franç., Godefroy.

mutèl', f., Romeny (Aisne), Rouault. — Crupilly, Chigny (Aisne), c. p. M. L.-B. Riomet.

motèle, f., Damprichard (Doubs), Grammont.

moutéla, f., dauphinois, Charbot.

motéya, f., Bagnard (Suisse rom.), Cornu.

moutiala, f., Forez, Gras. — Ambert (Puy-de-Dôme), Grivel, *Chroniques du Livradois,* 1852, p. 63.

moutýalä, f., Vinzelles (Puy-de-Dôme), Dauzat, p. 27.

moutialo, f., Estandeuil (Puy-de-Dôme), r. p.

moutiélo, f., Die (Drôme), Boissier.

moutiara, f., Saint-Bonnet-le-Château (Loire), c. p. M. Ed. Edmont.

moutôre, f., Plancher-les-Mines (Haute-Saône), Poulet.

môtare, f., Vescemont (env. de Belfort), Vautherin.

motèl', f., env. de Delle (territ. de Belfort), c. p. M. Ed. Edmont.

mouëtèl, f.. Châtenois (env. de Belfort), Vautherin.

mutouèl', f., Coulonvillers (Somm e), c. p. M. Ed. Edmont.

motèya, f., Val d'Entremont (Valais), c. p. M. Ed. Edmont.

moukialo, f., Gilhoc (Ardèche), Clugnet.

mantèla, f., Goncelin (Isère), c. p. M. Ed. Edmont.

montouale, f., Somme, Jouancoux.

moèla, f., Saint-Michel-en-Maurienne (Savoie), c. p. M. Ed. Edmont.

mètone, f., La Poutroye (Alsace), c. p. M. Ed. Edmont.

moussouale, f., Saint-Pol (P.-de-C.), c. p. M. Ed. Edmont.

moutélèta, f., Grésy-sur-Isère (Savoie), c. p. M. Ed. Edmont. — Albertville (Savoie), Brachet. — Thénésol (Savoie), r. p.

mothëlèta, f., (avec *th* angl.), Hémérence (Valais), Lavall.

moutèlta, f., Le Biot (H.-Sav.), c. p. M. Ed. Edmont.

mott'lott', f., Schirmeck (Alsace), c. p. M. Ed. Edmont.

mozëta, f., env. d'Albertville (Sav.), Const.

vesele, f., franç. du nord-est au XIIe s., Schbler, *Trois traités.* (En anc. haut all. la belette est appelée *wisala.*)

bèlèta, f., Châtillon-de-Mich. (Ain), r. p.

béléto, f., Villefranche (Aveyron) et Cahors (Lot), *Rev. de philol. franç.,* 1894, p. 273 et p. 276. — Luz (Hautes-Pyr.), r. p. — Tarn-et-G., c. p. M. G. Lalanne.

bĕlĕto, f., Saint-Georges-Lapouge et Monteil-au-Vicomte (Creuse), r. p.

bolott', f., Morvand, CHAMBURE. — Saint-Martin-du-Puits (Nièvre), r. p. — Vitteaux (Côte-d'Or), NÉDEY (dans *Rev. de philol., franç.*, 1899, p. 111). — Yonne, JOSSIER, — Boussières (Doubs), c. p. M. ED. EDMONT. — Chaussin (Jura), GROSJ. et BR.

bôlott', f., Château-Chinon (Nièvre) et Gy (Haute-Saône), c. p. M. ED. EDMONT.

balott', f., Petit-Noir (Jura), RICHENET.

bĕlott', f., Champagney (Haute-Saône), c. p. M. ED. EDMONT.

bélatt', f., env. d'Etain (Meuse), c. p. M. ED. EDMONT.

bilĕtt', f., Le Thillot (Vosges), c. p. M. ED. EDMONT.

boulĕtt', f., Haumont-lés-la-Chaussée (Meuse), r. p.

bĕlĕtt', f., Laluque (Landes), r. p.

balta, f., Jura, MONNIER.

bĕlta, f., env. d'Annecy, CONST.

bĕlto, f., Les Fourgs (Doubs), TISSOT.

bĕlto, f., Montaigut (Puy-de-D.), c. p. M. ED. EDMONT.

bolto, f., Arbois (Jura), r. p.

béroto, f., limousin, R. LABORDE.

blĕta, f., Néronde (Loire), c. p. M. ED. EDMONT.

blĕtt', f., Nérondes (Cher), r. p. — Romorantin (Loir-et-Cher), r. p. — Jura, r. p. — Avon (Seine-et-M.), r. p. — Loiret, Eure-et-Loir, c. p. M. J. POQUET.

blatt', f., Verdes (Loir-et-Cher), r. p. — Yonne, JOSSIER.

blott', f., Clamecy (Nièvre), r. p. — Rainville (Vosges), r. p. — Clerval (Doubs), r. p. — Bournois (Doubs), ROUSSEY. — Sancey (Doubs), *Rec. de phil. fr.*, 1899, p. 111. — Montbozon (Haute-Saône), c. p. M. ED. EDMONT. — Velorcey (Haute-Saône), r. p.

blãüt', f., Bourberain (Côte-d'Or), RABIET.

bélora, f., Val d'Aoste, c. p. M. ED. EDMONT.

bĕloura, f., mentonais, c. p. M. ED. EDMONT.

bérolo, f., Gourdon (Lot), c. par M. R. Fourès. — Le Causse
(Lot), *Rev. de philol. fr.*, 1894, p. 134.

bérouléto, f., Gers, *Rev. de philol. fr.*, 1894, p. 124.

daoun' bèr', f., (= belle-dame), Bayonne, Lagravère.

poulido (= jolie), f., Aveyron, Duval ; Bessou. — Aubin
(Av.), r. p. — La Malène (Lozère), r. p. — Le Vigan
(Gard), Rouger.

pourido, f., Florac (Lozère). c. p. M. Ed. Edmont.

pourido-bélo, f., Ax-les-Thermes (Ariège), c. p. M. Ed. Edmont.

pètiott', f., Xertigny (Vosges), r. p.

coumày'relo, f., (= petite commère), env. de Pamiers
(Ariège). *Rev. de phil. fr.*, 1894, p. 126. — Lauraguais
(Haute-Gar.), P. Fagot, p. 316. — toulousain, Visner.

la bête, f., Eure, Robin.

marcotte (= petite chatte), f., Valenciennes, Hécart. —
Quarouble (Nord), c. p. M. L.-B. Riomet. — Cambrai,
Boniface. — Bohain (Aisne), r. p. — liégeois, Forir.
— namurois, Pirs. — montois, Sig.

margotin, m., Bas-Maine, Dottin. — Manche, *Rev. de
l'Avranchin*, 1887, p. 578.

margotêne, f., *petite margotêne*, f., Dépt du Nord, Norguet.

marcoulott', f., Bourmont (Haute-Marne), c. p. M. Ed. Edmont.

marcolott', f., *morcolott'*, f., *marcourott'*, f., Vosges,
Meurthe, L. Adam.

margoulott', f., Forêt-de-Clairvaux (Aube), Baudouin.

morgolott', f., Blamont (Meurthe), c. p. M. Ed. Edmont.

mèrgoulott', f., Jussey (Haute-Saône), c. p. M. Ed. Edmont.

mâcolott', f., env. de Baccarat (Meurthe), c. p. M. Ed. Edmont.

parcoulott', f., Vignory (Haute-Marne), c. p. M. Ed. Edmont.

barcolètt', f., Dun-sur-Meuse (Meuse), c. p. M. Ed. Edmont.

barcoulètt', f., Peuvillers (Meuse), Varlet. — Florent
(Marne), Janel.

bèrcolètt', f., Luxembourg wallon, DEFRÉCHEUX.

barcoli, fém., Chattancourt (Meuse), VARLET.

margolaine, f., anc. fr., GAY, *Gloss. arch.*, 1882, I, 195.

marjin, m., Centre, JAUB.

mèrcoule, f., env. de Colombey (Meurthe), c. p. M. ED. ED-MONT.

barcole, f., Meurthe, MICHEL, 1807.

basscole, f., *balcoulade*, f., Yonne, JOSSIER.

basscolètt', f., Saint-Hubert (Luxembourg), P. MARCHOT, *Pat. de Saint-Hub.*, 1890, p. 30.

bacoule, f., anc. fr., DU C. — Méry-s.-S. (Aube), *Mém. de la soc. d'agr. de l'Aube*, 1863, p. 274. — Commercy (Meuse), c. p. M. ED. EDMONT. — Villeneuve-s.-F., (Aisne), c. p. M. L.-B. RIOMET.

bâcole, f., *bacole*, f., Yonne, JOSS. — Aube, *Mém. de la soc. d'agr. de l'Aube*. 1863, p. 274. — Aix-en-Othe (Aube), MONCHAUSSÉ.

bâcoule, f., Brillon (Meuse), VARLET. — Chenay (Marne), c. p. M. E. MAUSSENET.

bècole, f., Pays messin, ZELIQZON.

bocole, f., Woippy (Pays messin), r. p. — Côte-d'Or, c. p. M. H. MARLOT.

bâcây', f., Rémilly (Pays messin), r. p.

bacoulotte, f., Vignot (Meuse), VARLET. — Chenay (Marne), c. p. M. E. MAUSSENET.

bacoulètt', f., Dommartin-sur-Yèvre (Marne), c. p. M. ED. EDMONT.

vourpolle, (= petite renarde), f., Montbéliard, CONTEJEAN.

vourpatte, f., Seloncourt (Doubs), CUVIER, *Notes s. le pat. de Montbél.*, 1860.

vouarpatte, f., Montéchéroux (Doubs), CUVIER, *N. s. le p. de M.*, 1860.

pan-ntèro, f., *pa~tèro*, f., Saint-Girons (Ariège), r. p.

pa~kéro, f., Carbonne (H^te-Gar.), c. p. M. ED. EDMONT. —

Luchon (H.-G.), c. p. M. B. Sarrieu. — Nestier (Hautes-Pyr.), Portes, *Fablos*, 1857, p. 57. — Le Couserans (Ariège), Castet (dans *Bull. de l'acad. des sciences de l'Ariège*, 1894, p. 150.)

pa~carro, f., Lectoure (Gers), A. Durrieux, *Belhados*, 1892, pp. 40 et 248.

pa~kèrre, f., béarnais, Lespy. — Morlaas (B.-Pyr.), c. p. M. L. Batcave.

pa~kéza, f., Villelongue (H^tes-Pyr.), c. p. M. M. Camélat.

pa~kézo, f., Lasponne (H^tes-Pyr.), c. p. M. M. Camélat.

pànghèzo, f., *pànghè*, f., Vallée d'Argelès (H.-P.), c. p. M. P. Tarissan.

pakèza, f., Argelès (H^tes-Pyrénées), c. p. M. Ed. Edmont. — Arrens (H^tes-P.), c. p. M. M. Camélat.

pakèzo, f., Eaux-Bonnes (Basses-Pyr.), c. p. M. Ed. Edmont. — Gèdre (H^tes-P.), c. p. M. M. Camélat.

pakèze, f., béarnais, Lespy. — Morlaas (B.-Pyr.), c. p. M. L. Batcave.

pallèzo, f., Vielle-Aure (H^tes-Pyr.), c. p. M. Ed. Edmont.

pallètse, f., Lannemezan (H^tes-Pyr.), c. p. M. Ed. Edmont. — Bagnères-de-Bigorre et Lavedan (H.-P.), c. p. M. P. Tarissan.

pànlètt, f., Vallée d'Argelès, c. p. M. P. Tarissan.

palètt, f., *pallòtt*, f., Vallée d'Argelès, c. p. M. P. Tarissan. — Bagnères-de-Bigorre, c. p. J.-J. Pépouey.

sizèou, m., Grenade-sur-Adour (Landes), c. p. M. Ed. Edmont.

· *caouzéte*, f., béarnais, Lespy. [On appelle *caouzou*, m., une fillette].

mulò, m., Cateau-Cambrésis (Nord), r. p.

mac'hari koant (= Marguerite jolie), *coantig, coant, cazrell, caerell, carell*, breton, P. Grégoire. [E. E.]

kèrl, breton du Haut Tréguier, c. p. M. E. Ernault.

buhan (= vive, prompte), breton, Le Pelletier. [E. E.]

νυμφίτσα, grec du XVᵉ siècle, *Annuaire de l'associat. des études grecques*, 1873, p. 293.

donnola, dondola, italien, OUDIN, 1681.

bellua, gênes, CASACCIA.

bellora, milanais, BANFI.

vinvéra, Cuneo (Piémont), FLECHIA (dans *Arch. glottol.,* II, 52).

comadreja, espagnol.

dona das pariedes, galicien, CUVEIRO.

fairy (la fée), anglais.

menyet (= mariée), magyar, EDER, 1801.

gallendisch (= nouvelle mariée), turc, SONNINI, *Voy. en Grèce.*

On trouvera une savante dissertation sur l'étymologie des noms italiens de la belette, dans FLECHIA, *Pastille etimologiche* (*Archivio glottologico,* vol. II, pp. 46-52.)

2. — « Curieux comme une belette. » Locution assez répandue. — « *C'est une vraie bácoulo* se dit d'un enfant qui se faufile dans les groupes pour surprendre des bribes de conversation. » Chenay (Marne), c. p. M. E. MAUSSENET.

« La belette passe pour folle parce qu'elle revient sur ses pas pour regarder celui qui l'a dérangée. » Aunis, L.-E. MEYER, *Gloss.* sub verbo *foublette.* — « *Bélétère* = espionner, écouter aux portes. » Beauvoir-sur-Mer, GALLET.

3. — « *S'amoustéli* = devenir maigre, fluet comme une belette. » Languedoc, SAUVAGES, 1785. — « *Margoulin*(¹) = svelte. » Env. de Béziers, J. LAURÈS, *Lou campestre,* 1878, p. 285.

---

(1) « A Paris, en argot, *margoulin* signifie *mauvais ouvrier.* » POULOT, *Le sublime,* 1872, p. 70.

Le mot *margoulin* se rattache évidemment à la belette;
voyez ci-dessus ses noms.) — Les mots *flou* = mince
et *par extension* mince de couleur, *flouet* [1], *fluet* semblent se rapporter à une forme primitive *firou* [2], *filou*
qui a dû désigner la belette, »

4. — « Agile comme une bacoulette. » Aisne, c. p. M. L.-B.
Riomet.

5. — « *Fine comme la panquèze* = se dit d'une fille fine et
rusée. » Béarn, Lespy.

6. — « *Bélétà* = désirer ardemment, dévorer des yeux, être
gourmand comme une belette. » Forez, Gras. — « *Be-
letter* = désirer vivement. » Cholières, *Après-dînées*,
1587, passim. — « Gourmand comme une belette. »
Marne, c. p. M. E. Maussenet.

   « Cet homme est comme une belette qui mange tout ce
   qu'elle peut et emporte ce qu'elle ne peut pas manger. »
   Prov. arabe, Tantavy, *Traité de la langue ar.*, 1848.

7. — « On appelle *pénchéno-béléto* c.-à-d. *peigne-belette*, un
individu qui n'a rien à faire, un paresseux. » Limousin,
Béronie.

8. — « *Couleur de belette* = jaune pâle d'une nuance particulière, » Duez, 1664.

---

(1) « Les glis (*loirs*) de flouette nature. » Chrestien, *Vénerie d'Oppian*, 1575, f[let] 20, v°. — « *Flouet* = mince de corps. » Auvray, *Banquet des muses*, 1623, p. 57. — « Demoiselle belette au corps long et
flouet. » La Fontaine. — « Un visage flouet. » Colletet, *Juvénal burlesque*, 1662, p. 9. — « *Flou* = mince, fluet, en parlant d'un homme. »
Villon, *OEuvres*, éd. Longnon, 1892, p. 307. — « *Flutet* = mince. » franç.
pop., Dorvigny, *Fausses consultat.*, comédie, 1781.
(2) A côté de *firou* on trouve *furon* avec le même sens, dans: « *Museau
affuronné* = museau allongé comme celui d'une genette, espèce de
belette », anc. fr., Ménage, 1750, I, 661.

9. — « *Boloter* = sucer un œuf à la manière des belettes qui le percent à l'extrémité et le hument ensuite. » Morvan, CHAMBURE. — « *Blotâ* = même sens. » Doubs, ROUSSEY.

10. — « Veut-on mettre les chiens de chasse en défaut, il faut leur faire manger le cœur, la langue et les yeux d'une belette, ils perdront aussitôt la voix et l'odorat. » Vosges, SAUVÉ, *Folkl. d. Vosges*, p. 348.

11. — « Avaler tout saignant le cœur d'une belette fait devenir somnambule. » Ineuil (Cher), r. p.

12. — « Si un porc est paralysé des jambes de derrière, on dit que c'est *la belette* qui lui a passé dessus. » Broye (Franche-Comté), P. BONNET (dans *Mélusine*, 1877, col. 351).

« Si une belette passe sur le dos d'une personne ou d'un animal, ils ne pourront plus se relever, ou, tout au moins il y aura déviation de la colonne vertébrale. » Deux-Sèvres, SOUCHÉ, *Proverbes*, etc. 1881.

13. — « La belette fait tomber les oiseaux du nid rien qu'en soufflant dessus, *arrén qué d'alédà-las.* » Artigue-de-Luchon (H.-G.), c. p. M. B. SARRIEU.

14. — « Une belette qui traverse le chemin devant vous, présage une mort ina tendue. » Ineuil (Cher), r. p. — Qui voit une belette (*eur garellik*) doit mourir dans l'année. » Cap Sizun (Basse-Bret.), LE BRAZ, *Lég. de la mort*, 1893, p. 4. « La belette passant devant quelqu'un lui porte malheur. On a soin, quand on le peut, de tuer ces animaux et de les suspendre à *des bouleaux* dans la forêt. » Avon (Seine-et-Marne), r. p.

« En allant en Italie, une belette me traversa le chemin, ce qui m'a toujours été un présage funeste. » *Mémoires de*

Campion, 1653, éd. de 1807, p. 338. — « Une petite hermine qu'on appelle *bacole* leur passe entre les jambes ; voilà un mauvais présage. » XVIIᵉ s., TALLEM. DES RÉAUX, éd. de 1853, VI, 42.

« Quand une belette traverse le chemin devant vous, il faut aller à reculons, et pousser trois pierres. Si vous ne le faites pas, il vous arrivera malheur. » Pamproux (Deux-Sèvres), B. SOUCHÉ. 1880. — « Etre *traversé* par une b. porte malheur. Pour le conjurer, il faut attendre qu'une personne ou un animal passent avant vous, ou, à défaut, jeter une pierre sur laquelle s'acharne le maléfice. » Poitou, SAINT-MARC. — « Si une belette traverse devant vous, faites une croix sur son passage, sinon vous êtes assuré de perdre votre couteau ou votre mouchoir. » Bocage vendéen, *Rev. d. trad. pop.*, 1903, p. 464.

« Une belette qui traverse devant une personne lui porte bonheur. Il faut se garder de tuer une belette, ce serait de mauvais augure. » Saint-Georges-Lapouge (Creuse), r. p.

> Auspicio hocedie optumo exivi foras ;
> Mustela murem abstulit praeter pedes.
>
> PLAUTE, *Stichus*, acte III, scène II.

15. — Partout on évite de prononcer le nom de la belette ou bien, on substitue, à son vrai nom, un nom aimable, caressant. (Voir ses noms plus haut.) — ERASME dit quelque part, que de son temps, on pensait que la chasse serait mauvaise, si l'on prononçait le mot *belette*.

« On est sauvegardé contre la belette si on l'appelle ainsi, dés qu'on l'aperçoit : Pallèt, pallèt, la beroya dauna qui bous èt ! (*Pallèt, pallèt,* la jolie dame que vous êtes !) »

Agos (vallée d'Argelès) et en Azun, CAMÉLAT (dans *Mélusine*, 1898, col. 60).

16. — « *Envoyer quelqu'un aux belettes à Malignas* = envoyer promener quelqu'un. — *Malignas* est le nom d'une localité. » Vendomois, MARTELLIÈRE.

17. — « Contre la morsure de la vipère la belette mange de l'herbe nommée *Tapsus barbatus* et s'en frotte tout le corps, se couchant et se traînant dessus. » XVII° s., AMBR. PARÉ, *Œuvres*, éd. Malg., III, 737.

La belette mordue par la vipère va, pour guérir, se rouler sur les feuilles du bouillon blanc (*Verbascum thapsus*). » Ineuil (Cher), r. p.

« Quand la belete se combat à la coluevre, ele se torne volentiers sovent au fenoil et le mąnjue por la paor dou venin, puis retorne à sa bataille. » BRUNETTO LATINI, *Livres d. tresor*, éd. Chab., p. 230.

Cela semble reposer sur des observations exactes. Au Brésil, on a fait des expériences sur la *mangouste* (espèce de belette) qui mordue par *la capelle* (serpent dangereux), allait chaque fois se rouler sur certaines herbes. Voy. *Bull. de la Soc. d'acclimatat.*, 1862, p. 772.

Sur ce thème de la belette blessée ayant recours à certaine herbe, voyez :

F. LIEBRECHT, *Des Gervasius von Tilbury Otia imp.*, p. 113.
Göttingische gelehrte Anzeigen, 1865, p. 1190.
E. VOIGT, dans *Zeitsch. f. deutsch Alterthum*, XXIII, 310.
R. KŒHLER, à la suite de WARNKE, *Lais der Marie de France*, pp. CIV-CVII (*Bibliotheca normannica*, III).

18. — « Pour faire passer le hoquet il faut dire trois fois : « *Djé licotte, Djé l'marcotte ; si Dieu né l'vut mi Qui mé l'rapporte* = j'ai le hoquet, j'ai la belette ; si Dieu n'en

veut pas, qu'il me le rapporte. Il y a une variante : *Licotte* (hoquet), *Portez l'à marcotte ; si elle n'en veut pas qu'elle me le rapporte.* » Godarville (Belg.), HAROU, 1893. — « *J'ai l'licotte, J'ai l'marcotte, Que le bon Dieu l'emporte.* » Mons, SIGART.

19. — « Quand on voit courir les belettes, le long des chemins ou des haies, elles annoncent la pluie ou l'orage. » Côte-d'Or, c. p. M. H. MARLOT ; Haute-Saône, r. p.

20. — « Elle conçoit par l'oreille et enfante par la bouche. » BRUN. LATINI, *Liv. d. tres.*, éd. Chab., p. 230.

21. — « Can la mostela a son mostelon qu'es natz, cla-l muda per paor c'om lo-y emble ; et si hom lo-y mena, mori ; ab c'om lo-y rendes, cla-l revieu. » anc. prov., BARTSCH, *Provenz. Leseb.*, 1855, p. 163. — « Ele remue ses filz d'un leu en l'autre, por ce que nus ne s'en aperçoive, et, se ele les trueve mors, ele les fait resusciter. » anc. fr., BRUN. LATINI, éd. Chab., p. 238.

22. — BIBLIOGR. Voyez : FÉLICIE d'AYZAC, *La belette, étude de mythologie mystique* (dans *Revue de l'art chrétien*, t. IX, 1878.)

Mustela lutra. (LINNÉ). — LA LOUTRE.

(*Voyez Faune populaire, t. I, p. 54.*)

1. — Noms de cet animal :

lutrus, lat. du m. â., GOETZ.

lutria, ludtrus, lutrissius, feber, l. du m. â., WRIGHT, 1884.

lutrius, lutra, lotra, luder, l. du m. â., DU C.

lutricius, l. du m. â., BOURQUELOT, *Foires de Champ.*, 1865, p. 278 ; SCHELER, *Trois tr.*

luter, lat du m. â., *Germania*, 1888, p. 204 ; DUVAU (dans *Mém. de la Soc. de Ling.*, 1880 ; WACKERNAGEL, *Vocab.*

optimus, 1847, p. 44; *Zeitschr. f. deutsches Alterth.*, 1843, p. 474, 1845, p. 360, 1872, p. 360; Du C.

lustrus, l. du m. â., *Germania*, 1875, p. 150; *Zeitschr. f. Ethnol.*, 1873, p. 71; *Zeitsch. f. deutsch. Alt.*, 1843, p. 374, 1845, p. 570, 1872, p. 341.

costrus, l. du m. â., *Zeitsch. f. d. Alt.*, 1845, p. 359. (C'est évidemment une faute de lecture pour *lostrus*).

luctricius, lustricius, l. du xii° s., SCHELER, *Trois tr.*

nitrus niger, lat. du m. â., GOETZ. (*Nitrus albus* est le hérisson.)

sullus, lat. du m. â., DIEFENBACH.

panthera, castor, l. du m. â., GRAFF.

lutre, masc., anc. fr., J. MASSÉ, *Art. vétérin.*, 1563, dans les annotat. de la fin ; DELBOULLE (dans *Romania*, 1903, p. 446.)

loutra, f., niçois, SÜTTERLIN, p. 309.

lotra, f., Châtillon-de-Mich. (Ain), r. p.

loutro, f., Saint-Alvère (Dord.), c. p. M. R. FOURÈS. — Monteil-au-Vicomte (Creuse), r. p. — Ariège, r. p.

loutre, masc., anc. français. (Le mot est encore masculin aujourd'hui dans la Beauce, le Perche, la Normandie, la Picardie et l'Artois.)

loittre, fém., anc. fr., DELBOULLE (dans *Romania*, 1903, p. 446).

louatr', m., Perche, FRET, *Scènes perch.*, 1873, p. 52.

loutrè, m., Saint-Georges-Lapouge (Creuse), r. p.

liutro, fém., Issertaux (Puy-de-D.), r. p.

loutte, f., Chenay (Marne), c. p. M. E. MAUSSET. — Dagny-Lamberey (Aisne), c. p. M. L.-B. RIOMET.

loutt, m., Saint-Pol (P.-de-C.), c. p. M. ED. EDMONT.

lott, m., Verviers, c. p. M. J. FELLER. (*Cràs come on lott* = gras comme une loutre.)

loutió, m., Fougerolles (Mayenne), r. p.

ludrie, f., anc. fr., GOD., s. v° *vebre* ; DU C., s. v° *squirclus*.

luria, f., *luiria*, f., *loiria*, f., anc. provenç., RAYN.

lurio, f., *luri-o*, f., Forcalquier, c. p. M. E. PLAUCHUD. — Aude, c. p. M. P. CALMET.

luri, f., provençal, PELLAS, 1723. — Forcalquier, c. p. M. E. PLAUCHUD.

louy'ro f., provençal. — languedocien.

louy'r', f., *loéy'r'* f., *lòy'r'*, f., béarnais, LESPY.

luire, f., Ain, BOUVIER, *Mammif. de France*, 1891.

loéra, f., Arrens (Hautes-P.), c. p. M. M. CAMÉLAT.

louéy'ra, f., Argelès (H.-Pyr.), c. p. M. P. TARISSAN.

louéy'ro, f., Bagnères-de-Bigorre, c. p. M. J.-J. PÉPOUEY.

louy're, f , B.-Pyr., LESPY. — Chalosse (Landes), c. p. M. J. DE LAPORTERIE.

louhère, f., *louère*, f., poitevin de l'année 1391, LALANNE, s. vº *leurre*. — Anjou, SOLAND, *Anim. de l'Anjou*, 1868. — Civray (Vienne), LAL.

loerre, m., *loure*, m., anc. fr., DELBOULLE (dans *Romania*, 1903, p. 446).

loir, m., fr. du XVIᵉ s., *Hist. macar. de Merlin Coccaie*, éd. Jacob, p. 218 (Il nageoit bien et sembloit une grenouille ou un loir.)

luerre, f., *luere*, f., anc. fr., *Bibl. de l'éc. des ch.*, 1901, p. 338.

leurre, f., *leüre*, anc. fr., RABELAIS (¹). — Bourgogne, doc. de 1468, CANAT DE CHIZY, *Louveterie en Bourg.*, 1900, p. 30. — Nièvre, CHAMB. — Saône-et-L., r. p. — Clisson (L.-Inf.), c. p. M. ED. EDMONT. — Maine-et-L., SOLAND, *Anim. de l'Anjou*. — Châtellerault (Vienne), LAL.

leur, masc., Pont-Château (Loire-Inf.), c. p. M. ED. EDMONT

lur', fém., Saint-Gilles-sur-Vie (Vendée), c. p. M. ED. EDMONT.

(¹) « *Avoir les jambes comme une leurre* = c.-à-d. de travers. » RABELAIS, IV. c. 31.

lar', fém., env. de Belfort, VAUTH. — Damprichard (Doubs), GRAMM.

lôr', f., Ban-de-la-Roche, OBERLIN, 1775.

nouyeur', f., Mayenne, DOTTIN.

luye, f., Arles, HONN. — La Crau (B.-d.-Rh.), M. GIRARD, *La Crau*, 1894, p. 364.

louahott', f., Xertigny (Vosges), r. p.

bízó, m., Saint-Christophe-de-Luat (Mayenne), DOTT.

chien acquatique, m., anc. fr., *Le grant Albert*, s. d. (vers 1500).

chien de mer, m., *chien marin*, m., anc. fr., ANEAU, *Décades des animaux*, 1549.

nutra, galicien, CUVEIRO.

2. — La femelle est appelée :

loutresse, f., anc. fr., *Le roy Modus*, cité par GOD.

3. — Une peau de loutre est appelée :

lutrina, lutrinum, lubrina, l. du m. â., GRAFF.

4. — On appelle l'officier de chasse chargé de la destruction des loutres ou simplement le chasseur de loutres :

loutrier, m., anc. fr., DU C. ; GOD.

loutreur, m., anc. fr., *Le Roy Modus*, cité par GOD.

lorcour, m., poitevin, doc. de 1391, LALANNE, s. vº *leurre*.

lurrier, m., *lorrier*, m., *leurrier*, m., anc. fr., GOD.

5. — « On nomme *marche* les vestiges de l'animal. » *Dict. de Trév.*, 1752. — « Les *espraintes* ou *épraintes* sont les excréments de l'animal. » *Le Bon valet des chiens*, 1881, p. 25 (doc. du XVIᵉ s.). — « Les *catiches* sont les trous où se cachent les loutres. » *Dict. de Trév.*, 1752.

6. — « Il est comme la loutre, moitié chair, moitié poisson. » J.-P. CAMUS, *Tr. de la pauvreté*, 1634, p. 7.

7. — « Paresseux comme une loutre. » locut. franç. « Fignan coumo uno louy'ro.» H.-Gar., c. p. M. P. FAGOT. « Vexé comme une loutre. » Berry, JAUB.

8. — « Une fois, les gens de Marcerin avaient pris une loutre. — Amis, criait la pauvrette effrayée, faites-moi tous les désagréments que vous voudrez ; mais ne me jetez pas à l'eau ! — Tu rirais bien, doucereuse friponne, disaient les gens de Marcerin, si nous ne te faisions que ce qui te plaît ! Et, tous ensemble, ils allèrent la jeter dans l'eau. Du fond, la loutre remonte aussitôt, et leur dit : — Adieu, imbéciles de Marcerin ! Je suis chez moi, retournez-vous-en chez vous. » Conte béarnais, rec. par V. LESPY, *Rev. des Basses-Pyrénées*, nov. 1885, p. 390.

Mustela putorius. (LINNÉ). — LE PUTOIS.
(Voy. *Faune pop.*, t. I, p. 56.)

1. — Noms de cet animal qui répand une mauvaise odeur :

puto, putacius, putorius, lat. du m. â., DIEFENBACH.

putades, lat. du m. â., DIEFENB. ; GACHET, *Gloss. lat. franç.*

putosius, putonius, l. du m. â., SCHELER, *Dict. d'Étymol.*

pecoides, fetrunctus, fetonarus, fetoutrus, l. du m. â., WRIGHT, 1884.

petoides, l. du m. â., GÉRAUD, *Paris sous Philippe le Bel*, 1837.

piloides, l. du m. â., SCHELER, *Lexicogr. du XIIIe s.*

veso, lat. du moy. â., DU C.

putor, m., anc. franç., SCHELER, *Lexicogr. du XIIIe s.*

putoir, m., anc. fr., J. THIERRY, 1564.

pilouar, m., Champtoceaux (Maine-et-L.), c. p. M. ED. EDMONT.

pilouél, m., dauphinois, MISTRAL.

pétouch', m., La Teste (Gironde), MOREAU.

pitoch', Bayonne, LAGRAVERE.

putòy', m., Lectoure (Gers), A. DURRIEUX, *Belhados*, 1892, p. 40.

putòyo, f., Var, RÉGUIS.

putè, m., La Malène (Lozère), r. p.

pitó, m., Velorcey (Haute-Saône), r. p.

pitou, m., Thaon (Calv.). GUERL. DE GUER. — Jura, r. p. — Saône-et-Loire, FERTIAULT. — Nuits (Côte-d'Or), PH. GRENIER.

pitoué, m., Meulles (Calv.), *Bull. d. parl. norm.*, 1899, p. 236. — Verdes (Loir-et-Cher), r. p. — Saint-Martin-du-Puits (Nièvre), r. p.

pitoué, m., Monteil-au-Vicomte (Creuse), r. p.

putoué, m., Saint-Georges-Lapouge (Creuse), r. p.

pityeu, m., Langres, MULSON.

pityäü, m., Bourberain (Côte-d'Or), RABIET.

pitoua, m., Semur-en-Auxois (Côte-d'Or), c. par M. H. MARLOT. — Fougerolles (Mayenne), r. p. — Sarthe, Vendée, Loire-Inf. et Maine-et-Loire, c. p. M. ED. EDMONT. — blaisois, THIB. — Loiret, Eure-et-L., c. p. M. J. POQUET.

pétoua, m., Couptrain (Mayenne), c. p. M. ED. EDMONT.

picoua, m., Pont-Château (Loire-Inf.), c. p. M. ED. EDMONT.

pitouéy', m., limousin, MISTRAL.

pétoué, m., Thiers (Puy-de-D.), r. p.

pétou, m., Bas-Valais, GILLIÉRON.

pitó, m., *pitaou*, m., Petit-Noir (Jura), RICHENET.

pëtó, m., Montbéliard, CONTEJEAN.

potë, m., Annecy, CONST.

pëteu, m., Vaudioux (Jura), THEVENIN.

ptó, m., Cubry, Clerval (Doubs), r. p. — Sancey (Doubs), *Rev. de philol. franç.*, 1900, p. 43. — Les Fourgs (Doubs), TISSOT. — Damprichard (Doubs), GRAMMONT.

toualé, m., jargon de Razey près Xertigny (Vosges), r. p.

ca puteis, m., anc. fr., DIEFENBACH ; GACHET, *Gloss. lat. fr. du XVᵉ s.* (dans *Commiss. roy. d'hist.*, 1846, p. 308.)

gatt-pĕtouch, m., La Teste (Gironde), Mourbau.

gatt-pitoch, m., Orthez, Morlaas (B.-Pyr.), c. p. M. L.
Batcave. — Lucq (B.-P.), c. p. M. M. Camélat. —
Arcizans-Dessus (H.-P.), c. p. M. M. Camélat. —
Argelès (H.-P.), c. p. M. P. Tarissan. — Bagnères-
de-Big., c. p. M. J.-J. Pépouby. — Chalosse (Landes),
c. p. M. J. de Laporterie.

gatt-pudré, m., lang., Sauv., 1785. — Aude, Laff. — toulousain, Visner. — Lauraguais (H.-G.), c. p. M. P.
Fagot. — Luchon (H.-G.), c. p. M. B. Sarrieu.

gappudré, m., Luchon (H.-G.), c. p. M. B. Sarrieu.

gatt-pull, m., Arrens (H^{tes}-Pyr.), c. p. M. M. Camélat.

tso-putày', m., Corrèze, Béronie.

cha-putoua, m., Est du Loiret, c. p. M. J. Poquet.

cha-pitoua, m., Cher, r. p. — Deux-Sèvres, Vendée et
Loire-Inf., c. p. M. Ed. Edmont.

cha-pitéa, m., île de Noirmoutier, c. p. M. Ed. Edmont.

cha-picouè, m., Maillezais (Vendée), c. p. M. Ph. Telot.

cha puan, m., Ineuil (Cher), r. p.

pudis (= puant), m., langued., Sauv., 1785. — Anduze (Gard),
Viguier.

gatt urlan, m., Caussade (Tarn-et-G.), Lacombe, *Lambrus-
cos*, 1879, p. 263.

fissel, m., *fissiaulx*, au pl., anc. fr., Du C. (D'où *fisselière* =
piège à prendre les p.)

fisséou, m., béarnais, Lespy.

fuziéó, m., Tournai (Belg.), Doutrepont.

fichèou, m., (*èou* est une diphtongue accentuée sur *è*), envir.
de Saint-Pol (Pas-de-C.), c. p. M. Ed. Edmont. — Lacres
(P.-de-C.), c. p. B. de Kerhervé.

fichoou, m., Saint-Pol (Pas-de-Cal.), c. p. M. Ed. Edmont.

fussió, m., Valenciennes, Hécart. — Quarouble (Nord), c.
p. M. L.-B. Riomet. — picard, Jouancoux.

fissieu, m., *ficheu*, m., Somme, Jouancoux.

fissïĕ, m., Bohain (Aisne), r. p.

fichĕ, m., Hesdin (Pas-de-Cal.), r. p. — Pas-de-Cal., LECESNE.

ficheŭ, m., Dagny-Lambercy (Aisne), c. p. M. L.-B. RIOMET.

fichó, m., Tourcoing, WATTEEUW. — Lille, DEBUIRE. — Somme, JOUANCOUX. — Pas-de-Cal., LECESNE. — Aisne, c. p. M. L.-B. RIOMET.

fĕchó, m., Braine-l'Alleud (Belg.), *Li Mestré*, 5 janv. 1895.

voizon, m., anc. franç., A. HORNING (dans *Zeitchr. f. lat. philol.*, 1894. (Sur ce mot *voizon* et les formes similaires dans les dial. romans mod., HORNING donne des détails).

vézou, m., Haute-Loire, MOUSSIER.

vĕchó, m., Marche (Belg.), *Soc. liég. de littér. wall.*, 1859, p. 230. — Luxemb. wall., DEFR. — Namur, NIED.

vĕchó, m., St-Hubert (Belg.), MARCHOT, *Pat. de St-Hub.*, 1890

vĕcheŭ, m., Laroche (Luxemb.), c. p. M. J. FELLER.

vissó, m., Brillon (Meuse), VARLET.

vĕssó, m., Chattancourt (Meuse), VARLET.

vissaou, m., Vignot (Meuse), VARLET.

vichaou, m., *vachaou*, m., Meuse, LABOURASSE.

ouichó, m., *ouéchĕn'*, m., Luxemb. wall., DEFRÉCHEUX.

wixha, m., *wixhat*, m., anc. wallon, DEFRÉCHEUX.

ouiha, m., *ouiheŭ*, m., *pitite faouĕn' des bouas*, f., wallon, DEFRÉCHEUX.

vĕheŭ, m., Malmédy (Pays wallon), ZÉLIQZON. — Vielsam, Stavelot (Prov.-de-Liège), c. p. M. J. FELLER.

viĕjĕ, m., *vouaĕjĕ*, m., Plancher l. M. (Haute-Saône), POUL.

vĕjè, m., Châtenois, près Belfort, VAUTH.

vója, m., Vescemont, près Belfort, VAUTH.

v'hhó, m., *p'hhoou*, m., *pĕhhave*, m., divers patois lorrains, L. ADAM.

p'hhó (¹), m., Rémilly (Pays messin), r. p. — Meurthe, r. p.

(¹) Et non *fhhŏ*, comme je l'ai imprimé par erreur dans le vol. I de la *Faune*.

hhô, m., Ban de la Roche, OBERLIN.

rabass, m., lang., SAUV., 1785. — Le Vigan (Gard), ROUGER.

foué, m., Estandeuil (Puy-de-D.), r. p. (c'est la fouine mâle ; la fouine femelle ou véritable fouine est appelée *fouéy'no*.)

la bête, f., Méry-sur-Seine (Aube), *Mém. de la Soc. d'agric. de l'Aube*, 1863, p. 274. — Eure, ROBIN. — Nuits (Côte-d'Or), PH. GARNIER. — P.-de-Cal., c. p. M. B. DE KERHERVÉ.

bougon, m., env. de Châteaudun, r. p. (*Avoir le bougon* = ne pas avoir de chance, voir tout péricliter chez soi.)

catharet, m., Picardie, MÉNAGE, 1750.

putasq, putoasq, pudasq, breton. [E. E.]

Jann Bitoch (= Jean le Putois), breton, E. ERNAULT, *Gloss. moy. breton*, p. 493.

louz (= le sale), breton trégorrois, *Rev. d. Trad. pop.*, I, 202.

pudent, hurò, fusina, catalan, *Anuari de la Assoc. d'Excurs. catal.*, 1883.

« *Hé ouélho dé gat-pitoch* = il fait des yeux de p., c.-à-d. il regarde fixement. » Argelès (H.-P.), c. p. M. P. TARISSAN.

2. — « *Pitouastre* = masure, vieille maison abandonnée. » — Manche, *Le Bouais Jan*, journal, 1897, p. 74.

3. — « Coléreux comme un putois. » Locution franç.

4. — « Malin, rusé comme un *fussiô*. » Valenciennes, HÉCART. — « Malin comme un *fichéou*. » Pas-de-C., c. p. M. B. DE KERHERVÉ.

5. — « *Gatt-pudré* = personne sale. » H.-Gar., c. p. M. P. FAGOT.

6. — « Avoir le vezon = fainéanter. » argot, BRUANT.

7. — « Là où le putois demeure, il ne fait pas de dégâts afin de ne pas dénoncer sa présence. » Se dit partout et paraît être réel.

8. — « Je nourris le putois pour prendre mes poules, c.-à-d. j'entretiens chez moi un ingrat qui me dépouille. » Pays messin, r. p.

9. — « Il a la maladie du ptô qui mangerait bien une poule = c'est un faux malade. » Cubry (Doubs), r. p. (Se dit ailleurs du renard.)

10. — « Si le putois traverse le chemin devant vous, présage de malheur ; mais s'il traverse en formant une croix, présage d'une fortune dans l'année. » Fougerolles (Mayenne), r. p.

11. — « *Maule petou minge l'iva!* = que le mauvais putois mange l'hiver ! » Sorte de juron, d'imprécation. » Besançon, A. BAILLY, *La crèche bisontine*, 1866, p. 10.

12. — « Descendre en chat-pitois = *la tête la première.* » Char.-Inf., JON.

Mustela foina. (Linné.) — LA FOUINE.

(Voy. *Faune pop.*, t. I, p. 58.)

1. — Noms de l'animal :

fagina, lat. du moy. â., DU CANGE.

fayna, lat. de 1442, *Bull. du Comité des trav. histor.*, 1882, p. 363.

ferunca, ferunculus, l. du x⁰ s., WRIGHT, 1884.

fagino, f., H.-Gar., T.-et-G.

hagino, f., Tarn-et-Gar., CASSAGNAOU, *Fantesios*, 1850, p. 55.
    — Comberouger (T.-et-G.), c. p. M. A. PERBOSC. —

— Luchon (II.-G.), c. p. M. B. Sarrièu.

gahina, f., Arrens, Tuzaguet (H^{tes}-Pyr.), c. p. M. M. Camélat.

gahino, f., Luz (Hautes-Pyr.), r. p. — La Bigorre (II.-P.),
  c. p. M. Tarissan. — Saint-Girons (Ariège), r. p.

hahino, f., Bagnères-de-Bigorre, c. p. M. J.-J. Pépouey.

faina, f., anc. prov., Rayn. — Albi (doc. de 1245), Joli-
  bois, *Albi au moyen âge*, 1871, p. 58.

fày'na, f., lyonnais, Puitspelu, — Haute-Loire, Vinols.

fày'no, f., Hérault, Aude, Haute-Garonne, Lot-et-Garon-
  ne.

fèy'no, f., Corrèze, Béronie.

faïne, f., franç. du xiii° s., Lespinasse et Bonnard., *Livre
  des métiers*, 1879.

fayne, f., *foine*, f., anc. franç., Godefroy.

fày'në, f., Haute-Loire, Moussier.

fòy'no, f., Gourdon (Lot), c. par M. R. Fourès.

hàyine, f., Landes, c. par M. V. Foix.

hày'ne, f., Morlaas (B.-Pyr.), c. p. M. L. Batcave.

houy'ne, f., Aire (Landes), c. p. M. L. Batcave.

hòy'no, f., Pays d'Albret, Dardy, I, 318.

fàyèn', f., namurois, Pirsoul.

fàyinètt', f., Saint-Pierre (Luxembourg belge), c. p. M. Ed.
  Edmont.

fouin-yèn', f., Couvin (Belgique), c. p. M. Ed. Edmont.

fàyine, f., env. de Montmédy (Meuse), c. p. M. Ed. Edmont.

fawine, f., anc. liégeois, Godefroy.

fauwine, f., Valenciennes en 1441, Godefroy.

faouine, f., Malmédy (Prusse rhénane), Zeliqzon. — Luxembourg belge, Defr. — Moncel (Meurthe), c. p. M. Ed.
  Edmont.

fouin-na, f., Vaudioux (Jura), Thevenin.

faouin-n', f., Brillon (Meuse), Varlet.

fouin-n' f., Pléchatel (Ille-et-V.), Dott. et Lang.

favouin-n', f., Ancerville (Meuse), c. p. M. Ed. Edmont.

fouéy'na, f., H.-Loire, c. p. M. Dussaud.

fouéy'no, f., Estandeuil (Puy-de-D.). r. p.

fouino, f., Béziers, *Rev. de langues rom.*, 1877, p. 240. — Auvergne, Bancharel, *Gramm. d'Auv.*, 1888, p. 36.

fuino, f., La Malène (Lozère), r. p.

fouéno, f., Saint-Georges-Lapouge (Creuse), r. p.

fouén', f., La Thiérache (Aisne), c. p. M. L.-B. Riomet. — Prauthoy (Haute-Marne), c. p. M. Ed. Edmont.

fouan', f., Hesdin (Pas-de-C.), r. p. — Saint-Pol (Pas-de-C.) c. p. M. Ed. Edmont. — Salbert, près Belfort, Vautherin.

fouin-na, f., env. d'Annecy, Const.

fouin-ne, f., Thaon (Calvados), Guerlin de G.

fouin-gn', f., Champlitte (Haute-Saône), c. p. M. Ed. Edmont.

féna, f., Thénésol (Savoie), r. p. — Albertville (Sav.), Brachet.

féno, f., Monteil-au-Vicomte (Creuse), r. p.

gino, f., Luchon (H.-Gar.), c. p. M. B. Sarrieu.

fine, f., Saulxures-s.-Mos. (Vosges), *Bull. de la soc. philo-math. vosg.*, 1893, p. 278.

fën', f., Bourmont (Marne), c. p. M. Ed. Edmont.

fan-n', f., Ramecourt (Pas-de-C.), c. p. M. Ed. Edmont.

fagne, f., anc. franç., Du Cange, v° *squirelus*. — Echinghen (Pas-de-C.). c. p. M. Ed. Edmont.

fangne, f., Lacres (P.-de-C.), c. p. M. B. de Kerhervé.

fàyë, m., Vinzelles (Puy-de-D.), Dauzat, p. 144.

feügnott', f., Xertigny (Vosges), r. p.

fouàyin, m., Châtenois, près Belfort, Vautherin. — Montbéliard, Contejean. — Péry (Suisse), c. p. M. Ed. Edmont.

fouègn, m., Saint-Martin-de-Puits (Nièvre), r. p.

fogn, m., Saint-Pol (Pas-de-Cal.), c. p. M. Ed. Edmont.

foui~, m., niçois, Sütterlin. — La Teste (Gironde), Moureau. — Clerval (Doubs), r. p.

fouin, m., anc. fr., Du Pinet, *Hist. du monde*, 1625, II, 319.
— Doubs. — Jura. — Côte-d'Or. — Indre. — Loir-et-
Cher. — Maine-et-Loire. — Vendée.

fouy'nar, m., Forcalquier, c. p. M. E. Plauchud.

fouy'nà, m., Auvillar (T.-et-G.), c. p. M. G. Lalanne.

féy'nar, m., Mussidan (Dordogne), Chastenet, *Per tuà lou tems*, 1890, p. 44.

ca-fouin, m., Gaye (Marne), Heuillard.

ga-fouin, m., La Teste (Gironde), Moureau.

cha-fouin, m., Saint-Gilles-sur-Vie (Vendée), c. p. M. Ed. Edmont.

fouin-ra, m., env. de Montbenoît (Doubs), c. p. M. Ed. Edmont.

ra-fouin, m., Bas-Gâtinais (Poitou), *Rev. de philol. fr.*, 1893,
p. 125.

fày'tt, m., Cantal, Derib. de Cheiss.

la bête, f., Aube, Monchaussé. — Marne, c. p. M. E. Maussenet. — P.-de-C., c. p. M. B. de Kerhervé.

flauyne (¹), fr., ancien lillois, La Fons Melicocq (dans *Bull.
du bouquiniste*, 1862, p. 358.)

frouèn', f., Bertincourt (Pas-de-Cal.), c. p. M. Ed. Edmont.

florèn', f., Départ du Nord, Norguet. — Valenciennes, Hécart.

flaouèn', f., Malmédy (Prusse wallonne), c. p. M. Ed. Edmont.

flouin-n', f., Cysoing (Nord), c. p. M. Ed. Edmont.

cizéou, m., Chalosse (Landes), c. p. M. J. de Laporterie.

moustèlo, f., Le Vigan (Gard), Rouger.

(¹) Du lat. *feruna*.

blatte, f., env. de Saint-Jean-de-Losne (Côte-d'Or), c. p.
M. Ed. Edmont.

fissieu, m., env. de Cambrai, Boniface, p. 322.

vécho, m., messin, Ménage, 1750.

lér à pòy' (= larron aux poules), m., wallon, Body.

> Les mots *filou* = *voleur subtil*, *flouer* = *voler subtilement*,
> semblent se rattacher à une forme *ferunus, *felunus.
> On trouve *frouer* = voler au jeu, dans Villon, *Œuvres*,
> édit. Longnon. 1892, p. 269.)

> Le mot *felon* = *traître* a, selon moi, la même origine. On
> appelle, en français, les espèces du genre *Mustela* LES
> BÊTES FAUSSES. — Cf. « *Fulun, felun* = traître. » anc.
> fr., Franc. Michel, *Chron. d. ducs de Normandie*, I,
> 128, 288. — « *Fel, felon, feus* = méchant, cruel, perfide,
> acharné. » anc. fr., G. Paris, *Estoire de la guerre
> sainte*, 1897, p. 494. — « Les panthères *felonnes*. »
> Chrestien, *Vénerie d'Oppian*, 1575, f^el 24, recto. —
> « Mulot est *felenesse* beste. » anc. fr., *Hist. litt. de la
> Fr.*, t. XXIII, 1856, p. 286.

2. — La jeune fouine est appelée :

fouineau, m., anc. fr., Du Pinet, *Hist. du monde*, 1625, II,
319.

fày'nar, m., Saint-Barthélemy (L.-et-G.) c. p. M. H. Barbyre.

fouinar, m., Eure-et-Loir et Loiret, c. p. M. J. Poquet,

hàyinatt, m., béarnais, Lespy.

2. — « Là où une fouine fait son nid elle ne fait pas de
dégâts. » Somme, Jouancoux. (Voyez à l'article *putois*.)

3. — « *Fouàyéné* = constipé. » Chatenois, près Belfort,
Vautherin.

> « *Fouiner* = s'enfuir secrètement, s'esquiver comme une
> fouine. » Dufour, *Les deux rivaux*, com., 1757, p. 7 ;

Taconet, *Écosseuses d. halles*, 1767, p. 17; Vendômois, Mart.; Valenc., Héc.(¹). — « *Défouiner* = même sens. » Quennes (Yonne), Joss. — « *Fouin'ti* = même sens. » Orne, *Rev. norm. et percher.*, Alenç., 1895, p. 59. — « *Fougner* = reculer, refuser de faire quelque ch. par faiblesse. » Bullet, 1754, II, 189. « *Founilhur*, m., *founilhây'ré*, m., = fureteur malin. » L.-et-G., c. p. M. H. Bareyre.

« *Fouiner* = être malin, finasser, être débrouillard. » Paris, r. p.; Vendômois, Mart.; « *Fouineterie* = finesse, malice. » anc. fr., Maillet, *Miracle de Théophile*, 1838, p. 8. « *Hayinatt* = un rusé, un malin. » Béarn, Lespy. — « *Fouinard* = même sens. » franç., r. p.

« *Fouiner* = fureter ça et là, fouiller dans les meubles, etc. » Paris, r. p.; Vendômois, Mart. — « *Fouinasser* = fouiller sournoisement. » Lyon, *La Marionnette*, journal lyonnais, Lyon, 1867, n° 9, p. 2. — « *La fouinette* = le juge d'instruction. » argot, Bruant, 1901.

« *Fouiner* = remuer sans avancer sa besogne. » Vendômois, Mart. — « *Fày'ré la fouino* = faire l'école buissonnière (²). » Auvergne, Bancharel, *Gramm. d'Auv.*, 1888, p. 36.

5. — « *Être pris comme un fouin dans une bouzine* (piège) = être surpris, interloqué. » Chef-Bout. (Deux-S.), Beauchet.

6. — « *Chafouyn* = injure. » Damerval., 1508.

_____

(¹) « Allons, *fouinons*, le temps veut changer. » Taconet. *Écosseuses des halles*, comédie, 1767. — « Jean a fouiné (*découché*) cette nuit. » Ricard, *Le tapageur*, 1841, I, 189.

(²) On trouve à Nuits (Côte-d'Or), selon Ph. Garnier, la locution: *faire la futène*, = faire l'école buissonnière. — Mais je doute que le mot *futène* ait un rapport avec *fouine* ?

« Être laid comme un fouin. » Eure-et-L., Loiret, c. p. M. J. Poquet. — « *Avoir une mine de chat-fouin* = avoir une figure laide. » Locut. franç. — « Avec sa petite mine chafouine. » Mme de Sévigné. — « Avoir une mine de fouine. » Aisne, c. p. M. L.-B. Riomet. — « *Gros fouin* = injure à un homme gras. » Anjou, Ménage, 1750, sub v° *marsouin*.

7. — « *Fày'no.* f. = la misère. — *La fày'no Fa la tày'no* = la fouine (ou la misère) engendre la langueur, l'impatience. » Carcassonne, Laff. — « A uno fày'no qué lou crébo. » Lauraguais (H.-G.), c. p. M. P. Fagot.

Mustela Martes. (Linné.) — LA MARTRE.

(Voyez *Faune pop.*, t. I, p. 61.)

martrix, lat. du m. â., Wackernagel, *Vocabul. optimus*, 1847, p. 44.

martarus, martus, squirus, l. du m. â., Graff.

martalus, l. du m. â., *Germania*, 1888, p. 294 ; Du C.

lardellus, l. du m. â., Du C.

matardus, l. du m. â., *Zeitsch. f. d. Alterth.*, 1872, p. 342.

martha, morder, martrina, l. du m. â., Du C.

feruncus, l. du m. â., Aelfricus.

martoula, f.; niçois, Sütterlin, p. 283,

martrice, f., *marture*, f., *chatte de Pannonie*, f., anc. fr., *Dict. de Trévoux*, 1752, s. v° *martre*.

marturelle, f., anc. franç., Renou, 1626, p. 444.

marte, f., *matre*, f., *femelle du pitois*, f., Eure, Robin.

martro, f., Saint-Girons (Ariège), r. p. — Aude, c. p. M. P. Calmet.

martré, fém., Lozère, *Bull. de la soc. d'agr. de la Loz.*, 1856, p. 39. — Forcalquier, c. p. M. E. Plauchud.

martré, m., *matré*, m., provenç. mod., Réguis.

matra, f., Bas-Valais, Gill. — Châtillon-de-Mich. (Ain), r. p.

mâtre, f., franc-comtois, l'abbé Besançon, 1786.

mâtre de faines, f., Plancher-les-Mines (Haute-Saône), Poulet.

maltré, f., La Malène (Lozère), r. p.

gall-marté, f., *gammarté*, f., Luchon (H.-G.), c. p. M. B Sarrieu.

mark, m., Guernesey, rec. p.

marcal, m., anc. franç., *Romania*, 1904, p. 572.

marterin, m., anc. fr., Bourquelot, *Foires de Champ.*, 1865, p. 278.

martrine, fr., anc. franç., Lespinasse et Bonnardot, *Livre des métiers*, 1879; Du C.

môte, f., Namur, Defrécheux.

môdré, m., Verviers, A. Body.

mâdré, m., *mandré*, m., wallon, Defrécheux.

petite fouine, f., anc. fr., J. Bodin, 1597, p. 492.

siblëna, f., Ain, Bouvier, *Mammif. de la Fr.*, 1891.

martr, mart, maltr, breton. [E. E.]

Sur l'étymologie de *martre* et de ses synonymes voyez : Th. Braune (dans *Zeitsch. f. roman. Philol.*, 1897, p. 215); O. Schrader, *Reallexikon d. indogerm. Alter-tumsk.*, 1901, pp. 954-956.

. — On appelle la fourrure de la martre :

martrina, f., lat. du m. â., *Mém. de l'Acad. de Nîmes*, 1901, p. 283.

peau martrine, f., anc. fr., Guessard, *Aye d'Avignon*, p. 61.

3. — « *Martrouère*, f., = machine à prendre les martres et les belettes. » Anc. franç., *Dict. de Trévoux*, 1752.

4. — « *Esfouy'rd coumé un matré* = foireux comme une martre. On accuse la martre de trop manger de raisin aux

vendanges. » Fontvieille (B.-du-Rh.), c. p. M. M.
Réguis,

5. — « *Prendre renard pour marthe* = se tromper grossière-
ment. » *Le courrier burlesque*, 1650, 2ᵉ partie, p. 5. —
Prendre Mart pour Nart = même sens. » *Conversation de
maître Guillaume avec la princesse de Conti*, 1631, p. 98.
(Y a-t-il là une allusion à un personnage appelé *Nart*
ou une faute d'impression ?)

« Cette femme fine comme une martre. » D'Esternod, *L'espadon satyrique*, 1680.

Mustela zibellina. (Linné.) — LA ZIBELINE.

sabelus, l. du m. â., Du C. — Wackernagel, *Vocab. opt.*,
1847, p. 45. [*A sebera regione* dit Du C.]

sobolus, l. du m. â., Du C.

tebelus, l. du m. â., *Anzeig. f. Kunde d. d. Vorz.*, 1836, col. 463

trabellus, l. du m. â., *Germania*, 1888, p. 294.

trabenus, l. du m. â., *Anzeig. f. Kunde d. d. Vorz.*, 1835,
col. 95.

sable de Rosie, m., anc. fr., Du Cange.

sable, m., anc. fr., Du C. ; *Thes. theut. ling.*, 1573. — français
héraldique (¹).

sablun, m., *sabelin*, m., *subelin*, m., franç. du xiiᵉ s., Scheler, *Trois traités*.

sabelle, f., anc. fr., Cardan, *De la subtil.*, trad. R. Le Blanc,
1556, fᵒᵗ 221, verso.

martre sebeline, f., anc. fr., *Biblioth. de l'éc. d. chartes*,
1849, p. 236 ; Damerval, 1507.

(¹) Le *sable*, en armoiries, est la couleur noire. « Martres, que l'on dit
sables, belles et noires. » Olivier de la Marche, cité par Ménage,
1750, II, 437.

martre subeline, f., anc. fr., Du C.

martre subelin, masc., anc. fr., *Bull. archéol., des trav. du Comité*, 1885, p. 42.

zebelle, f., *martre zibeline*, f., *martre sublime* (par fausse étym. pop.), *souris de Moscovie*, f., anc. franç., *Dict. de Trévoux*, 1752.

martre soubeline, zoubeline, zebelline, zibelline, anc. fr., Duez.

2. — La peau de l'animal est appelée :

sabelina, sebelina, zebellina, sibilina, zobellina, cenbelina, gibellina, gibellinica, lat. du m. â., Du C.

sabeline, sebeline, anc. fr., Du C.

sebelin, m., fr. du xiii° s., *Œuvres de Henri d'Andeli*, 1881, p. 198.

zabelline, anc. fr., Cardan, *Subt.*, trad. Le Blanc, 1556.

sebeli, m., *sembeli*, m., anc. prov., Dietz, *Etym. IV.*

cembelin, m., Nîmes, au m. â., *Mém. de l'Acad. de Nîmes*, 1901, p. 283.

Les noms de l'animal et ceux de la fourrure qu'il fournit, sont souvent les mêmes.

Mustela herminea. (L.) — L'HERMINE.

(Voy. *Faune pop.*, t. I, p. 62.)

1. — Le pelage de cet animal est brun et jaune soufré clair, en été ; blanc en hiver ; dans ce dernier état il est très recherché pour les fourrures. Autrefois on estimait particulièrement celles qu'on tirait d'Arménie. Voici ses noms :

mus armillinum, armillinus, armelinus, hermenia, lat. du moy. âge, Du C.

armine, f., anc. fr., Tuetey, *Invent. de Charl. de Sav.*, 1865, p. 12.

ermyn, m., anc. fr. d'Angleterre, GODEFR.

hermi, m., anc. prov., BARTSCH, *Chrestom.*, 1892, c. 507.

hermine, f., franç. anc. et mod.

èrmino, f., Creuse, Aude, Hérault, H.-Gar.

armino, f., Forcalquier (B.-Alpes), c. p. M. E. PLAUCHUD.
— Bagnères-de-Bigorre, c. p. M. J.-J. PÉPOUEY.

herminette, f., anc. fr. [Belle est et blonde et blanchette.
Plus que n'est une herminette. JEANROY, *Lais franç.
du* XIII° s., 1901, p. 10.]

arminètt', f., wallon, DEFR. — Gaye (Marne) HEUILLARD. —
Chenay (Marne), c. p. M. E. MAUSSENET.

èrminètt', f., Somme, JOU. — P.-de-C., c. p. M. ED. ED-
MONT. — Aube, *Mém. de la soc. d'agr. de l'A.*, 1863,
p. 274. — Doubs, ROUSS.

hhèmiott', f., Xertigny (Vosges), r. p.

mostéla blanca, f., dauphin. du XIV° s., *Bull. hist. du comité
d. trav.*, 1885, p. 127.

blanke marcotte, f., wallon, DEFR.

leclice, m., anc. fr., *Rec. de poés. franç.*, 1856, VI, 16.

letice, f., anc. fr., *Bull. arch. du com. d. trav.*, 1865, p. 42.

letuse, anc. fr. d'Anglet., GOD.

létiche, f., Argentan (Orne), CHRÉTIEN, 1835.

lestote, f., anc. fr., BOURQUELOT, *Foires de Champ.*, 1865, p. 278.

roseul, m., anc. fr., DU C., s. v° *rondellus*.

roisieul, m., anc. fr., GOD., s. v° *furet*.

rozerieul, m., anc. fr., TUETEY, *Invent. de Charl. de Sav.*,
1865, p. 8. [Il y a dans le texte *rorezieul* ce qui est une
erreur évidente.]

rosereul, m., *roseruel*, m.., *roussereul*, m., anc. fr., LESPI-
NASSE, *Livre d. mét.*, 1879, p. 381. (Sur ces mots voyez
A. THOMAS dans *Romania*, 1905, pp. 109-112.)

rodreulle, f., anc. lillois, LA FONS MELICOCQ (dans *Bull. du
bouquin.*, 1862, p. 358.) Il faut probablement lire *roz-
reulle*.

rosereau, m. fr., Du PINET, 1625, I, 236.

rouzĕré, m., *rouzĕlé*, m., *rouzĕrió*, m., Sarthe, MONTESSON.

rĕzĕriao, m., *rĕzlĕ*, m., *rĕzeu*, m., Mayenne, DOTT.

rózleŭ, m., Bessin (Calv.), JORET.

rosslĕ, m., Semur-en-A. (C.-d'Or), c. p. M. H. MARLOT.

rosslĕtt', f., Landivy (Mayenne), DOTT.

raólò, m., Fougerolles-du-Plessis (Mayenne), r. p.

grosse margotèn', f., *double margotèn'*, f., dép¹ du Nord, DE
    NORGUET (dans *Arch. d'agric. du Nord*, Lille, 1867, p. 26).

furĕtt', f., Malicorne (Sarthe), c. p. M. ED. EDMONT.

2. — La peau de l'animal est appelée :

arminea, arminia, herminia, armellina, armerina, lat. du
    moy. â., Du C.

hermin, m., anc. fr., DEMAISON, *Aymeri de Narb.*, II, 231.

yermin, m., *latris*, m., anc. wallon, *Chronique 'de Stavelot*,
    éd. Borgn., p. 496.

3. — *Malo mori quam foedari* sont les paroles qui, en armoi-
    ries, accompagnent l'image de l'hermine. — « *Essendo la
    propria natura dell' armellino di patir prima la morte per
    fame e sete, che imbruttarsi, cercando di fuggire, di non
    passar per lo brutto, per non macchiare il candore e la
    politezza della sua pretiosa pelle.* » P. GIOVIO, *Ragiona-
    mento sopra i motti*, Venetia, 1556, p. 26.

4. — « Où vas-tu ? *A la chasse 'aux erminettes*, répond facé-
    tieusement celui qui est interrogé, s'il ne veut pas dire
    où il va. » Bournois (Doubs), ROUSSEY, p. 349.

5. — « On appelle *herminettes* les fées, les lutins. » Somme,
    DUVAUCHELLE, *Le Tourbier*, 1889, p. 22.

« Le soir de la Saint-Jean les erminettes vont dans les prés
    boire le lait des vaches qui ne sont pas rentrées à

l'étable. » Le Vimeu (Picardie), *La jeune Picardie*,
1901, p. 117.

Mustela furo (Linné). — LE FURET.
(Voyez *Faune pop.*, t. I, p. 64.)

1. — Noms de l'animal :

feruncus (¹), lat. du m. â., Zeuss, *Gramm. celt.*, 1871,
p. 1075.

forunculus, l. du m. â., Boucherie, 1872.

furonus, l. du m. â., docum. de Lunel, *Mém. de l'acad. de
Nîmes*, 1885, p. 77.

furo, furetus, furectus, furicus, l. du m. â., Du C.

ferutus, furestus, forestus, l. du m. â., Wright, 1884.

furene, f., anc. franç., *Lettres patentes du roy Charles* citées
par la *Revue historique du Tarn*, 1896, p. 241.

furet (²), m., anc. provenç., Levy. Franç. anc. et mod.

fuiret, m., *fuire*, f., anc. franç., Godef.

fouré, m., Verdes (Loir-et-Ch.), r. p.

foré, m., Châtillon-de-Mich. (Ain), r. p.

hurélt, m., Lectoure (Gers), Durrieux, 1892, p. 242. —
Comberouger (Tarn-et-G.), c. p. M. A. Perbosc. — Orthez, Aire, c. p. M. L. Batcave.

furon, m., anc. prov., Levy. — anc. fr., Du C. — Loir-et-
Cher, Martell.

furoun, m., provenç., Avril.

(¹) Le furet répand une odeur désagréable. *Feruncus* a sans doute un
rapport avec les mots suivants: « *férùn* = odeur de bête sauvage »,
marseillais, Arman. *marsih.*, 1892, p. 61 ; « *férùm* ou *frùn* = odeur
de sauvagine », toulous., Visn ; « *furùn* = même sens », provenç.,
Castor : « *furunasso* = même sens », provenç., Achard, 1785.

(²) On appelle *furet putoisé* le produit du croisement de l'espèce
furet avec l'espèce *putois*.

hurou, m., *hurgonèll*, m., gascon, NOULENS, *La flahuto gas-
    couno*, 1897.

fuiron, m., anc. fr., GOD.; LITTRÉ.; DU C.

firon, m., anc. fr., GOD.

mousseû, m., wallon, DEFRÉCHEUX.

Petitporchas, m., nom facétieux qui lui est donné au moy.
    âge dans le *Roman de Renart*, MARTIN, IV, 119.

fured, furik, breton. [E. E.].

2. — Noms de la femelle :

fura, lat., DU C.; *Mém. de l'acad. de Nimes*, 1885, p. 77.

fura, f., *fureta*, f., anc. provenç., RAYN.

furo, f., Aude, LAFF.

furette, f., français.

fourètte, f., Verdes (Loir-et-Ch.), r. p.

3. — Le jeune furet est appelé :

furonnet, m., anc. fr., COCHERIS, *Dern. amours d'Ovide*,
    1861, p. 47.

fureton, m., anc. fr., *Conseil contre la famine*, 1546, f^{et} 43.

4. — Chasser avec un furet , en le faisant entrer dans les
    terriers de lapins, se dit :

furetar, furonar, anc. provenç., LEVY.

fureter (¹), *fuireter*, anc. fr., GOD.

    Chercher quelque chose partout avec soin, fouiller comme
    un furet, se dit :

furonner, franç. du XVIe s., GRINGORE, *Œuvres*, éd. Héric.,
    I, 49.

furiller, anc. franç., LITTRÉ., s. v° *fureter*.

(¹) « Jamais un bon chien de chasse ne *furette* en de vieux trous »,
anc. fr., *Bibliothèque facétieuse*, 1858, II, 90.

« *Le fuiron privé* est une locution employée dans un
érotique », anc. fr., GODEFROY.

Celui qui chasse avec l'aide d'un furet est appelé :

fureteur, m., franç. anc. et mod.
furetier, m., anc. fr., doc. de 1580, GOD., s. v° *perdriseur*.
fuironneur, m., anc. fr., GOD.

« Sercher partout comme un fuiron. » XVᵉ s., COQUILLART,
   Œuvres, éd. D'Héric., 1857, II, 23. — *C'est un furet*, se
   dit, au figuré, de celui qui furette, qui est indiscret, qui
   cherche à connaître les secrets... *Un fureteur* est celui
   qui cherche partout, dans tous les coins.

« Et comme furets de Castille ils se glissent au cabinet. »
   FOURNIER, *Var. hist.*, IV, 26

         « Ce sont bons *furons* en garenne,
         Il n'y a rien qui leur eschappe. »

         GUILL. COQUILLART, *Poésies*, édit. de 1723, p. 29.

5. — « Praoubé coumo 'n *huret* = pauvre comme un f. » —
   Lectoure (Gers), DURRIEUX, *Belhados*, 1892, p. 242.

6 — « *Passer comme en furet* = passer rapidement. » Samer
   (P.-de-C.), c. p. M. B. DE KERHERVÉ.

7. — « *Mourir du mal de la furette* = mourir du mal d'amour,
   c. à d. de privation d'amour. » *Œuvres de* BRANTÔME, édition LALANNE, 1881, X, p. 271. — « La femelle du furet,
   privée de mâle, ne tarde pas à mourir d'une inflamma-
   tion des parties génitales; que les éleveurs appellent *le
   mal du bouton*. » Paris, r. p.

Sciurus vulgaris. (Linné.) — L'ÉCUREUIL.

(Voy. *Faune pop.*, t. I, p. 64.)

1, — .*:*oms :

scuirus, squiriolus, meogallus, lat. du m. â., Goetz.

squirio, scurellus, scuriolus, scurolius, squirelus, squiro-
     lus, escuratus, escurellus, esquirolus, spiriolus, espe-
     riolus, aspriolus, asceriolus, pirolus, pirulus, l. du
     m. â., Du C.

squirius, scira, squiricius, espirio, spericulus, spirgulus,
     asprigulus, melota, melita, vifarrus, chirogrillus,
     tirogrillus, l. du m. â., Dief.

excurius, excuriolus, l. du m. â., Bonnefoy, *Prieuré de Cha-*
     mounix, 1879, I, 105.

experiolus, cyrogrillus, l. du m. â., Scheler, *Trois traités.*

curio, l. du m. â. en Italie, Du C.

cirogrilhus, l. du m. â., *Mém. de l'acad. de Nîmes,* 1882,
     p. 147.

scirra aquilinus, l. du m. â. (x⁰ s.), Wright, 1884 (?).

écuir, m., env. d'Ourville (Seine-Inf.), c. p. M. Ed. Edmont.

eschirol, m., *esquirol,* m., dauph. du xiv⁰ s., *Bull. hist.*
     d. trav. du com., 1885, p. 127. — Anc. prov., Rayn.
     — Rouergue, au xviiⁱ s., Mazel, *Poés. de Dom Guérin,*
     1876, p. 15. — Anc. bigorrais, Luchaire, *Rec. de t.*
     gasc., 1886. — Ariège. — Tarn-et-G. — Aude.

squirole, f., anc. franç., Du C.

esciriol, m., ancien montpelliérain, Raynouard.

éskiriol, m., Agde (Hérault), Floret, *Bourrido agatenco,*
     1866, p. 333.

eskirouol, m., Saint-Amans (Aveyron), *Romania,* VIII. 394.

éskilouol, m., Entraygues (Aveyron), *Romania,* VIII, 394.

expereol, m., *experol,* m., anc. fr., *Grant Albert,* s. d., vers
     1500. [Les mots sont écrits *lexpereol, lexperol.*]

escurol, m., anc. pr., RAYN. — anc. fr., DU C. — Corrèze.
BÉR. — Gourdon (Lot), c. p. M. R. FOURÈS.

échcurol, m., *éckcuroou*, m., Corrèze, r. p.

escuiruel, *escuruel*, *escuireil*, anc. fr., MARTIN, *Roman de
Renart.*

esquireul, m., fr. du XIIᵉ s., SCHELER, *Trois traités.*

escuireul, m., anc. fr., DIRFENB.

escureul, m., fr. du XIVᵉ s., COCHERIS, *Dern. amours d'Ovide*,
1861, p. 49.

escurieul, m., anc. lillois, LA FONS MÉLICOCQ (dans *Bull. du
bouquiniste*, 1862, p. 358).

escuriez, m., *escurex*, m., fr. du XIIᵉ s., JUBINAL, *Mort Lar-
guece*, 1875, p. 16.

escurieu, m., anc. fr., *Bull. hist. du comité*, 1891, p. 47 ; Es-
TIENNE, 1561 ; DU PINET, 1625 ; etc., etc.

escuirieu, m., lyonnais, COPPIER, *Voy. aux Indes*, 1645,
p. 43.

escuireu, m., Cambrai, docum. de 1275, *Bull. archéol. du
Com.*, 1891, p. 448.

éskiroou, m., Aix-en-Pr., *Roumavagi d. troub.*, 1851, p. 129. —
Forcalquier, c. p. M. E. PLANCHUD. — Anduze (Gard),
VIG. — Portes (Gard), r. p. — La Teste (Gir.), MOUR. —
B.-P., LESPY. — H.-Pyr., r. p.

éskiraou, m., Le Vigan (Gard), ROUG.

éskiy'roou, m., La Malène (Lozère), r. p.

éscouiroou, m., env. de Nîmes, *Félibrige lat.*, 1891, p. 26.

éscuròy', m., Pyrénées, JUBINAL, *Lettres s. l. Pyr.*, p. 202.

escoyriou, m., lyonnais du XIVᵉ s., PUITSPELU.

éscouriou, m., Nîmes, RÉGUIS, *Les rongeurs.*

escuriou m., anc. fr., TRIPPAULT, *Dict. françois-grec*, 1577

escureau, m., anc. fr., R. DE MAULDE, *Cond. forest. d. l'Orléanais*, 1871, p. 460 ; *Dict. des huict langaiges*, 1552.

escuriau, m., anc. fr., R. DE MAULDE, *Cond. for. d. l'Orl.*,
1871, p. 460. — DUCHESNE, 1544.

éscouarieu, m., Pouilly-en-Aux. (Côte-d'Or), c. p. M. ED. EDMONT.

escoirion, m., anc. fr., GUILLAUME DE LORRIS, I, 56.

éckilor, m., Aveyron, c. p. M. A. PERBOSC.

éskirott, m., niçois, SÜTTERLIN, p. 297.

esquevinesse, f., anc. fr., DE LUÇAY, *Droits seign. de Clerm. au xiv*[e] *s.* (dans *Mém. de la soc. arch. de l'Oise*, 1869, p. 257).

scouvèryè, m., env. de Fumay (Ardennes), c. p. M. ED. EDMONT.

scurò, m., La Poutroye (Alsace), c. p. M. ED. EDMONT. — Val-d'Orbey (Als.), LAHM.

skiron, m., *skiron*, m., Ardenne centr. et mér. (Belg.), GRANDG. — Saint-Hubert (Belg.), MARCHOT.

esquiron, m., Bayonne au moy. â., *Livre d'établ.*, 1892.

scuran, m., Bruyères (Vosges), c. p. M. ED. EDMONT.

skiran, m., Ardenne belge, DEFN. — Gérardmer (Vosges), c. p. M. ED. EDMONT.

skira~, m., mentonais, ANDREWS.

skirou, m., Gédinne (Belgique), c. p. M. ED. EDMONT.

spirou, m., Namur, NIED. — Malmédy (Prusse wall.), ZEL. — Laroche-sur-Ourthe (Belg.), r. p. — Burtanville (Belg.), *Wallonia*, 1893, p. 36.

spireul, m., *spireu*, m., *spirëy*', m., Hainaut, DEFRÉCHEUX.

spéru, m., Godarville (Belg.), c. p. M. ED. EDMONT.

éy'chirol, m., Queiras (Dauph.), CHABR. et ROCH. — Vallées vaudoises, MOROSI.

éy'chiror, m., Queiras (Dauph.), CHABR. et ROCH.

éy'tchiréou, m., Montfaucon (Haute-L.), *Rev. d. l. rom.*, 1889, p. 400.

éy'chiraou, m., Die (Drôme), BOISSIER.

ichiroou, m., Haute-Loire, VINOLS.

achirò, m., Lozère, *Arman! de la Louz.*, 1904, p. 24.

écuròyo, masc., Uzès (Gard), r. p.

ékëy'rô, m., Rugny (Yonne), Jossier.

acoryô, m., *écouyou*, m., Yonne, Jossier.

acouryô, m., Château-Chinon (Nièvre), c. p. M. Ed. Edmont.

écouéru, m., *acouiri*, m., *acuèrou*, m., lyonnais, Puitsp.

acourieu, m., Nièvre, r. p.

écouéreù, m., Estandeuil (Puy-de-D.), r. p.

écuirieù, m., Issertaux (Puy-de-D.), r. p.

icouèrô, m., Thiers (Puy-de-D.), r. p.

étsiro, m., Gilhoc (Ardèche), Clugnet.

étijurô, m., Deux-Sèvres, *Le Canard poitevin*, 1876, n° 2, p. 2.

écureul, m., anc. franç., Oudin, 1681.

écureule, féminin, Saint-Pol (Pas-de-C.), c. p. M. Ed. Edmont.
    — Samer (P.-de-C.), c. p. M. B. de Kerhervé.

ékërélyo, m., Jujurieux (Ain), Philipon.

écureur, m., Bernay (Eure), *Hist. de Bernay*, 1875, p. 37.

ékërëy', m., Dives (Calvados), r. p.

récurëy', m., Renwez (Ardennes), c. p. M. Ed. Edmont.

étijurëy', m., Villeneuve-sous-Puymont (Jura), r. p.

écurèy', m., Droué (Loir-et-Cher), r. p.

* écurè*, m., Saint-Georges-Lapouge (Creuse), r. p.

écuriëy', m., Pierrefonds (Oise), r. p.

écuirëy', m., Bas-Maine, Dottin.

écureu, m., Aube, Baudouin. — Eure-et-L., r. p. — Mayenne,
    Dottin. — Fougères (Ille-et-V.), Dagnet. — Prauthoy
    (Haute-M.) et Le Locle (Suisse), c. p. M. Ed. Edmont.

écureù, m., Verdes (Loir-et-Cher), r. p. — Damprichard
    (Doubs), Grammont.

écurieu, m., Jura, Monnier. — Vendômois, Martellière.
    — Bas-Gâtinais (Poitou), Puichaud.

écourieu, m., *écouyon*, m., Morvand, Chambure.

écouèrieu, m., canton de Vaud (Suisse), c. p. M. Ed. Edmont.

écuriu, m., Thiérache (Aisne), c. p. M. L.-B. Riomet.

écurô, m., Eure-et-L., r. p. —. Palaiseau (Seine-et-Oise),
    r. p. — Monteil-au-Vicomte (Creuse), r. p.

écourou, m., Montrêt (Saône-et-L.), GASPARD.

écóyou, m., Saint-Martin-du-Puits (Nièvre), r. p.

écouru, m., Liernais (Côte-d'Or), c. p. M. ED. EDMONT.

ékèru, m., *ékèreu*, m., env. d'Yverdon (Suisse), c. p. M. ED. EDMONT.

étyèy'ru, m., Dompierre (Suisse), GAUCHAT.

étyéru, m., canton de Fribourg (Suisse), c. p. M. ED. EDMONT.

écuron, m., Florent (Marne), JANEL. — Rémilly (Pays messin), r. p. — Giromagny (Terr. de Belfort), c. p. M. ED. EDMONT.

écuran, m., Ardenne mérid. (Belg.), GRANDG. — Le Thillot (Vosges) et Pierrefitte (Meuse), c. p. M. ED. EDMONT.

écoran, m., Florenville (Luxemb. belge), c. p. M. ED. EDMONT.

ékèran, m., Domgermain (Meurthe), L. ADAM.

acoula, m., Baugy (Cher), PORCHERON, *Additions*.

écuira, m., Givry (Saône-et-L.), c. p. M. ED. EDMONT.

écreu, m., Les Fourgs (Doubs), TISSOT. — Pontarlier, c. p. M. ED. EDMONT.

écré, m., Le Landeron (Suisse), c. p. M. ED. EDMONT.

étchré, m., Courrendlin (Suisse), c. p. M. ED. EDMONT.

écrèy', m., Avon (Seine-et-Marne), r. p.

orcreu, m., Péry (Suisse), c. p. M. ED. EDMONT.

écriè, m., Bricy (Meurthe-et-Mos.), c. p. M. ED. EDMONT.

écriè⁓, m., Châtillon-de-Mich. (Ain), r. p.

cureulh, m., Charente, CHAPELOT, *Contes balzatois*, p. 123.

cureau, m., franç du xvᵉ s., MANTELLIER, *Gloss. des documents*, 1869.

cureu, m., Uchon (Saône-et-L.), SIMONET.

aghèryò, m., Montbozon (Haute-Saône), c. p. M. ED. EDMONT.

ghèryò, m., env. de Belfort, VAUTHERIN. — Bournois (Doubs), ROUSSEY. — Cubry (Doubs), r. p.

couron, m., Lusse (Vosges), L. ADAM.

kyurou, m., Poiré-sur-Vie (Vendée), c. p. M. ED. EDMONT.

chat de bois, m., anc. fr., BOURQUELOT, *Foires de Champ.*, 1865, p. 278.

cha d' bouè, m., Guernesey, r. p. — Saint-Jean-Brevelay
(Morbihan), c. p. M. ED. EDMONT.

chat-écureuil, m., *chat sauvage*, m., Loire-Infér., ED. RI-
CHER, *Descript. pittor. de la Loire-Inf.*, p. 292.

chatt-écourëy', m., Ineuil (Cher), r. p.

chatt-écuryeu, m., *chatt-écureu*, m., Bas-Maine, DOTTIN.

chatt-icurieu, m , Allier, OLIVIER, *Faune de l'Allier*.

Isatt-éscurol, m , Corrèze, BÉRONIE.

Isa-couyó, m., Vinzelles (Puy-de-D.), DAUZAT, p. 77.

tchày'-ghèriò, m., env. de Belfort, VAUTHERIN.

tchè-ghèriò, m., Montbéliard, CONTEJEAN.

chat-ékyëró, m., Conlie (Sarthe), c. p. M. ED. EDMONT.

chat d'écureuil, m., français d'Ille-et-Vil., r. p.

cha d'ëkyurë, m., Pléchatel (Ille-et-Vil.), DOTT. et LANG.

cha d'ëkyëreu, m., Châtelaudran (Côtes-du-Nord). c. p.
M. ED. EDMONT.

gatt-eskiroou, m., Laluque (Landes), r. p. — Béarn, LESPY.

esquirogay, m., dans une poésie gasconne du XVIIᵉ s., *Revue
d'Aquitaine*, 1865, p. 109.

ra couérió, m., Forez, GRAS.

rè curëy', m., Chenay (Marne), c. p. M. A. MAUSSENET.

vardasse, f., Albertville (Savoie), BRACHET.

vérdache, f., Thénésol (Savoie), r. p.

vordathe (av. *th.* angl.), Saint-Jean-de-Maurienne, CONST.

vèrdzasse, f., Saint-Maurice (Haute-Savoie), r. p. — Vaudois,
J. OLIVIER, *Le canton de Vaud*, I, 500.

vèrsassë, f., Bas-Valais, GILLIÉRON.

vèrzachë, f., Hémérence (Valais), LAVALLAZ.

vardafe, f., *vardiafe*, f., *vèrdafy*, f., *bordiafe*, f., Haute-
Sav., CONST.

vièrdza, masc., Gruyères (Suisse), c. p. M. ED. EDMONT.

viarzin, m., cant. de Fribourg, *Helvetisches Alm.*, 1810, p. 117.

bosquet, m., anc. franç. du Nord-Est, *Bullet. du bouquiniste*,
1864, p. 24 et p. 25. — Envir. de Valenciennes, *Idem*.

boské, m., Lessines (Belg.), c. p. M. Ed. Edmont.

boskëtyô, m., env. de Mons (Belgique), c. p. M. Ed. Edmont.

bok, m., Valenciennes, Hécart. — Bavay (Nord), r. p. —
Couvin (Belg.), c. p. M. Ed. Edmont. :

boké, m., env. de Cambrai, Boniface. — Valenc., Hécart.

foukié, m., Le Grand-Lucé (Sarthe), c. p. M. Ed. Edmont.

fouké, m., Mayenne, Dottin. — Fougères (Ille-et-Vil.),
Dagnet. — Sarthe, Montess.

fouiké, m., Neuillé-Pont-Pierre (Indre-et-L.), c. p. M. Ed.
Edmont.

jakè, m., Manche, r. p.; *Mém. publ. par la Soc. agric. de la
Manche*, 1855, p. 97; *Rev. de l'Avranchin*, 1888, p. 53.
— Calvados, r. p.

jakyè, m., Montmartrin-sur-Mer (Manche), c. p. M. Ed.
Edmont. — Thaon (Calvados), Guerlin.

béléta, f., Lyonnais, Puitspelu.

moussyô, m., Fougerolles (Mayenne), r. p.

rèvou, m., env. de Rochefort (Jura), c. p. M. Ed. Edmont.

volan, m., jargon de Razey-près-Xertigny (Vosges), r. p.

Rosselet, Rossel, Rosauls, Rosaus, Roxax, Ros, noms propres
facétieusement donnés à l'écureuil dans le Roman de
Renart au moyen âge, Martin, *Rom. de Ren.*, passim.

c'has koat (= chat de bois), bret. du canton de Maël-Carhaix
(Côtes-du-Nord), r. p.

rah koed (= rat de bois), breton vannetais. [E. E.]

guyber, breton. (Voir sur ce mot E. Ernault dans *Mém. de
la soc. de ling.* VIII, 385.)

2. — « Es talament fino que quand creses l'aver, sé chanjo en
esquiroou. » Marseille, Décard, *Revouiro de just.*, 1878,
p. 78.

3. — « Car vous avez mesme vertu Que l'escureuil qui de sa
queue, Couvrant sa teste chevelue A decouvert son cu. »
D'Esternod, *Espadon satyrique*, 1680, p. 142. — « Ils

ont imité l'écureuil lequel à voir si brusquement monter de branche en branche au haut d'un arbre, on dirait que c'est pour y exécuter quelque chose d'important et toutefois y estant parvenu ne sçait rien que montrer son derrière. » *La Retraite des Espagnols hors Guyenne, Cazette n° 174, année 1637, p. 705.* » [Commun. par M. L. BATCAVE].

4. — « La netteté de l'escurieu est connue. » xvi° s., AMBR. PARÉ, éd. Malg., III, 736.

5. — « Avoir le visage rouge comme un écureuil. » Gard, *Félibr. lat.*, 1891, p. 26.

« *Ghèrið* = 1° écureuil; 2° personne qui a les cheveux très roux. » Doubs, ROUSSEY. — « Roux comme une écureule. » c. p. M. ED. EDMONT. — « Dégourdit coumo un esquirol. » Tarn-et-G., c. p. M. A. PERBOSC.

6. — « *Escarà coumo un éskiroou* = écheler, grimper comme un éc. » Forcalquier, c. p. M. E. PLANCHUD.

7. — « *Faire l'écureuil* = marcher sans avancer, faire une besogne inutile. Allusion à l'écureuil tournant dans sa cage. » Argot, DELVAU, 1883.

8. — « Et esquiró de branca en branca, Et crabot de brousta en brousta, Et badalhó de bouca en bouca = *l'écureuil de branche en branche, le chevreau de pousse en pousse, le bâillement de bouche en bouche.* » Arrens (Hautes-Pyr.), c. p. M. M. CAMÉLAT.

9. — « L'écureuil faisant son nid sur les arbres comme les oiseaux, on fait croire aux enfants qu'il pond des œufs : *au printemps je te donnerai des œufs d'écureuil.* » Monteil-au-Vicomte (Creuse), r. p.

10. — « Rencontrer l'écureuil, présage de bonne nouvelle. — Si on l'aperçoit dans un châtaignier, présage de mariage dans l'année. — S'il vient à sauter d'un arbre à vos pieds, présage d'un grand malheur. » Fougerolles (Mayenne), r. p.

11. — « Un jour le renard dit à un écureuil assis au haut d'un arbre : *ton brave homme de père se suspendait par les pattes à la pointe d'une feuille ; pourrais-tu en faire autant ?* — L'écureuil se piqua au jeu, enfonça ses ongles dans une feuille, naturellement tomba du haut de l'arbre, sous la dent du renard. *Seigneur renard*, dit-il, *tu ne fais pas comme ton grand père, quand il allait manger, il se signait toujours.* Le renard voulut se signer et l'écureuil en profita pour s'échapper. » Limousin, *Le Lemouzi*, 1899, p. 97. — Cf. MEYRAC, *Trad. des Ardennes*, 1890, p. 451 ; *Wallonia*, 1893, p. 36.

Sciurus cinereus. (LINNÉ). — L'ÉCUREUIL GRIS.

grisius, griseus, gressus, lat. du m. â., DU C.
gris, anc. franç., DU C. ; BOURQUELOT, *Foires de Ch.*
petit gris, écurieu de Hollande, anc. franç., FURET., 1708.

Sciurus varius.

varus, vares, varius, verutius, vairus, gressus varius, sclavonia, lat. du m. â., DU C.
sciurus varius, nomencl. d'ALDROVANDE.
var, m., anc. fr., Littré, s. v° *bièvre.*
vair, m., anc. fr. (Il y a le *gros vair* et le *menu vair.*) BOURQUELOT, *Foires de Champ.*, 1865, p. 277.
esclavonasse, f., anc. fr., DU C., s. v° *varius.*
escureuz de Calabre, m. pl., anc. franç., LA BARTHE, *Invent. du mobilier de Charles V*, 1870, p. 388.

escuraulx de Calabre, m. pl., anc. fr., GODEF.

« Le ventre de l'animal est blanc et bordé de chaque côté
d'une raie noire, c'est ce qu'on appelle le *menu vair*. »
LABARTHE, *Invent. du mobil. de Charles V*, 1879, p. 357.

Castor fiber. L. — LE CASTOR.

(Voy. *Faune pop.*, I, 67.)

1. — Noms :

castor, fiber, canis ponticus, latin.

castorius, lat. du m. â., DIEF. ; MONE, *Quellen. d. teutsch.
Liter.*, 1830, p. 318 ; *Zeitsch. f. d. Alterth.*, 1845, p. 198.

viber, dama, ponticus, l. du m. â., DIEFENBACH.

bivria, lat. du XIIIe s., SCHELER, *Traités de lexicogr. lat.*

castor, m., anc. provenç., RAYNOUARD.

castoire, m., anc. fr., GAST. RAYNAUD, *Poème moralisé* (dans
Romania, 1885) ; CHABAILLE, p. 231.

chastour, m., dauphinois du XIVe s., *Bull. histor. du Comité
des trav.*, 1885, p. 127.

beivre, m., *bievre*, m., *bevre*, m., *biefvre*, m., *bever*, m.,
beveres, m., *bire*, m., *vebre*, m., *castoires*, m., anc.
franç., GODEF.

buivre, m., Liége au moyen âge, GODEFROY.

vebre, m., anc. franç., DU C., s. v° *squirelus*.

fibré, m., provenç., ACHARD, 1785.

vibré, m., Bouches-du-Rh., M. GIRARD, *La Crau*, 1894.

2. — Le *castoreum* est un parfum onctueux secrété par
deux glandes situées dans les bourses préputiales du
castor. Ces glandes ont la forme d'une poire, ce qui a
fait croire pendant longtemps qu'elles étaient les testicules de l'animal ; une inspection anatomique a prouvé
depuis que ces bourses existaient également chez les
femelles et les mâles. Cette substance est appelée :

castoreum, castorium, castorius, castorinum, castreum, lat. du m. â., Goetz.

castoreum, castorée, f., *couillons de castor,* m. pl., anc. fr., Duez, 1664.

3. — « *Gris de castor* = nuance de la couleur grise. » Savary, 1741.

4. — On faisait autrefois des chapeaux en peau de castor. « Vray est que si les foux portoient tous leur marotte Les chapeaux de castor seroient à bon marché. » Auvray, *Banquet d. muses,* 1623, p. 145.

5. — « *Demi-castor* = nom donné autrefois à certaine espèce de grisettes. » *Vie de garçon dans les hôtels garnis,* 1823, p. 212.

Felis lynx. (Linné). — LE LOUP CERVIER.

(Voy. *Faune pop.,* t. I, p. 68.)

1. — Noms.

lynx, leopardus, lupus cervariolus, lat. du m. â., *Arch. f. lat. Lexicogr.,* 1884, p. 22.

panthera, pardus, l. du m. â., Graff.

lynxa, linsa, l. du m. â., Schmeller.

lincénura, fourrure de peau de lynx, Graff.

liniæ, lupus cervalis, lupus cervarius, lupa cervaria, cervalis, cervarius, fellenia, fellonis, belbes, bilbi, billi, lat. du m. â., Goetz.

lincus (le mâle), *linca* (la femelle), *pilotonsus,* l. du m. â., Du C.

lynce, m., *lince,* m., anc. fr., *Rev. d. lang. rom.,* 1892, p. 447 ; Joseph du Chesne, *Pharmacopée,* 1629, p. 402.

link, m., anc. fr., De la Boullaye le Gouz, *Voyages,* 1657, p. 265.

lyns, m., *lince cerviere,* f., anc. franç., L. Pannier, *Lapidaires,* 1882, p. 135 et p. 251.

liins, m., anc. fr., GOD.

lonce, m., *lunce*, m., *leonce*, m., anc. fr., *Romania*, 1904, p. 564.

luxe, masc., Orbey (Haut-Rhin), au xvi⁰ s., ED. BONVALOT, *Coutumes du Val d'Orbey*, 1864.

oince, anc. franç., dans RABELAIS.

cervier, m., anc. fr., *Disputation de l'asne contre Turmeda*, 1544, p. 65.

loba servieyra, f., anc. provenç., RAYNOUARD.

loba serveria, f., dauphinois du xiv⁰ s., *Bull. hist. du Comité d. trav.*, 1885, p. 128.

louserviez, m., anc. fr., *Rev. d. soc. Sav.*, 1876, p. 255.

loup cervin, m., anc. fr., *Nouv. fabr. des traits de vérité*, édit. de 1853, p. 60; JUNIUS, 1577.

loup cerve, f., *loucerve*, f., *lousserve*, f., *leusserve*, f., *leucerve*, f., *lovecervière*, f., *lovecivière*, f., *leuecervière*, f., *locervère*, f., *lucervère*, f., *leucrevière*, f., anc. fr., GOD.

luvecervière, f., anc. fr., WALBERG, *Best. de Philippe de Thann.*, 1900, p. 161.

loup-chat, m , anc. fr., OUDIN, 1681.

loberna, f., anc. montpelliérain, RAYN.

luberne, f., anc. fr., DU C.; LITTRÉ.

laubrege, f., *lombrege*, f., anc. normand, BOURQUELOT, *Foires de Champ.*, 1865, p. 278.

2. — « *Pierres de lynx* = belemnites fossiles qui passent pour avoir servi de jeux de quilles à l'enfant Jésus et dont les bonnes femmes usent pour guérir les maux d'yeux. » Centre, JAUB.; Chenay (Marne), c. p. M. A. MAUSSENET.

Arctomys marmota. (LINNÉ). — LA MARMOTTE.

(Voy. *Faune pop.*, I, p. 69.)

mormotana, lat. du xiv⁰ s., BONNEFOY, *Prieuré de Chamonix*, 1870, t. I, pp. 292 et 336.

mus montanus, mus alpinus, mus marmota, mus arcto-mys, glis marmota, anc. nomenclat.

marmotane, f., *marmote,* f., anc. fr., Guy de Chauliac, éd. Nicaise, 1896, p. 400.

marmotaine, f., anc. fr., God. ; Baïf, *Œuvres,* éd. Blanch., 1880, II, 203.

marmota, f., niçois, Pellegrini.

marmóta, f., Thénésol (Savoie), r. p.

rat de montaigne, m., anc. fr., Comenius, 1569.

muré, m., provenç., Honnorat. — Alpes cott. (Dauph.), Chabr. et Roch.

missarra, f., Montpellier, *Armanac mounlpel.,* 1896, p. 106.

missaro, f., Languedoc, Sauv., 1785.

More, f., nom propre donné facétieusement à la marmotte au moy. âge dans le *Roman de Renart,* Martin, *Rom. de Ren.,* IV, 118.

Remarque. — Une certaine confusion règne entre les noms de la *marmotte* et ceux du *loir,* parce que tous deux passent l'hiver endormis. De plus, il faut faire attention que *marmot* et *marmotte,* au moyen âge, désignent souvent le *singe.*

Sus scropha. (Linné). — LE SANGLIER.

(Voy. *Faune pop.,* I, 73.)

1. — Noms de l'animal :

aper, latin.

aper silvestris, l. du m. â., *Bibl. de l'éc. des Ch.,* 1849-50, p. 447.

porcus singularis (¹), *porcus silvaticus, porcius singularis,*

---

(1) Les cochons vont par grandes bandes; par contraste les sangliers semblent *solitaires.*

senglarius, sanglerius, sanglarsius, sus urus, l. du
    m. â., Du C.

singulus, l. du m. â., Wright, 1884.

porc singlar, m., Pays de Foix, dans un docum. de 1387,
    Revue des Pyr., 1891, p. 316. — Mussidan (Dord.),
    Rev. d. lang. rom., 1885, p. 307 ;

pork sànglà, m., Hautes-Pyr. ; Basses-Pyr.

pouar sénglié, m., provençal, Castor.

pouor saouvagé, m., niçois, Pellegrini.

porc sauvage, m., anc. fr., Langlois, *Arts de rhétor.*, 1902,
    p. 43.

pouè sinlhà, m., Hémérence (Valois), Lavallaz.

pouo chinliù, m., Limagne (Puy-de-D.), Pommerol.

pourcel sanglier, m., franç. du xive s., De Laborde, *Gloss.
    du m. à.*, 1872, p. 112.

pourceu ziglé, m., Aubencheul (Nord), Boniface, *Notice sur
    Aub.*, 1859, p. 72.

pourcè singlé, m., Liége, Body.

pourchò singlé, m., *cochon singlé*, m., Saint-Pol (P.-de-C.),
    c. p. M. Ed. Edmont.

pourchë jiglé, m., Esnes (Nord), Boniface.

pourchó singlé, m., Valenciennes (Nord), Hécart. — Les-
    sines (Belg.), *Wallonia*, 1900, p. 205.

sóväch' pohhé, m., Gérardmer (Vosges), c. p. M. Ed. Edmont.

sóvètch' pouché, m., La Poutroye (Alsace), c. p. M. Ed. Ed-
    mont.

gorè sanlhé, m., Deux-Sèvres, *Canard poitevin*, n° 17. —
    Cognac, *Alman. de Cognac*, p., 1881, p. 49.

goré sanghlyé, m., Saint-Gilles-sur-Vie (Vendée), c. p. M. Ed.
    Edmont.

goré san-yé, m., Mortagne-sur-Sèvre (Vendée), c. p. M. Ed.
    Edmont.

cochon-sanghié, Villeneuve-sur-Fère (Aisne), c. p. M. L.-B.
    Riomet.

cochon sauvage, m., *cochon de bois*, m., Marne, c. p. M. E.
  Maussenet.

singlar, m., *senglar*, m., anc. provenç., Rayn.

san-n'glar, m., Vic-en-Bigorre (Hautes-Pyr.), c. p. M. M. Camélat.

sanglèr', m., île de Noirmoutier, c. p. M. Ed. Edmont.

sanglir', m., Delles (Territ. de Belfort), c. p. M. Ed. Edmont.

sinlhar, m., Vinzelles (Puy-de-D.), Dauzat, p. 161.

singhiar, m., Châtillon de Mich. (Ain), r. p.

sanlhór, m., lyonnais, Puitspelu.

singla, m., toulousain du xviie s., Noulet, *Œuvres de Goudelin*. — Tarn-et-G., c. p. M. A. Perbosc.

si~gla, m., Gy (Haute-Saône), c. p. M. Ed. Edmont.

sangla, m., gascon du xviie s., D'Astros, *Poés.*, éd. Taill.,
  1867, I, 185. — La Teste (Gir.), Mour. — Landes,
  Beaurn. — Béarn, Lespy. — H.-Pyr., r. p.

sanglyò, m., Pierrefonds (Oise), r. p. — Fougerolles
  (Mayenne), r. p.

son~glyé, m., La Malène (Lozère), r. p.

singlé, m., Valenc., Hécart. — Ardenne belge, Body, 1884.

sanglid, m., Jujurieux (Ain), Philipon.

sànglé, m., Lectoure (Gers), Durrieux, *Belhados*, 1892, p. 74.

sangli, m., *si~yà*, m., Bournois (Doubs), Roussey.

singlin, m., Malmédy (Pays wall.), Body.

sèn'ghia, m., Mesnay (Jura), *Journ. de phil. franç.*, 1900,
  p. 48.

singhyè, m., Petit-Noir (Jura), Richenet.

sanghyè, m., Villeneuve-sous-Puymont (Jura), r. p.

sanghëyè, m., Verdes (Loir-et-Cher), r. p.

sanghi, m., *singhié*, m., *hhinghié*, m., *sandyé*, m., *sandjé*,
  m., *sindié*, m., *hhindié*, m., *sèn'ghié*, m., diverses localités de la Lorraine, L. Adam.

souinghyé, m., Lucenay-l'Evêque (S.-et-L.), c. p. M. Ed. Edmont.

changhiè, m., Yonne, JOSSIER.

sandjèy', m., Vandœuvre (Meurthe), c. par M. R. FOURÈS.

sindyè, m., Bourberain (Côte-d'Or), RABIET.

san-yá, m., Maillezais (Vendée), c. p. M. PH. TELOT.

sin-ya, m., Sancey (Doubs), *Journ. de philol. franç.*, 1900, p. 48.

sin-yin, m., district de la Vallée (Vaud, Suisse), c. p. M. ED. EDMONT.

san-yé, m., Saint-Martin-du-Puits (Nièvre), r. p.

sonlyé, m., Montcoutant (Deux-Sèvres), c. p. M. ED. EDMONT.

sénouyé, m., Bas-Valais, GILLIÉRON.

pe̊ia siä, m., Crémine (Suisse), DEGEN.

pouo sèyè, m., Porrentruy (Suisse), c. p. M. ED. EDMONT.

pouë sëyé, m., Villars-sur-Font. (Suisse), *Arch. suisses d. trad. p.*, 1901, p. 86.

por syè, m., Péry (Suisse), c. p. M. ED. EDMONT.

vézon, m., île de Guernesey, c. p. M. ED. EDMONT.

lochonki, m., jargon de Razey (près Xertigny, Vosges), r. p.

Baucent, m., nom propre plaisant donné au sanglier dans le *Roman de Renart*, au moy. âge, MARTIN, *Rom. de Ren.*

houch' goué (= cochon sauvage), breton [E. E.]

2. — « Le mâle est particulièrement désigné par les noms suivants :

leo, lat. du m. â., Du C. (Dans les pays où il n'y a pas de lions, on aura donné ce nom au sanglier mâle, à cause de sa férocité.)

frendus, l. du m. â., Du C. (On employait autrefois le mot *frendere* ([1]) pour dire *grogner*, en parlant de cet animal, Du C.)

nefrendus, frendis, l. du m. â., WRIGHT, 1884.

_____

(1) Au XVIᵉ s., on employait dans ce sens le mot *ronfler*, selon CL. GAUCHET, *Plaisir d. ch.*, éd. Blanch., p. 350.

ver, m., anc. franç., DIEZ, *Anc. gloss. rom.*, 1870 ; SCHELER,
  Gloss. de Lille, GODEFR.

porch, m., anc. wallon, JEAN D'OUTREMEUSE, éd. Borgnet,
  IV, 511.

verrat, m., anc. fr., RABELAIS ; « *Le gosier leur escumoyt
  comme à un verrat* que les vautres ont acculé entre les
  toilles » (¹).

hoh dant (= cochon à dent), breton de Sarzeau [E. E.]

3. — La femelle est appelée :

sus fera, frendis, lea, lefa, l. du m. â., Du C. [De *lea* vient
  laie; remarquez que ce dernier nom ne sert jamais à
  désigner la femelle du porc domestique.]

lée, f., anc. fr., J. CAMUS, *Récept.*, p. 12 ; Du PINET, 1625,
  II, 359 ; PRAROND, *Chasses de la Somme*, 1858, p. 76.

lehe, f., fr. du XIIᵉ s., G. PARIS et A. Bos, *Vie de Saint Gilles*,
  1880, p. 157.

laïe, f., anc. fr., ROULLIARD, *Doxologie du festu*, 1610, p. 87.
  (Ce mot vient d'une forme hypothétique *lega pour leva.)

sanglètte, f., Pierrefonds (Oise), r. p.

sangliotte, f., Fougerolles (Mayenne), r. p.

singlaressa, f., Castres, au moy. âge, *Rev. du Tarn*, 1881,
  p. 117.

truye sanglière, f., Orléanais au XIVᵉ s., R. DE MAULDE, *Condit. forest. de l'Orléan.*, 1871, p. 471.

truéyo séngliéro, f., prov. mod., CASTOR.

truée sauvage, anc. franç., Du C.

truye sauvage, f., fr. du XVᵉ s., DROUET D'ARCQ, *Comptes de
  l'hôtel*, 1865, p. 374.

4. — Le jeune sanglier est appelé :

porcin, m., Ineuil (Cher), r. p.

_____

(¹) Pris dans les filets.

sangleron, m., anc. franç., dans Rabelais.

touchin, m., Nestier (Hautes-Pyr.), Portes, p. 99.

cochon (= tout jeune sanglier qui vient de naître), m., Bl. de Vigenère, *Suite de Philostrate,* 1602, f^et 90, v°.

couchon, m., anc. franç., Prarond, *Chasses de la Somme,* 1858, p. 76.

farrin, m., fr. de 1234, G. Paris et Bos, *Vie de Saint Gilles.*

« On appelle *rafaux,* les jeunes mâles de deux ans dont les deffences commencent à sortir. » Bl. de Vigenère, *Suite de Philostr.,* 1602, f^et 90.

« On appelle *sangler porc en tiers an* ou *porc de compaignie* un s. qui entre dans sa troisième année.» xvie s., *Bon varl. d. ch.*

« Un sanglier quatrannier = un s. qui entre dans sa quatrième année.» Rabelais, *Isle sonnante,* 1562.

5. — L'ensemble des sangliers, mâles, femelles et marcassins s'appelle, en vénerie :

les bêtes noires, f. pl., franç. anc. et mod.

le noir, m., anc. fr., Duez, 1664.

« On appelle la chasse aux sangliers : *la chasse noire.* » Domayron, *Siège des muses,* 1610, p. 45. — « On dit qu'*un chien se rabat de bête noire* lorsqu'il donne de la voix sur la trace d'un sanglier. » *Dictionn. de chasse,* 1759.

« En vénerie on appelle *bestes mordantes* les sangliers et les ours. » Du Fouilloux, 1560, p. 86.

6. — La tête du sanglier est appelée :

test de sanglier, m., anc. fr., Duez, 1664.

tufo, f., languedoc., Sauv., 1785.

léy'da, f., *léda,* f., Suisse rom., Bridel. (Autrefois, la hure

du sanglier tué appartenait de droit au seigneur du fief,
c'est ce que dans l'ancienne coutume de Vaud, on appelait *le droit de leyde.* Brid.)

hure, f., franç., Bruyerinus, *De re cibariá*, 1560, p. 690 ;
etc., etc.

7. — Les grandes dents d'en bas du sanglier mâle sont appelées, en vénerie :

défenses, f. pl., franç., Bl. de Vinegère, *Suite de Philostrate*,
1602, p. 54 ; etc., etc.

broches, f. pl., franç., *Dict. de Trévoux*, 1752.

marteaux, m. pl., anc. fr., *Bibl. de l'éc. d. ch.*, 1840-41,
p. 283.

mires, f. pl.. *miroirs,* m. pl., franç., Duez, 1664.

limes, f. pl., *dagues,* f. pl., *armes de la barre,* f. pl., fr.,
R. François, *Ess. d. merv. de nat.*, 1622.

grez, m. pl., fr. du xvie s., *Le bon varlet de chiens*, 1881, p. 59.

8. — « *Hort couma û sanglè* = fort comme un sanglier. »
Arrens (Hautes-Pyr.), c. p. M. M. Camélat.

9. — « Nos aper auditu præcellit, aranea tactu, vultur
adoratu, lynx visu, simia gustu.» *Carmin. proverb. loci
comm.*, 1670, p. 8.

10. — « On dit d'un homme *qu'il a des dents de sanglier* quand
il a de grosses dents qui avancent. » Delbuven, *Les
guerillas*, comédie, 1831, p. 13.

11. — « On appelle *sanglier miré* celui qui a les défenses recour-
bées quand il est en son quart an. » Bl. de Vigenère,
Suite de Philostrate, 1602, f° 90.

13. — On appelle *boutoi* le bout du nez du sanglier. » *Dictionn.
de chasse*, 1769. — « On appelle *dentée* ou *atteinte* un
coup de boutoir. » Anc. franç., Godefr.

13. — « On appelle *bourbeiller* la partie du sanglier qu'aux
cerfs on nomme *la hampe* (¹) ». xvie s., *Le bon varlet
de chiens*, 1881, p. 73.

« On appelle *escu* l'espace entre le col et l'épaule où l'on
vise pour enferrer le sanglier. » Bl. DE VIGENÈRE, *Suite
de Philostr.*, 1602, fᵉˡ 91.

14. — « La *porchoison* est le temps que le sanglier est gros et
gras, qu'il est bon à chasser et à manger. » Anc. fr.,
GOD.

15. — *Vautrer*, c'est chasser avec *vautres* et *mastins*. — « Le
vautrey est une troupe de mastins qui courent ardemment un sanglier et finalement l'outrent d'haleine et le
prennent à force. » R. FRANÇOIS, *Ess. d. merv. de nat.*,
1622. — « Le mot *vaultroy* désigne 1° l'équipage de
chasse du sanglier ; 2° la chasse du sanglier ; 3° le sanglier lui-même. » anc. franç., GODEFR.

16. — « En vénerie, la *jambe* des *bêtes fauves*, c'est depuis le
talon jusqu'aux os et pour les *bêtes noires* jusqu'aux
gardes. » MASSÉ, 1766.

« *Les traces* = les pieds du sanglier. » DU FOUILLOUX,
1560, p. 87. — « *Les traces* = 1° le pied et la jambe
jusqu'à la jointure ; 2° l'empreinte des pas. » BL. DE VI-
GENÈRE, *Suite de Philostrate*, 1602, fᵉˡ 90.

« Le sanglier fait *pigasse* quand l'ung ongle de ses trasses
est plus longue que l'autre. » xvie s., *Bon varl. d. ch.*,
p. 56.

« On appelle *gardes* les ergots du sanglier ou les os
de derrière les jambes proche les pieds. » CL. GAUCHET,
Plais. d. ch., 1583.

_____

(1) C'est la poitrine.

« *Le coupant* de l'ongle d'un sanglier est le bord de l'ongle. » LITTRÉ.

17. — « Les *houzures* sont les crottes que le sanglier met sur les branches où il se frotte et qui servent à faire connaître sa hauteur. » *Dict. de chasse*, 1759.

« On appelle *layes, laisses, lesses, lyesses*, les excréments du sangl. » Anc. fr., GOD. — « *Laissées* = même sens. » *Dict. de Trév.*, 1752.

18. — « La *bauge* (¹) est le lieu où les bêtes noires se couchent pendant le jour. » *Dict. de chasse*, 1759. — « *Se bauger* se dit du sanglier qui se couche pour se reposer. » Anc. franç., GODEF.

19. — « Ce que mange le cerf est appelé *le viandy*, ce que mange le sanglier est appelé *les mangeures*. » DU FOUILLOUX, 1560, p. 87. — « *Les mangues de sangler* = le gland et la fayne. » XVIᵉ s., *Bon varlet d. chiens*, 1881.

Vermiller = remuer la terre avec le groin pour chercher des vers de terre. » *Dictionn. de chasse*, 1759. — « *Vermeil* = endroit où le sanglier a vermillé. » Anc. franç., GOD. — « *Vermeiller* et faire ses boutis au pré. » BERGERÉ, *Invective contre les duels*, 1629, p. 30.

« Le sanglier *affouchie*, c.-à-d. qu'il fait de grandes fosses pour treuver la racine des fouchieres et de l'esparge, etc. » R. FRANÇOIS, *Ess. d. merv. de nat.*, 1622. « *Fouger* (²) = fouiller dans la terre avec le boutoir. » Anc. fr., CHRESTIEN, *Vénerie d'Oppian*, 1575, fᵉˡ 18, vᵒ.

---

(1) « C'est *la baux* ou *le soueil.* » XVIᵉ s., *Bon varlet de chiens*, 1881, p. 55.

(2) *Foucher* en fr. du XVIᵉ s., selon le *Bon varlet de chiens*, 1881, p 55.

« La souris cognoist-on au rouge, le cerf au train, le
sanglier aux fouillures. » LOUIS D'ORLÉANS, *Banquet
d'Arète*, 1594, p. 66.

20. — « On dit *frémir comme un sanglier.* » TAEGIO, *Doctes res-
ponses, trad. par Du Verdier*, 1577, p. 34.

21. — « Le sanglier *se souille* souvent et *ventrouille* et *nazille*
volontiers en la boue. » R. FRANÇOIS, *Ess. d. merv. de
nat.*, 1622. — « *Souil* = bourbier où le s. se vautre. »
NICOT, 1606.

22. — « Relaisser les chiens au cul d'un sanglier = l'attaquer à
nouveau. » DOMAYRON, *Siège des muses*, 1610, p. 45.

Coiffer un sanglier se dit du chien qui le tient par l'oreille.

« *Découdre un chien* se dit du sanglier qui a éventré
un chien. »

23. — « La curée ou cuirie d'un sanglier s'appelle *le fouail*,
car elle se fait avec du feu. » XVIᵉ s., *Bon varlet des
chiens*, 1881, p. 70.

24. — « L'homme de guerre doit avoir : *Assaut de levrier,
Fuite de loup, et deffense de sanglier.* » R. FRANÇOIS.

25. — « Au cerf la biere (*le cercueil*), Au sanglier le barbier
(*le médecin*). » DU FOUILLOUX, 1560, p. 121.

26. — « Ecumer par la bouche comme un sanglier échauffé. »
A. D'AVEROULT, *Fleurs des exemples*, 1649, II, 512.

« Le gosier leur escumoit comme un verrat que les vaultres
ont aculé entre les toilles. » RABELAIS, 1533.

27. — « La chair d'un porc sauvage ruite dans le saloir en la
saison que les bestes de son espèce tombent en ruit =

elle entre en fermentation. » Fusi, *Franc archer*, 1619,
p. 774.

« Les dents du sanglier fraischement tué conservent longtemps une véhémente chaleur qui brusle dès qu'on approche d'elles. » *Le Courrier polonois,* 1649, p. 6.

28. — « Certains os de la tête du sanglier offrent l'aspect
d'une croix. » Ardennes belges, Harou (dans *Rev. d.
trad. p.*, 1901, p. 152).

29. — Pour le sanglier, dans la symbolique chrétienne, voyez :
Cahier, *Caractérist. des Saints*, 1867, II, 704-707. Voyez
une explication facétieuse des sangliers dans l'héraldique, dans : *Archives suisses des trad. pop.*, 1904,
p. 315.

30. — A Paris on peint, comme enseignes, des sangliers sur les
boutiques des charcutiers. « Mon cousin fait des sangliers sur les boutiques des charcutiers. » Guenée,
L'œuf de Pâques, comédie, 1860. — « On appelle *mar-
cassin* un apprenti peintre. » Argot, Bruant, 1901.

Lepus timidus. (Linné). — LE LIÈVRE.
(Voy. *Faune pop.*, t. I, p. 78.)

1. — D'une manière générale, quand on ne veut pas distinguer l'âge et le sexe, on appelle cet animal :

lepus, latin.

rapimontes, latin facétieux du XVIe s., Damerval, 1508.

lèbra, f., anc. gasc., *Arch. hist. de la Gironde*, t. XI, au gloss.
— Basse-Auv., Malv. — Haute-L., Vin. — Treignac
(Corr.), r. p. — Cette (Hér.), *Arm. cét.*, 1894, p. 29.

lhèbra, f., Pyr.-Orient., Camp.

lèbro, f., Lozère, *Arm. de Loz.*, 1903, p. 35.

lèbré, f., (l'accent est sur *lè*), prov. anc. et mod. — Langued.
— Limous. — Niçois. — Cantal.

lèbrë, f., Vinzelles (P.-de-D.), DAUZ., — Alpes dauph., NIC.

lébri, f., Tulle, *Bull. archéol. de la Corr.*, 1900, p. 583.

lhèbré, f., Gèdre, Betpoucy (Hautes-P.), c. p. M. M. CA-
MÉLAT. — Saint-Georges-Lapouge (Creuse), r. p.

librë, Saint-Georges-de-M. (P.-de-D.), r. p.

lèbre, f., Monteil-au-Vicomte (Creuse), r. p.

lèbé, f., gasc. du XVIIᵉ s., D'ASTROS, *Poes.*, éd. Taill., 1867,
I, 186. — Tarn-et-G. — Hautes-Pyr.

lèbe, f., *lèb'*, f., Bayonne, au moy. â., *Livre des établiss.*,
1892. — B.-Pyr., Landes.

lhèbé, f., Orignac (Hautes-P.), c. p. M. M. CAMÉLAT.

lèvra, f., Gruyères (Suisse), c. p. M. ED. EDMONT.

lhévra, f., Villette-Serpaize (Isère), DEVAUX.

levre, m., anc. franç. — Maillezais (Vend.), c. p. M. PH. TELOT.

lèvrë, f., Neuvéglise (Cantal), r. p.

lavre, f., district de la Glane (Suisse), c. p. M. ED. EDMONT.

lèy'vra, f., Bagnard (Suisse), CORNU.

lày'vra, f., Bas-Valais, GILLIER.

ldëvra, f., Dompierre (Suisse), GAUCHAT.

lièvra, f., Albertville (Sav.), BRACH. — Thénésol (Sav.), r. p.
— Jujurieux (Ain), PHIL.

lièvre, féminin, Genève, HUMBERT.

lieuvr, m., Guernesey, r. p. — Bessin, JOR. — Mayenne, DOTT.

livra, f., Hémérence (Valais), LAV. — Châtillon-de-Mich.
(Ain), r. p.

lhivra, f., Eyzin-Pinet (Isère), DEVAUX.

livrou, m., (accent sur *li*), Mesnay (Jura), *Rev. de philol. fr.*,
1899, p. 136.

lhivrou, m., Vaudioux (Jura), THÉVENIN.

livre, messin du XIVᵉ s., DE BOUTEILLER, *Guerre de Metz*,
1875, p. 479. — Anc. wallon, *Chronique de Stavelot*, éd.
Borgn., p. 225.

lívr, m., Cauville (Calvad.), *Bull. d. parl. nom.*, 1901, p. 403.
— Damprichard (Doubs), GRAMMONT. — Bournois
(Doubs), ROUSSEY. — Clerval (Doubs), r. p. — Sancey
(Doubs), *Rev. de philol. franç.*, 1899, p. 136. — Plan-
cher-les-M. (Hᵗᵉ-Saône), POULET. — Rochefort (Jura),
c. p. M. ED. EDMONT.

lyivr, m., env. de Gondrecourt (Meuse), c. p. M. ED. ED-
MONT.

lhivr, m., env. de Périers (Manche), r. p.

lieuv', masc., Mayenne, DOTT. — Ille-et-V., DOTT. et LANG.

élieuv', m., env. de Saint-Dié (Vosges), c. p. M. ED. EDMONT.

lhieuv', m., Anjou, TALBERT.

liv', m., Vandœuvre (Meurthe-et-M.), c. p. M. R. FOURÈS. —
Durbuy (Belg.), *Wallonia*, 1895, p. 90. — La Poutroye
(Alsace), SIMON.

liouvë, m., Palaiseau (S.-et-O.), r. p.

liéf, m., Valenciennes, HÉCART.

lïéf, m., Bohain (Aisne), r. p. — Méharicourt (Somme), r. p. —
Meuse, r. p. — env. de Longwy (Meurthe-et-M.), r. p.

lif, m., Tourcoing, WATT. — Malmédy (Prusse wall.), ZEL. —
Namur, NIED. — Saint-Hubert (Belg.), MARCH. — Env.
de Toul, c. p. M. ED. EDMONT.

léouré, f., Die (Drôme), BOISS. — Gilhoc (Ardèche), CLUGN.

léourë, f., Hautes-Alpes, CHABR.; NICOLL.

léoré, f., Charpey (Drôme), BELLON.

lióra, f., *luère*, f., *lùre*, f., *lèvre*, f., Loire, GRAS.

lhuéra, f., env. de Roussillon (Isère), DEVAUX.

liór, m., Annonay (Ardèche), r. p.

lieur, m., env. de Baccarat (Meurthe-et-M.), c. p. M. ED
EDMONT.

lièr', m., Schirmeck (Alsace), c. p. M. ED. EDMONT.

liura, f., *louara*, f., lyonnais, PUITSPELU.

lura, f., dauphinois, DEVAUX, p. 423.

leura, f., anc. dauphin., DEVAUX.

yèbr, m., Ferrières (Allier), Encise, *Patois de Ferr.*, 1895.

yèvr, m., Villeaux (C.-d'Or), *Rev. de philol. fr.*, 1899, p. 136.
— Chaussin (Jura), Grosj. et Br. — Cognac (Char.),
Alm. de Cognac pour 1858.

yévr, m., Ernée (May.), Dott. — Rémilly-s.-T. (C.-d'Or),
Dott. (dans *Rev. bourguign. de l'ens. sup.*, 1892, p. 65).
— Nuits (C.-d'Or), Ph.' Garn. — Petit-Noir (Jura),
Richenet.

yeuvr, m., Vendômois, Mart. — May., Dott.

yivr, m., Jura, r. p. — Vosges, c. p. M. Ed. Edmont.

yèv', m., Aisne, c. p. M. L.-B. Riomet. — Nièvre et Loir-et-
Ch., r. p. — Loiret et Eure-et-L., c. p. M. J. Poquet.
— Cozes, Gemozac (Char.-Inf.), P. Marcut, *Bouquet*,
1885, p. 119.

yeuv', m., May., Dott. — Côte-d'Or et Eure-et-L., c. p.
M. Ed. Edmont. — *Aisne (François Villalonga ?)*

yèf, m., Frameries (Belg.), *Armonaque borain*, 1890, p. 39. —
Saint-Pol (Pas-de-Cal.), c. p. M. Ed. Edmont.

ghÿèvr', m., *ghÿeuvr*, m., Bas-Maine, Dottin.

lèbèll, féminin (*sic*), Arrens (H.-Pyr.), c. p. M. M. Camélat. —
B.-Pyr., dans les parties montagneuses, c. p. M. L. Batcave.

az', m., Montbéliard, Contejean.

lapin de garenne, m., Cateau-Cambrésis, r. p. (par opposition au *lapin* simplement appelé *lapin* comme en français).

burin, m., Poiré-sur-Vie (Vendée), c. p. M. Ed. Edmont.

bi, m. (= le gris), Bas-Maine, Dottin. (Appelé ainsi probablement par les chasseurs parce que prononcer son vrai
nom porte malechance.)

ridè, m., env., d'Alençon (Orne) et Loiron (Mayenne), c. p.
M. Ed. Edmont.

capucin, m., français. (Appelé ainsi par plaisanterie par les
chasseurs.)

counsélhè, m., Béziers, BENJ. FABRE, *Partido dé casso*, 1875,
 p. 12. (Nom facétieux.)

gisclé, m., Tarascon, RÉGUIS, *Rongeurs*.

cabi, m., Yonne, JOSSIER.

pelaud, m., *pelaut*, m., anc. fr., CL. GAUCHET, *Plais. des
 champs*, 1853, éd. Blanchem., passim.; BRETONNAYAU,
 Génér. de l'homme, 1583, f^{et} 44. v°.

pélud', f., (= poilue), béarnais, LESPY.

pé-déscaouss' (= la pied-déchaussée, qui marche sans souliers, plaisanterie), f., Béarn, LESPY.

pé-nudo, f., Saint-Ybard (Corr.), LA ROCHE.

grisètt' m., *courté-cao*, f., Lozère, *Arman. de Louz.*, 1904,
 p. 46.

corentin de sapre, m., (= coureur de bois), argot bellau ou
 argot des peigneurs de chanvre du Jura, TOUBIN.

sôteü (= sauteur), jargon de Razey près Xertigny (Vosges).
 r. p.

Couart, m., *Coart*, m., *Galopin*, m., noms propres facétieux
 donnés au lièvre dans le *Roman de Renart*, au moy. âge,
 MARTIN, IV, 116.

Mâyeü, m., nom familier, Allier, c. p. M. J. DUCHON DE LA
 JAROUSSE. (Il est ainsi appelé par les chasseurs qui, s'ils
 prononçaient le mot *lièvre*, reviendraient bredouille de
 la chasse.)

2. — Quand on veut désigner spécialement le mâle, on l'appelle :

lèp, masc., béarnais, LESPY.

bouc, m., Samer (P.-de-C.), c. p. M. B. DE KERHERVÉ.

bouquet, m., terme de vénerie, FURETIÈRE, 1708.

hazò, m., wallon, GRANDGAGNAGE.

rasclé, m., langued., SAUV., 1785.

« *Bouquiner* = rechercher les femelles, être en amour, se

dit du mâle. » CLUZEAU, *Art de la découv. du lièvre*,
1892.

« *Lièvre au rat, lièvre en amour, lièvre en chaleur, lièvre qui
bourdit* = mâle en rut. » XVIIᵉ s., J. DE LIGNÉVILLE, éd.
Mich., p. 2.

3. — La femelle est appelée :

lièvre, féminin, Bain (Ille-et-Vil.), c. p. M. AD. ORAIN. — Le
Grand-Fougeray (Ille-et-V.), *Mélusine*, III, 195.

lëvrasse, f., Chantonnay (Vendée), c. p. M. ED. EDMONT.

lièvrasse, f., Yonne, JOSSIER.

yëvrasse, f., ouest de l'Yonne et est du Loiret, c. p. M. J. Po-
QUET.

lëvrâche, f., Civray (Vienne), LALANNE. — Char.-Inf., JONAIN.

lëvërêsse, f., Saint-Gilles-sur-Vie (Vendée), c. p. M. ED. ED-
MONT.

lëvrêche, f., Bas-Gâtinais (Poitou), *Rev. de philol. franç.*,
1893, p. 183.

lébraoudo, f., languedoc., SAUV., 1785.

hase, f., *haze*, f., anc. franç., GODEFROY.

hâsse, f., liégeois, FORIR.

âze, f., Jura, MONNIER. — Damprichard (Doubs), GRAMMONT.

4. — Le jeune lièvre est appelé :

lepusculus, l. du m. â., WRIGHT, 1884.

lebrates, m., Forcalquier, en 1533, C. ARNAUD, *Une carte de
restaurateur*, Marseille, 1856, p. 20.

lhébrott, m., Pyr.-Orient., *Soc. agric. d. Pyr.-Or.*, 1882.

lébraoutt, m., Gibel (Haute-Gar.), LAMOUHÈRE, 1899, p. 246. —
Landes, r. p. — B.-Pyr., LESPY. — Aude, c. p. M. P.
CALMET.

lébraou, m., provenç. mod. — languedocien. — limousin.
— gascon anc. et mod. — Die (Drôme), BOISSIER.

lëbraou, m., Creuse, r. p.

lĕbrŏ, m., Saint-Georges-L. et Monteil-au-V. (Creuse), r. p.

lĕvrâ, m., env. de Belfort, VAUTHERIN.

livrâ, m., env. de Château-Salins, r. p.

luvrŏ, m., Vandœuvre (Meurthe), c. par M. R. FOURÈS.

ĕlvrŏ, m., Villeneuve-sur-Fère (Aisne), c. p. M. L.-B. RIOMET.

lĕvratt, m., Hémérence (Valais), LEVALL.

liévrat, m., anc. fr., PICHON et VICAIRE, *Viand. de Taille-*
     vent, 1892, p. 73.

lévriŏ, m., Yonne, JOSSIER.

l'vrë, m., Dagny-Lamb. (Aisne), c. p. M. L.-B. RIOMET.

levrat, m., anc. fr., GODEFR.

levreteau, m., anc. fr., NICOT, 1606.

lĕbraoutou, m. (= jeune levraut), Béarn, LESPY.

lébréto, f., Ardèche. — Vaucluse. — Gard. — Lozère.

lĕvrètte, f., Fougerolles (Mayenne), r. p.

liévrŏta, f., Thénésol (Savoie), r. p.

lébrooudĕl, m. (= tout jeune levraut), Gourdon (Lot), c. par
     M. R. FOURÈS.

levrart, m., anc. fr., DU GUEZ.

yĕvrŏ, m., Eure-et-Loir, c. p. M. J. POQUET.

« On appelle *levraut trois quarts* ou *levraut de trois*
     quarts un lièvre presque parvenu à sa formation com-
     plète. » FÉRAUD.

5. — De la hase qui met bas on dit :

levreter, anc. fr., NICOT, 1606.

lébraoutà, béarnais, LESPY.

La portée d'une hase :

lébraoutade, f., béarnais, LESPY.

6 — « *Levreteux* = chasseur aux lièvres. » XVᵉ s., DROUET
     D'ARCQ, *Comptes de l'hôtel*, 1865, p. 384.

7. — La peau de lièvre, dont les fourreurs font grand usage, est appelée :

lebrina, f., Gramat (Quercy), dans un texte du moyen âge, *Revue de législation*, 1875, p. 626.

lebratina, f., dauphinois du xiv⁰ siècle, *Bull. hist. du Comité des travaux*, 1885, p. 127.

levorine, f., ancien dauphinois, DEVAUX.

8. — La place que le lièvre choisit pour se reposer, qu'il creuse et foule ordinairement d'une façon superficielle et où sa forme reste marquée après son départ, est appelée :

fourme, f., anglo-normand du xiv⁰ siècle, P. MEYER, *Contes de Bozon*, 1889, p. 308.

forme (¹), f., anc. fr., R. FRANÇOIS, *Ess. d. merv. d. nat.*, 1622, p. 26. — Eure-et-Loir, Loiret. — « *Un lièvre formé* = lièvre au gîte. » BULLANDRE, *Le lièvre*, poème, 1585, éd. Jullien, p. 20. — « *Se former* = se mettre au gîte. » *Rev. crit.*, 1886, p. 115.

giste, m., anc. fr., R. FRANÇOIS, *Merv. de nat.*, 1622.

gîte, m., franç. moderne.

gître, m., Cognac (Charente), *Alman. de Cogn.*, 1858, p. 49.

lict, m., anc. fr., CL. GAUCHET, *Plais. d. Champs*, 1583.

jass, provenç. anc. et mod. — langued. — gasc.

djass, m., Salles-Coutant (Aveyr.), r. p.

yass, m., Hautes-Pyr., Basses-Pyr.

dziass, m., auvergnat, BANCHAREL, *Gramm. d'Auv.*, 1888.

dza, m., Corrèze, BÉRONIE.

muss', f., Guernesey, r. p.

mouss', f., Hercé (Mayenne), r. p.

---

(1) Le mot est quelquefois employé facétieusement à propos de l'homme : « Je me levay par un matin Et trouvay la belle Catin *En forme* auprès de Jean Bertin. » *Parnasse des muses*, 1627, p. 185.

tuto, f., Nestier (H^tes^-Pyr.), PORTES, *Fablos,* 1857, p. 179.

couchado, f., *rétréto*, f., provenç., PELLAS, 1723.

couëtchâ, m., Cubry, Clerval (Doubs), r. p.

meute, f., *muette*, f., anc. fr., R. FRANÇOIS.

« *Lièvre embaugé* = lièvre au gîte. » Centre, JAUB.; Chenay
(Marne), c. p. M. E. MAUSSENET. — « Prendre le lièvre
à la croupie, c'est le prendre [au giste] le matin, quand
il est *à croupeton* et *croupit* en terre. » R. FRANÇOIS,.
1622. — « Prendre un lièvre *en forme* c'est le prendre
au gîte. » DUEZ, 1664.

« Quand un lièvre se tapit momentanément, sans préparer
son gîte, pour échapper à ceux qui le poursuivent, on
emploie les termes suivants :

se relaisser, français cynégétique, XVIIe s., J. DE LIGNÉVILLE

sé rélénqui, provenç. mod., MISTRAL.

se raser, franç., RICHELET, 1710 ; etc., etc.

s'abousse, Bas-Maine, DOTTIN.

s'aclafà, Aude, c. p. M. P. CALMET.

s'aclachâ, Gascogne. [Quan l'aubo puntejo, La lèbe brustejo,
Quan lé soureil rajo, La lèbe s'aclacho. *Alman. de Gasc.*,
1900, p. 64.]

flâtrer, franç., CLUZEAU, *Art de la découv. du lièvre*, 1892,
p. 202. [*Flâtrure* = endroit où le l. se repose.]

Le lièvre poursuivi fait des sauts et des détours, puis *se
relaisse* pour mettre en défaut les chiens ; quand il réus-
sit on dit : « *Il a pris congé de sa meute ou de sa muette*,
c.-à-d. il a pris la permission de se retirer dans son
gîte. » Voir R. FRANÇOIS, 1622, p. 24.

9. — Les crottes du lièvre et du lapin sont appelées :

crottes, f.pl., *reperes*, m. pl., XVII^e^s., J. DE LIGNÉVILLE,éd. Mich.,
p. 3. (Ce sont les termes cynégétiques.)

ghëy, f. pl., Clerval (Doubs), r. p.

ghèghèl', f. pl., Damprichard (Doubs), Grammont.
cagalètos, f. pl., gascon, J. Noulet, *Flahuto gascouno*, 1897.
catola, f., Vaudioux (Jura), Thévenin.
cagalhéte, f., *cagalite*, f., béarnais, Lespy.

10. — Le lièvre *poudre*, quand dans les temps de sécheresse, il
passe dans les chemins poudreux et les terres nouvelle-
ment labourées où il fait voler la poudre qui recouvre
ses voies et diminue beaucoup le sentiment des chiens. »
Richelet, 1710.

11. — « On dit qu'un chien *souffle le poil* à un lièvre, lorsqu'en
le poursuivant, il le touche presque. » Richelet, 1710.

12. — « On dit d'un lièvre qu'il *a pâté* lorsque, par un temps
de pluie, il porte à ses pattes une certaine quantité de
terre. » Massé, 1766.

13. — « Un lièvre qui est pris après avoir été longtemps poursuivi par les chiens est dit *pris à force*.» Dauvergne, 1668,
p. 18. — Aujourd'hui on dit : *forcé*. — Se voyant sur
le point d'être pris, le lièvre décrit, dans sa marche, des
cercles concentriques de plus en plus petits. On dit alors
qu'il est au rouet et ce terme est aussi employé au
figuré; on dit à un homme : « *Te voilà au rouet* = tu
ne sais plus que faire, que dire. » xvie s., Béroalde de
Verv., *Moy. de parv.*—« *Être au rouer* = même sens. »
Cl. Gauchet, *Plais. d. Champs*, 1583, p. 50.

« *Lièvre malfaict et deffaict* = l. forcé ou sur le point de
l'être. » xviie s., J. de Lignéville, éd. Mich., p. 8. —
Lièvre qui hasle = l. qui a beaucoup couru et à qui les
flancs battent. » Idem, p. 2.

« *Prendre un lièvre à la rencontre* ou *au gobet* = se dit quand
un lièvre, au commencement ·de la chasse, s'embarras-
sant dans la meute, est pris tout de suite. » xviie s.,

J. DE LIGNÉVILLE, p. 10. — « *Prendre un lièvre au badé*
= même sens. » anc. fr., LACURNE.

14. — « Quand le cheval *a le pied de lièvre*, c'est un défaut. »
DELCAMPE, *Art de monter à cheval*, 1664, p. 56.

15. — « Il fait bon aller à la cache Aux lievres quant il a negé. »
E. PICOT, *Rec. de sotties*, I, 75.

16. — « Les paysans s'étoient si bien pressés en l'entourant
qu'un lièvre n'eût pu passer entre leurs jambes.» xviii° s.,
CH. SOREL, *Hist. Com. de Francion*, éd. Col., p. 404.

17. — « Dresser les oreilles comme un lievre qui entend jappe°
autour de luy. » *Mercure de la Cour*, 1652, 1° parti°,
p. 14.

18. — « *Dormir en lièvre* = dormir les yeux ouverts. » Locut. franç.— « *Das Hasenaug haben* = avoir l'œil de lièvre, ne pouvoir fermer les yeux qu'à moitié. » Locut.
allem., POETEVIN. — « *Despert com una llebra* = éveillé
comme un lièvre. » Pyr.-Orient., *Soc. agric. des Pyr.-
Orient.*, 1884, p. 346. — « *Lagophthalmie*, mot franç.,
d'orig. grecque = indisposition de la paupière supérieure qui ne se recouvre pas suffisamment. » FABRICE
D'AQUAPENDENTE, *Œuvres chirurg.*, trad., 1649.   —
« *Leporine* = maladie des paupières. » anc. franç.,
GOD.

« On appelle *œil de lièvre* la contraction de la paupière
supérieure qui empêche l'œil, quand on veut le fermer,
d'être complètement couvert, et en dormant l'œil reste
ouvert, comme on voit aux lièvres quand ils dorment. »
GUYON, *Cours de médeçine*, 1673, t. I, p. 31.

« Le lyon et le lievre, deux animaux si dissemblables, dorment à paupieres ouvertes, celuy-là par courage, celuy-

cy de peur. » J.-P. CAMUS, *Homélies quadragés.*, 1615,
p. 345.

19. — « On appelle *lièvre* une marque sur le corps en forme de
piste d'un pied de lièvre avec un petit poil fort délié dessus. » JEAN BELOT, *Œuvres*, 1640, p. 279.

20. — Le clitoris de la femelle de lièvre est d'une grosseur
presque égale à la verge du mâle, c'est pourquoi on dit
souvent que cet animal est *hermaphrodite*. Un *Physiolo-
gus grec* du XVe s. dit qu'il est *tantôt mâle et tantôt
femelle*. (Voir *Ann. de l'assoc. des ét. grecques*, 1873,
p. 222). — « Le lièvre est hermaphrodite, il mue de
sexe tous les sept ans. » XVIe s., G. BOUCHET, *Serées*,
éd. Roybert IV, 137.

« On dit que les vieux lièvres mâles mettent bas une fois
avant de mourir. » Deux-Sèvres, *Bull. de la Soc. de
statist. des Deux-S.*, 1876, p. 116. — « Les chasseurs
affirment que les lièvres mâles mettent bas au bout de
sept ans. » Deux-Sèvres, SOUCHÉ, *Croyances*.

« Les chasseurs cuydent toutes lievres estre hermaphrodites
et faire des petits. De vray, j'en ay disséqué et anato-
misé plusieurs et en toutes icelles trouvé les marques
de deux sexes. » DALECHAMPS, *Chirurgie françoise*, 1610,
p. 309.

« En sortant de l'arche de Noé la femelle du lièvre se per-
dit en l'eau et c'est pour cela que le masle porte comme
la femelle. » XVIe s., BONAV. DES PÉRIERS, *Récr.*, éd.
Jouaust, II, 24.

Sur cette superstit. Voy. LIEBRECHT, *Zur Volkskunde*,
p. 361.

21. — « Vouloir apprendre aux chats à esgratigner et aux

lièvres à courir. » *Gloss. de l'anc. th. franç.* — « Courir comme un lièvre. » Locut. connue

22. — « Le lièvre n'a pas de *mémoire*. Après que les chiens l'ont bien *galopé*, il revient une heure après à l'endroit où ils l'ont fait lever. » Ineuil (Cher), r. p. — C'est un fait connu des chasseurs, que le lièvre, après la première randonnée (*course circulaire*), revient à son point de départ. — « Il a une *mémoire de lièvre*, il la perd en courant. » *Dict. portat. proverb.* — « Ais d'aque dey lèbrès, perdès la memori en courant. » Provence, XVIIᵉ s., *Bugado prov.* = « *Testo de lé lèbré* = tête éventée et sans mémoire. » langued., D'HOMBRES.

23. — « Le lièvre a l'habitude de relever la queue comme s'il voulait montrer ce que les autres cachent.' » Pays messin, r. p.

24. — Le lièvre a une si petite queue qu'il est comme s'il n'en avait pas. A Rémilly (Pays messin), on l'appelle facétieusement *le caoué* ce qui signifie *privé de queue* (¹), du lat. *excaudatus* devenu en lorrain * *éscaoué,* * *éhhcaoué,* * *hhcaoué, caoué.* Un juif est, aussi à Rémilly, appelé *un caoué* parce qu'il est circoncis; (on ne sait pas au juste ce qu'on lui a coupé!) et *une caouàye* (²) est *une femme,* je laisse au lecteur le soin de deviner pourquoi.

---

(1) Comparez pour la forme : « *Couet* = (animal) qui n'a pas de queue. » Genève, HUMB.; Dauphiné, CHARBOT. — « *Can coudott* = chien qui n'a pas de queue. » Landes, FOIX, 1902, p. 67. — « *Poule queutte* = poule à qui la queue est arrachée. » Isère, BLANCH.

(2) Cf. « *Une demoiselle caouée* = une fille déguisée en garçon. » CHOLIÈRES, *Apres-dinées,* 1587, fᵒ 143, vᵒ.

25. — « *Caudarius*, = poltron. » lat. du m. à., DE SMEDT, *Gestes des évêques de Cambrai*, 1880, p. 261.

« Avoir plus de peur qu' un lièvre. » CLÉMENT, *Voyage de Brême*, 1676, p. 10. « *Cœur de lièvre* = lâche. » BINET, *Œuvres spirituelles*, 1620, p. 313. — Aussy hardy qu'ung lièvre = *ironique*. « *Catholiques œuvres*, 1541, I, 128.

« Une image de lièvre fuyant est représentée emblématiquement avec ces paroles au-dessous : *il n'est hardi que dans la course.* » LA FEUILLÉE, *Devises*, 1693. — « Une image représente un lièvre fuyant, monté sur un cheval, et sur le titre il y a : *Capitaine Levraut courageux en la fuite.* » J. DE ZETTE, *Emblèmes nouveaux*, 1617, p. 98.

« Proeche n'eis qui n'avoit un livre = tu n'as pas plus de prouesse qu'un lièvre. » anc. wallon, JEAN D'OUTREMEUSE, éd. Borgn., III, 305.

« *Amours de lèbèt, lou diablé las s'en lhèbe !* = les amours des lièvres (des peureux) que le diable les emporte ! » Arrens (H.-P.), c. p. M. M. CAMÉLAT.

« Non se fa d'uno lèbré un lien (*lion*). » Provence, XVIIᵉ s., *Bugado prov.*

« *Dévéni lèbré* = devenir lièvre, ne plus savoir où donner de la tête, à quel saint se vouer. » Provence, GROS, 1763, p. 200.

« *Levreter quelqu'un* = le poursuivre comme un lièvre. » P. BOREL, *Tres. d. rech.*, 1655, p. 303. — *Levrauder* = même sens. » Le Mans, SOUSNOR, *Dial. de trois vigner.*, 1629, p. 374.

26. — « Il n'y a pas de quoi fesser un lièvre. » *Actes des apôtres*, journal, 1789, nᵒ 14, p. 12.

27. — « Estonné comme un lièvre attrapé au rabat. » XVIIe s.,
COURVAL SONNET, *Poés.*, éd. Blanch., II, 58.

28. — « A bouen varlet cambos de lebre, aureillos d'aze. » Provence, au XVIIIe s., *Bull. du bibliophile*, 1845, p. 479.

29. — « En Proensa soi tornatz Morir, cum lebres en jatz. »
anc. prov., RAYN.

     « Le vieux lièvre ne peut pas s'éloigner de son gîte. » RI-
CARD, *Le tapageur*, 1841, I, 332.

30. — « Tousjours reprent enfin lièvre les champs. » J. BOUCHET,
Faitz et ditz de Moulinet, f^{et} 63, r^o.

31. — « *Ne pas tousser plus qu'un lièvre* = se tenir bien coi
comme un l. au gîte. » Poitou, SAINT-MARC.

32. — « Le lièvre bourdist (*est en rut*) moins que le cordelier. »
LE BON, 1557.

33. — « Passer un lièvre de vitesse, Vaincre un renard en
finesse, Surpasser un vieillard en adresse, Sont trois
prodiges du hasard. » QUÉTANT, *Les femmes et le secret*,
comédie, 1773.

     « Ils gagnent le haut plus viste qu'un lièvre de Beausse. »
Prov. fr., LEROUX DE L. — Comme le *lièvre* a les
jambes de devant beaucoup plus courtes que celles
de derrière, il lui est bien plus commode de courir en
montant qu'en descendant ; aussi quand on le chasse, il
commence par gagner la montagne.

34. — « Je croy que quand il fera bien Les lièvres prendront
les chiens. » D. FERRY, *Pharos*, 1683, p. 278. — « Le
lièvre pelisse le chien = *le lièvre enlève le poil au chien.* »
XVIe s., BAIF, éd. Blanch., 1880, I, 48. — « Quant une
lèbre pren un chin Es contra naturo ; quant uno fenno

fai bè (*fait bien*), Es par aventuro. » Langued., *Lou siege de Caderoussa*, s. d.

35. — « Chasser le chien devant le lièvre = *aller au-devant d'une objection ou d'une confidence.* » Poitou, SAINT-MARC. — « Coucho (*chasse*) lou lebrié devant la lèbre = Il met la charrue devant les bœufs. » Provence, ACHARD, 1785.

36. — « Il parle mieux qu'un lièvre, mais il ne court point aussi vite. = Se dit de celui qui fait des promesses mensongères ou des mensonges. » Deux-Sèvres, SOUCHÉ.

37. — « *Faire un lièvre* = vendre quelque chose en cachette des parents ou du patron. » Clerval (Doubs), r. p.; Petit-Noir (Jura), RICHENET. — « *Yèvre* = denrées que les enfants volent à leurs parents, les femmes à leur mari, pour se faire de l'argent de poche. » Chaussin (Jura), GROSJ. et BR.

« *Lièvre* = amant de passage qui s'esquive sans payer. » argot, BRUANT, 1901. (Cf. l'argot moderne : *poser un lapin.*)

38. — « Touteis leis veritats que dis, li passo ino lebro entré leis cambos. » Provence, ACHARD, 1765.

« *Quand il dit la vérité un lièvre lui sort du cul.* » Vallée du Lavedan, E. CORDIER, *Dial. du Lavedan*, 1878. — « *Pas tantos lebros !* » Lozère, *Arman. de Loz.*, 1903, p. 35. — « *Pas tan de lèbes* = pas tant de lièvres, n'exagérez pas. » H^tes-Pyr., c. p. M. M. CAMÉLAT.

« S'il lui sortait du cul un lièvre, toutes les fois qu'il ment, il ne mangerait pas souvent de pain sec. » Normandie, DELBOULLE.

« *Ce sont autant de lièvres* = ce sont autant de mensonges. » Vallée du Lavedan, CORDIER, 1878. — « *Leuskel gedon da redek* = lâcher les lièvres à courir, débiter des mensonges. » breton, c. p. M. E. ERNAULT.

« Ein Blinder sieht einen Hasen laufen, ein Lahmer rennt ihm nach und ein Nackter steckt ihn in die Tasche ? — *Eine Lüge.* » Devinette de Ruppin, HAASE (dans *Zeitsch. d. Ver. f. Volksk.*, 1895, p. 400.)

39. — « Ni on tsevau, ni na lièvra,
   Couron si vite que na detta. »
(Ni un cheval, ni un lièvre, ne courent aussi vite qu'une dette.) Albertville (Sav.), BRACHET.

40. — « *A Labaoureto la terro bal un escut lou cartounat, can la lèbré y és dessus* = A Lavourette, la terre vaut un écu le cartonat [esp. de mesure], quand le lièvre est dessus. » Tarn-et-Gar., BUSCON. — « Un escut la coursudo dé la lébré bal aquelo terro = un écu la course du lièvre vaut ce terrain. » env. de Toulouse, VISNER.

« On dit qu'on a une somme ou autre chose à prendre *sur le dos d'un lièvre*, lorsqu'on ne trouve rien pour se faire payer. » *Dict. de Trév.*, 1752.

« Pour cela il y avoit aussi sûre obligation que sur le dos d'un lièvre en la lande du Menc. » NOEL DU FAIL, édit. ASSÉZAT, II, 70. — « *Oqu'ei sur la couo de lo lèbré* = c'est sur la queue du lièvre, on peut courir après sans espoir. » Corrèze, BÉRONIE.

41. — « ...Tu oublierais volontiers que tu es champi et tu mettrais bien les jours passés *dans l'oreille du lièvre* comme tant d'autres. » Berry, G. SAND, *François le Champi.*

42. — « *Au revoir, mon lièvre!* exclamation moqueuse qu'on adresse à celui qui, comptant sur une aubaine, la voit s'échapper sans retour. » Meuse, LABOURASSE.

43. — « *Si lou pan couresse coun:a li lebre, can n'i aouria qui mourerioun dèou fan* = si le pain courait comme le lièvre, il n'y aurait chien qui mourrait de faim. » Nice, TOSELLI.

44. — « Si voulès arrestà uno lèbré, maridà-la. » Provence, AVRIL. (Se dit plus habituellement du loup.)

45. — « *Lever le lièvre* = ouvrir le premier un avis dont les autres font leur profit. » RICHEL., 1710. — « *Il y a du lièvre levé* = il y a quelque chose à faire de nouveau. » *Le Chasseur français*, 1er sept. 1903, p. 6. — « Il voulut luy seul courre le lievre qu'on luy découvroit. » *Le cardinal Mazarin joué par un flamard*, 1671, p. 17. — « Il a fait lever le lièvre, c'est nous qui l'avons pris. » M***, *Fête du château*, vaudeville, 1766, p. 28. — « *Tout d'un coup il fait lever un autre lièvre* = un autre embarras, une autre difficulté. » *Conversat. famil. entre l'abbé Sauveur et sa sœur*, 1783, p. 8. — « *Se contenter de montrer le lièvre* = lancer quelqu'un dans une affaire à laquelle on veut rester personnellement étranger. » FÉRAUD, 1787.

46. — La lèbré és pas per cu l'accousso
    Més per cu l'amasso.

« = Le l. n'est pas pour celui qui le poursuit, mais pour celui qui l'attrape. » Tarn-et-Gar., BUSCON.

    Par le petit chien le lièvre est trouvé
    Mais par le grand il est happé.
                    Prov. franç., J. CATS, 1661.

47. — « Là où il y a des lièvres, il y a des chasseurs. » Prov. wallon, *Dict. des Spots.*

48. — « *Yamés éré lèbé non hara bou soullat* = jamais le lièvre n'aura bon temps, il a trop de tracas. » Bigorre, *Annuaire de Saint-Pé,* 1890.

« *Come potera campar una lepre da tanti cani?* = contre la force il n'y a pas de résistance. » Prov. ital., PESCETTI.

« Viel Hunden sind des Hasen Todt. » Pr. all., POETEVIN.

49. — « Pour faire un civet prenez un lièvre. » Locut. franç. dans le genre des La Palissades. — « Si fa gès dé civiè senso téni la lèbre. » Tarascon, DESANAT, *Lou travai,* 1847, p. 25.

« *Per manja lèbré cal senti loufo dé gouss* = pour manger du l. il faut sentir, c.-à-d. supporter vesse de chien. » Albi, COMBETTES-LABOURR., 1878, p. 124.

    « Un lièvre vieux et une oie vieille
    Du diable sont la nourriture habituelle. »

    A. DE SOLAND, *Animaux de l'Anjou,* 1868, p. 64.

50. — « On appelle *pain du lièvre,* le pain qu'on a emporté en voyage pour se sustenter, mais auquel on n'a pas touché et qu'on a rapporté. » Dijon, CUNISSET. [Les enfants aiment beaucoup ce pain qu'on appelle ailleurs *pain d'alouette.*]

51. — « On ne prent mie lievre au tabour ne l'oysel à la tarterelle. » anc. fr., LANGLOIS. — « Embé tabourins non se prenon lebres. » Provence, BERLUCUS, 1632, p. 284. — L'on nou prén pas lais lébrés ambé un tambour. » Lot, AYMA. — « *Il est pire qu'un lièvre qui galope avec*

un tambour = on ne peut le rattraper. » Poitou, Saint-
Marc.

« Vous faites trop de bruit pour prendre les lièvres au
giste. » *Les Chinois*, comédie, 1692.

52. — « *Lou qui dé matin se thèbe Que gahe la lebe* — celui qui se
lève le matin, prend le lièvre. » Béarn, Larroque, *Arré-
ponès*, 1897 ; Landes, Foix, 1902.

53. — « Ce lapin et ce levrault sont pris au *ah ! ah !* ils ne nous
coustent rien. » Docum. de 1631, Fournier, *Var. hist.*,
IX, 212.

54. — « Je ne suis pas un levrant de l'année qu'on met, comme
on veut, dans un carnier. » Isid. Chasles, *Avent. du
Capitaine Pétaillon*, 1891, p. 31.

55. — « Chasser aux lièvres et aux oyseaux ensemble. » Le
Bon, 1557. — « Qui chasse deux lièvres n'en prend pas
un. » Furet, 1708. — « Que hé maou cassà dues lèbés
a't cot. » Bigorre, *Annuaire de Saint-Pé*, 1890. — « Il ne
faut pas courir tous les lièvres. » parisien, r. p.

56. — « *Courir le même lièvre* = être en concurrence avec
quelqu'un dans le but que l'on poursuit. » Prov. franç.

« *Courir un mauvais lièvre* = poursuivre une chose difficile
ou impossible, par exemple faire des démarches inutiles
pour se faire payer par un débiteur insolvable. » Paris,
r. p.

57. — « N'est pas preste viande, lievre en fugere. » anc. fr.,
Zeitsch. f. deutsches Alterth., 1859, p. 129. — « Ce n'est
pas viande preste que lievre en genestay. » Idem, *Ibid.*
— « *Uno lèbré dins un bosc es pas dina presté* = un lièvre
dans un bois n'est pas un dîner prêt. » Tarn-et-Gar.,

Buscon. — « Lébré dins un bartas n'es pas un répay presté. » Lot, Ayma. — « Foou pas croumpà (*acheter*) lardouns avant de prendre la lébré. » Provence, Achard, 1785.

58. — « N'achetez pas lièvre en sac. » Proverbe franç.

59. — « *En creden gaha la lèbe, que gaha lou lebrautou* = en croyant prendre le lièvre, il prit le petit levraut; s'applique à quelqu'un qui n'a eu que la moitié du profit sur lequel il comptait. » Béarn, Lespy, *Prov.*

60. — *Bailler le lièvre par l'oreille*, c'est faire un présent suivi d'une déception. Celui qui doit prendre par l'oreille un lièvre qu'une personne lui présente, le tenant elle-même par l'oreille, est forcé de le laisser échapper, le temps que l'animal passe d'une main à l'autre. « *Tenir le lièvre par la queue* = ne rien tenir du tout. » *Club des halles*, an IV, n° 1, p. 1.

« *Prendre le lièvre au collet* .ou *au corps* = prendre une affaire de la bonne manière. Un lièvre vivant est difficile à prendre avec la main, si l'on ne s'y prend pas bien. » Furetière, 1708.

61. — On n'attrape pas deux lièvres dans le même buisson ou le même gîte. (On ne peut pas avoir tous les bonheurs à la fois.) Proverbe connu partout.

62. — « Toutes bonnes coustumes se perdent; aussy ne treuve l'on plus de lievres au giste. » Rabelais.

63. — « *Faire comme les lièvres, coucher dans sa même forme* = se coucher sans avoir refait son lit. » Eure-et-L., c. p. M. J. Poquet.

64. — « En petit buscheun trove l'em grant lever. » Leroux

DE LINCY. — « Soubz un petit buisson gist un grand
lièvre. » ED. FOURNIER, *Var. hist. et litt.*, I, p. 19.

« *D'aqi oun noun penso l'ome, Sourtis la lèbré* = De là où l'on
s'y attend le moins, sort le lièvre. » Langued., SAUV.,
1785.

65. — « *Qu'ey demoure au tusc hère de lèbes faute d'esta cas-
sades* = il reste au fourré beaucoup de lièvres faute
d'avoir été chassés. Beaucoup de filles ne se marient pas
parce qu'elles n'ont pas été recherchées en mariage. »
Béarn, LESPY.

> 66. — Biel lèbé et jouéyno catin
> Soun toutjour sou bord dou gran camin.
>
> Pays d'Albret, DARDY, I, 296.

67. — « *Que hè maou dise oun coue ère lèbe* = il est difficile
de dire où gîte le lièvre. C'est là la difficulté.» Bigorre,
Annuaire de Saint-Pé, 1890. — « Je sais où gît le lièvre »
XVII° s., MOLIÈRE.

68. — « *Cargos pas toun fusil, si vésés pas dé lèbré* = ne charge
pas ton fusil, si tu ne vois pas de lièvre. » T.-et-G., c. p.
M. A. PERBOSC.

69. — « Val maï téni un parrou *moineau* qué d'atténdré uno
lèbré. » T.-et-G., c. p. M. A. PERBOSC.

« *Bal maï uno lèbré qu'un lapin* = mieux vaut un lièvre
qu'un lapin ; entre deux choses on choisit la meilleure.»
Aude, c. p. M. P. CALMET.

70. — « *Méntré qué lou cà pisso la lèbré sé n' va* = pendant
que le chien pisse, le lièvre s'en va. » T-et-G., c. p.
M. A. PERBOSC.

71. — « *Aciaou, Per atrapà uno lèbré, Cal fà un saout* = ici.

pour attraper un l., il faut faire un saut. Allusion probable aux murs de pierre sèche qui entourent presque tous les champs des *causses*, murs que les chasseurs doivent franchir à tout instant. » Loze (T.-et-G.), c. p. M. A. PERBOSC.

72. — « *Y calho fa un nou à la cougo* = il lui fallait faire un nœud à la queue, se dit à un chasseur qui se désole d'avoir manqué un l. » Aude, c. p. M. P. CALMET.

73. — « *A tu qué va la lèbre* = c'est à toi que va le l., tu as la chance ; se dit, aux cartes, à celui qui a beau jeu. » Comberouger (T.-et-G.), c. p. M. A. PERBOSC.

74. — « Halle, levrier Quand un lièvre va du pied, il brouille bien du papier. » Chanson à coq à l'âne, dans CHRIS- TOFLE DE BORDEAUX, *Recueil de plus belles chans.*, s. d., (vers 1570), f^{et} 83.

75. — « Entour la mesoun au chaceour deit homme quer le levre. » Prov. anc. fr., LEROUX DE LINCY.

« Tant plus on chasse en un païs, tant plus y a-t-il de lièvres. » R. FRANÇOIS, *Ess. des merv. de nat.*, 1622, p. 24. — Quand on a presque détruit les lièvres, s'il reste quelque femelle, à l'arrière-saison tous les mâles viennent la fréquenter de plusieurs lieues à la ronde. Ces étrangers ne se montrent pas quand le pays compte déjà suffisamment de bouquins qui, par jalousie, n'admettent pas de concurrents.

« *Per sént-Marti Cerco la lèbre lou loung del jardi* = à la Saint-Martin cherche le lièvre le long du jardin. En hiver les lièvres se rapprochent des jardins où ils trouvent des choux. » Aveyron, c. p. M. A. PERBOSC.

76. — « Jeune hâse et vieux bouquin
C'est tout lièvre et tout lapin. »

Dict. de Trév., 1752. (Jeune femelle et vieux mâle, signe
infaillible de repeuplement.)

77. — La remise du perdreau
Est la mort du levraut.

(C.-à-d. que le perdreau poursuivi va se réfugier dans les
fourrés ; quand le chasseur va les battre, il y trouve,
sans y penser, le levraut.)

78. — Lièvre en cul,
Perdrix en tête,
Plomb perdu.

Les chasseurs appellent le cul du lièvre *le sac à plomb* :

Cu de lièvre et falle [*gorge*] de pigeon
Font des sacs à plomb.
Mayenne, Dottin.

79. — « *Faire la pelote* ou *faire le manchon* c'est tuer un lièvre
qui reste sur le coup sans bouger. » Termes de chasse

80. — L'on dit que les chasseurs, au mois de mai, doivent
mettre :
Le lièvre au croq,
La trompe au col.

(C.-à-d. qu'il faut laisser la chasse au faucon pour la chasse
à courre.) Maginus, *Almanach ou prognostication des
laboureurs*, 1588.

81. — « *Un gentilhomme à lièvre* = un gentilhomme pauvre,
qui ne peut pas prétendre à la grande chasse, qui tue les
lièvres pour les vendre. » xviie s., Mme de Sévigné.

82. — « Au mois devant février un lievre a sept levriers. »

DAIRE, *Alman. perpétuel*, 1774, p. 69. (Je suppose que levrier signifie *levraut*. Allusion à la fécondité précoce de la hase.)

83. — « *Ba mai tirà la lèbre al jas* = Il vaut mieux tirer le lièvre au gîte que de le faire partir et de le manquer ; il faut assurer le rôti. » *Armanac dé Lozero*, 1903, p. 36.

84. — « En despit des chiens tyrants Si ayt il des lievres aux champs. » LE BON, 1557.

85. — « En Provence on appelle la lune : *lou souléou dei lèbré*, le soleil des lièvres. » AVRIL. — « *Sourel dé las lèbrés* = même sens. » Gard, r. p.

86. — « *Barbe de lièvre*, qui n'ose sortir de peur des chiens. » Se dit des jeunes garçons qui prétendent avoir de la barbe. » XVII° siècle, OUDIN, *Curiosités françoises*.

« *L'arbe de leuvre* = favoritisme. » Maillezais (Vendée), c. p. M. PH. TELOT. Cf. *les pattes de lapin ou les favoris*, nom de la barbe portée sur le haut de chaque joue, le reste étant rasé.

87. — « Les plus mauvaises bestes que l'on y rencontre sont des lièvres qui vont tous à pied ; *Facétie pour dire que dans ce pays on ne rencontre personne.* » Le Mans, SOUS-NOR, *Dial. de trois vignerons du Maine*, 1623, p. 62.

« On dit de la lande de Louvroise qui passe pour être très mal hantée, qu'on en ferait plutôt sortir un pian (*vagabond*) qu'un lièvre. » ORAIN, *Curios. d'Ille-et-Vil.*, 1884, p. 6.

88. — « *Lieuve de lande* = célibataire non établi. » Mayenne, DOTTIN. — « *Franc comme un lièvre de groie* (de pays

crayeux) = sauvage, qu'on ne peut approcher.» Poitou, SAINT-MARC.

89. — On appelle figurément et par mépris une vieille femme *une vieille hase.* » FURET., 1708

« Celui qui se porte bien a les oreilles redressées comme celles d'un lièvre. » DESLAURIERS, *Prologues sérieux,* 1610, f⁰ᵗ 67 v°.

90. — « Il leva les oreilles à ces paroles comme un lièvre qui va au bled. » *Facecieux Reveille-matin,* Rouen, 1679, p. 191.

91. — « Quand une hase fait trois petits d'un coup, le dernier porte une lune blanche au front. » Bocage vendéen, *Rev. d. tr. p.,* 1903, p. 464.

92. — L'animal qui a toujours *des fers neufs à trois clous à ses pieds* est le lièvre qui a trois griffes à chaque patte. » Hautes-Pyr., *Armanac gascon,* 1894, p. 40.

93. — « J'ai trouvé le gîte du glieuve
    Mais le glieuve n'y était pas
    Le matin quand il se leuve
    Il emporte tous les draps. »

    Fragment d'une chanson, Anjou, TALBERT.

94. — « A celui qui dit *mais enfin! mais enfin !* on répond : Enfin, enfin, Un lièvre n'est pas un lapin ? » Paris, r. p.

95. — « *Crés-té va qué lébrés an banos on ponnon ?* = crois-tu vraiment que les lièvres ont des cornes ou pondent ? » Provence aux VII° s., *Bugado prov.* — « Es tant simpplasso que si crei enca que lei 'lébré' fan d'uoous. » Marseille, *Arman. de la sartan,* 1892, p. 52. — « Il est si bête

qu'on pourrait lui faire croire que les lièvres pondent
sur les saules. » Petit-Noir (Jura), RICHENET. — Bourgogne, CHAUVELOT, *Scènes de la vie de campagne, 1861*,
p. 29. — « J'ai trouvé un nid de lièvre où il y avait dix
œufs. » *Figaro* du 19 janv. 1862.

« On a dit : *des lièvres cornus* pour des chimères. » *Dict. de
Trév.*, 1757. — « *Countà de cornes de lióra* = causer à
une jeune fille de cornes de lièvre, lui conter fleurettes. »
Forez, GRAS.

« L'expression de *corne de lièvre* est souvent usitée dans la
philosophie de l'Inde pour rendre l'idée d'une chose qui
n'existe pas. » BERGAIGNE, *Bhaminlvilasa*.

« On finirait par tomber sur *une corne de lièvre*, mais on ne
réussirait jamais à vaincre l'opiniâtreté d'un sot. » Sen-
tence sanscrite, P. REGNAUD, *Stances de Bhàrtrihari*,
p. 36.

« Turlututu ! des cornes de lièvre pour *aminouchĕ* (aigui-
ser) des pierres à faulx ([1]) = refrain de moquerie ou de
refus. » Le Coglais (Ille-et-V.), DAGNET.

> « Aco's ben la Suzoun qu'a longtemps cresigu
> Que li lèbre siblavoun
> Que li pijoun tétavoun. »
>
> Provence, ROUMANILLE (dans *Bouil-abaisso*,
> journal, 1844, II, n° 30.)

> « Si prendez la queue d'un lievre
> Et de la laine d'une chievre. »

[Recette facétieuse. Ce sont des choses qui n'existent pas.]
Anc. franç., GODEFROY, sub verbo *vesniere*.

---

(1) On se sert ordinairement de cornes de bouc ou de bélier pour cet
usage.

96. — « Pour prendre de l'embonpoint il faut prendre un
lièvre à la chasse et sucer son sang encore chaud. »
Arrens (H^{tes}-Pyrén.), c. p. M. M. CAMÉLAT.

« Quand on a mangé du lièvre on est beau sept jours de
suite. » FURET, 1708. — « Si vous mangez du lièvre
vous serez belle pendant neuf jours. » Franche-Comté,
PERRON. — « Chi mangia lepre ride sette giorni. » Pr.
ital., PESCETTI.

« A Sapois (Vosges), demander à une jeune fille si elle a
mangé du lièvre, c'est presque lui faire une injure. La
raison en est qu'on est persuadé que pour être beau ou
belle, il faut manger du lièvre pendant sept jours de
suite. » A. DE CHESNEL, Dict. des Superstitions. [ED.
EDM.].

97. — La cervelle de lièvre cuite jusqu'à ce qu'elle soit durcie
en consistance d'opiate est un bon remède pour guérir
le mal des dents, en les frottant souvent avec un linge
sur lequel on aura étendu quelque peu de cette cervelle.
DE BLEGNY, Secrets, 1689, II, 537.

« On frotte les gencives des enfants qui font difficilement
leurs dents avec de la cervelle de lièvre. » Vosges,
SAUVÉ, Folkl. d. Vosges, p. 30; Liège, A. HOCK, III, 56.

« Une cervelle de lièvre portée en collier facilite la dentition
des enfants. » Provence, RÉGUIS, Mat. méd., p. 15.

« Une queue de lièvre portée en collier empêche les enfants
de pisser au lit. » Bocage vendéen, Rev. d. tr. p., 1903,
p. 463.

« Ceux qui ne puent tenir leur orine boivent cervelle
de lièvre o vin. » Texte franç. du XIVe s., Romania,
1889, p. 575.

« Pour l'incontinence d'urine on recommande de délayer une cervelle de lièvre crue dans une pinte de vin clairet et d'en boire un verre à jeun, chaque matin. » Vosges, *Mélusine*, 1886, col. 279.

« La cendre de poil de lièvre mêlée avec du vin blanc guérit l'hydropisie, la gravelle et la jaunisse. » Liége, Hock, III, 56.

« Le poil de lièvre réduit en cendre arrête le sang sur-le-champ si on l'étend sur une blessure. On l'emploie aussi pour l'hydropisie et la gravelle, sous forme d'infusion. » Vosges, *Mélusine*, 1886, col. 279. — « Le sang d'une hase pleine arrête les hémorragies. » *Bull. de folkl. wall.*, n° 159.

« Le sang de lièvre fricassé et desciché, appliqué sur une rongne ou dartre la desseche et garit incontinent. Le lièvre a un petit os dans la jointure des jambes, lequel est souverain pour la colique. » *Maison rustique*, XVI⁰ siècle.

« Pour la dyssenterie faites tremper un linge plein de sang de lièvre dans de l'eau et donnés à boire cette eau au malade..... Pour une femme qui est en travail d'enfant, prenez l'œil d'un lièvre tué au mois de mars, faites le sécher dans du sel et du poivre et l'enfant sortira. » Mᵐᵉ Fouqubt, *Suite du recueil des remèdes domest.*, 1701, t. II.

« Remède contre la colique subite. Vous prendrez le talon d'un lièvre et le porterez sur vous et la colique venant subitement ne vous prendra plus. » Errbsalde, *Remèdes eprouvez*, 1659, p. 105.

« Un cœur de lièvre tenu au col du malade guérit les fébricitans. » Seb. Colis, *Régime des fièvres*, 1558, p. 220.

« Ad home o a femena ques aura lentigines en la cara, pren lo sanc de la lepre e molla l'en la cara. » anc. provenç., P. MEYER (dans *Romania*, 1903, p. 275).

« Pour l'*erisipele* ou *rose*, trempez un linge dans du sang de lièvre et l'apliquez sur l'inflamation. » Mme FOUQUET, *Rec. de remèdes*, 1704, p. 327.

« Pour guérir un lombago, il suffit d'appliquer sur la partie malade une patte de lièvre enfermée dans un sachet. » Ardennes, MEYRAC, p. 170.

Au cinquième siècle de notre ère, MARCELLUS BURDIGALENSIS a donné des recettes médicales où le lièvre joue un rôle analogue à celui ci-dessus ; voyez J. GRIMM, *Ueber Marcellus Burdigal.*, 1849, p. 20 et p. 23.

« Porter sur soi de la fiente de lièvre ou boire du sang de lièvre empêche une femme de concevoir. » XVIIe s., J. COUSIN, p. 36.

« Mettre dans le vin de quelqu'un de la cervelle de lièvre apprêtée et le lui faire boire, c'est pour lui ôter le courage et la mémoire. » *Les trois commères*, comédie, 1723.

98. — « On fait manger des crottes de lièvre mélangées avec de l'avoine au taureau pour l'exciter à saillir la vache. » Bournois (Doubs), ROUSSEY.

99 · « Celui qui mange du lièvre échauffé (en rut) aura la syphilis. » env. de Liége, *Rev. d. tr. p.*, 1903, p. 268.

100. — « A la procession de Sait-Pholien, qui a lieu tous les sept ans, un lièvre apparaît toujours sur les hauteurs de Sainte-Brigitte. » HAROU, 1893, p. 27.

101. — « Les gardiens des trésors sont le plus souvent des

lièvres ferrés. On les entend marcher et courir sur les ponts et les endroits où il y a des pierres et faire grand bruit des fers qu'ils ont aux pieds. » Manche, comm. de feu J. FLEURY.

102. — « On appelle *mami*, m., un lutin qui prend la forme d'un lièvre pour perdre les chasseurs. » Forez, GRAS.

103. — « Le jeudi saint est employé en pratiques de dévotion et à *chasser le lièvre de Pâques.* » Deux-Sèvres, DUPIN, *Second mémoire de la Statistique des Deux-Sèvres,* an X, p. 203.

104. — Pour les *lièvres de lait* (sorciers qui enlèvent le lait de leurs voisins par magie), voy. *Matér. p. l'hist. de l'homme,* 1876, p. 57.

105. — « Quand le raisin blanc commence à avoir des taches jaunes d'or, on dit que *le lièvre a pissé dessus.* » Alsace, r. p. ; Gien (Loiret), c. p. M. J. POQUET.

106. — « Les femmes enceintes qui voyent quelque lièvre feront un enfant à la lèvre de dessus fendue en deux. » LEMNE, *Secrets mir. de nat.,* 1566, p. 54. — « Si une femme grosse imagine un lièvre et si elle a envie d'en manger, l'enfant portera la lèvre de dessus fourchue et sera appelé *bec de lièvre.* » XVIᵉ s,, G. BOUCHET, *Serées,* éd. Royb., III, 280.

La difformité de l'homme résultant de la division de l'une des lèvres et particulièrement de la supérieure, est comparée à la lèvre supérieure du lièvre qui est fendue, on la nomme :

bec de lièvre, m., anc. fr., AMBROISE PARÉ; etc.
mor de livre, m., Plancher-les-Mines (Hᵗᵉ-Saône), POULET.

mourré dé lèbré, m., Aude, c. p. M. P. Calmet.
bouche di live, f., namurois, Pirsoul.
pot de leuvre, m., Maillezais (Vendée), c. p. Ph. Telot.·

Comparez :

mour de chin, m., (= museau de chien), env. de Belfort,
    Vautherin.

chareb el djemel, = (museau de chameau), arabe, Furnari,
    Voyage médical, 1845, p. 309.

107. — « La grenouille et le lièvre devisaient auprès d'une
    mare ; arrive la pluie. « Vite, dit la grenouille, dé-
    chausse-toi et fuis dans ton gîte, moi, je me sauve à
    l'abri. » Et d'un saut elle est au fond du trou. « Quelle
    pécore ! dit le lièvre, elle se jette dans l'eau pour ne
    point se mouiller ! » et il se mit à rire de telle façon que
    sa lèvre se fendit. C'est depuis ce temps que le lièvre a
    la lèvre supérieure fendue. » Béarn, Lespy, *Prov.
    béarn.*

Cf. le proverbe bien connu : *Gribouille qui se jette dans
    l'eau de peur de la pluie.* Il semble qu'à l'origine, le
    nom de *gribouille* devait être *grenouille* ([1]).

Sur le lièvre qui a la lèvre fendue pour avoir trop ri en
    constatant qu'il y avait des êtres plus peureux que lui,
    voy. A. Millien (dans *Etrennes nivernaises*, 1895, p. 77
    et dans *Rev. d. trad. pop.*, 1891, pp. 314-315.)

108. — « Dans un conte limousin, une fille qui a du lait va
    consulter un sorcier et lui demander comment cela a pu
    arriver. Le sorcier ouvre la fenêtre, lui montre des

---

(1) Remarquez qu'en béarnais *n* tombe entre deux voyelles ou est
remplacée par *b*.

chiens poursuivant un lièvre et lui dit : *Si vous aviez fui les garçons, comme ce lièvre fuit les chiens, vous n'auriez pas de lait dans vos têtes.* » Lemouzi (Revue), 1895, p. 23.

109. — « Un lièvre traversant devant vous présage que votre voyage ne sera pas heureux. » Ambert (Puy-de-D.), GRIVEL, *Chroniques du Livradois*, 1852, p. 51. — « C'est un signe de malheur. » Aisne, c. p. M. L.-B. RIOMET ; Meuse, LAB., *Us*, p. 183 ; Loiret, c. p. M. J. POQUET.

« Rencontrer un l. après le coucher du soleil, mauvais présage. » SAUVÉ, *Folkl. des Vosges.*

« Voir un lièvre dans les champs présage qu'on fera un mauvais dîner. » Yonne, *Annuaire historique* de l'Y., 1886, p. 345.

« Le premier jour de l'an, si la première rencontre que l'on fait est celle d'une femme ou d'une fille, d'un lièvre ou d'un chat, on aura du malheur ou tout au moins du guignon jusqu'à la Saint-Sylvestre. » Vosges, SAUVÉ (dans *Mélusine*, III, 277.)

« Si un lièvre se réfugie dans une maison, c'est signe de malheur. » Bas-Maine, DOTTIN.

110. — « Certain dimanche, dans la matinée, un braconnier tira plus de quinze coups de fusil sur un lièvre, sans l'atteindre, ce qui fit dire à l'animal : *tu ferais mieux d'aller à la messe que de gaspiller ainsi ta poudre.* » HAROU, *Folkl. de Godarville*, 1893, p. 41.

111. — « Un sorcier peut faire tirer un chasseur sur un sabot qu'il prend pour un lièvre. » Berry, *Rev. d. tr. pop.*, II, 113 ; Pays wallon, *Wallonia*, 1901, p. 199.

112. — « Un lièvre qui s'assied sur son cul en face de vous et
vous regarde fixement, vous hypnotise. On dit à quelqu'un qui est engourdi : *tu es comme endormi devant le
lièvre.* » Ineuil (Cher), r. p.

113. — « Si l'on plante des tiges ou trognons de chou à un
carrefour où se rencontrent quatre chemins ayant des
noms différents et si on met des collets à ces trognons,
le lendemain matin, il y a un lièvre pris à chaque collet. » Ineuil (Cher), r. p.

« Meslez du suc de jusquiame avec du sang de jeune lièvre ;
mettez le tout cousu dans sa peau. Là où elle sera en-
fouye, s'assembleront tous les lièvres du pays. » *Thré-
sor de santé*, 1607, p. 180.

« On tue une femelle de lièvre en chaleur, on lui coupe les
parties de la génération qu'on met tremper dans l'huile
d'aspic ; on en frotte ensuite la semelle de ses souliers
et on va à l'affût. Les mâles accourent en foule. » *Dictionn. de Chasse*, 1759.

« Pour prendre un lièvre, il y a une chose bien simple à
faire. Vous mettez du tabac à priser sur une pierre, le
lièvre qui passe vient voir ce que c'est, il éternue et se
casse la tête. » Pays messin, r. p.; Auvergne, BAN-
CHAREL, *Veillées auvergnates*, 1887, I, 191 ; H.-Pyr., c.
p. M. J.-J. PÉPOUEY.

« Sur ce qu'un d'eux luy avoit demandé comment on pre-
noit les lièvres en France, il lui dit qu'on semoit des
feves dures en certains endroits, et que, comme le lièvre vouloit les casser, il fermoit les yeux, et qu'en cet
instant on le happoit. En disant cela, il les ferma ; l'es-
tranger, qui vit qu'il se mocquoit de luy, luy donna un
beau soufflet. » TALLEMANT DES RÉAUX, édit. de 1862,
VI, 346.

114. — CANTUS DE LEPORE

Flevit lepus parvulus
Clamans altis vocibus :
Quid feci hominibus
Quod me sequuntur canibus ?

Neque in horto fui
Neque holus comedi ;
Quid feci hominibus
Quod me sequuntur canibus ?

Longas aures habeo,
Brevem caudam teneo ;
Quid feci hominibus
Quod me sequuntur canibus ?

Leves pedes habeo,
Magnum saltum facio ;
Quid feci hominibus
Quod me sequuntur canibus ?

Caro mea dulcis est,
Pellis mea mollis est ;
Quid feci hominibus
Quod me sequuntur canibus ?

Quando servi vident me :
Hase, Hase vocant me ;
Quid feci hominibus
Quod me sequuntur canibus ?

Domus mea sylva est,
Lectus meus durus est ;
Quid feci hominibus
Quod me sequuntur canibus ?

Dum montes ascendero
Canes nihil timeo ;
Quid feci hominibus
Quod me sequuntur canibus ?

Dum in Aulam venio
Gaudet Rex et non ego ;
Quid feci hominibus
Quod me sequuntur canibus ?

Quando Reges comedunt me,
Vinum bibunt super me ;
Quid feci hominibus
Quod me sequuntur canibus ?

Quando comederunt me
Ad latrinam portant me.
Quid feci hominibus
Quod me sequuntur canibus ?

HUSEMAN BECKEMENSIS, *Benedikliner ad Liscfontanos.*
Voy. *Mone's Anzeiger*, 1835, col. 184.

115. — Dans un conte bien connu, un paysan a trois fils ; il
veut avantager celui qui sera le plus habile. Chacun fait
alors une prouesse. L'un d'eux, qui s'est fait barbier, fait
lever un lièvre entre ses jambes, s'élance à sa pour-
suite, l'atteint, le saisit délicatement de la main gauche
par une oreille, prend son rasoir de la main droite et
rase l'animal tout en courant.

116. — « Un enfant demande facétieusement pardon à un autre
enfant, en lui disant : Té démandi perdou pér uno croto
dé lébré Qué lé diablé té crébé ! » Aude, c. p. M. P.
CALMET.

117. — « Deux petites olivettes, Un petit mignon besse,

Quatre petites frettes-frettes, Une petite courtichette?
— *Un lièvre.* » Devinette de Haute-Bret., P. Sébillot,
Dev. de la H^{te}*-Br.*, p. 7.

118. — « *Jeu pour amuser un petit enfant* : on lui passe la main
sur le haut de la tête, en descendant jusqu'au menton et
en disant : *voilà le lièvre qui descend la côte...., voilà le
lièvre qui rencontre un chien.... voilà le lièvre qui remonte
à toute vitesse !* Et en prononçant ces dernières paroles,
on repasse rapidement la main sur la figure de l'enfant,
en ayant soin de lui faire légèrement mal en lui relevant
le nez. » Pays messin, r. p.

119. — Sur le *baiser du lièvre*, pénitence de jeu, voir : *Le Ma-
nuel des jeux de société* (dans la Collection Roret), in-18,
p. 312.

120. — « *Jeu de cache-lièvre* = espèce de jeu d'enfants déjà
grands. » xvie s., G. Lecoq, *Une ville flamande*, 1876,
p. 12. — « *Casse-lèbe* = jeu. » Béarn, Lespy.

121. — *Symbolique.* — « Le lièvre signifie *la vigilance* parce
qu'il dort les yeux ouverts; *l'ouye* à cause qu'il a les
oreilles plus grandes que tout autre animal à proportion
du corps; *la molesse* tant à cause de son poil qu'à cause
qu'il a la chair délicate et friande; *la fécundité* parce que
la femelle allaitant ses petits rempreigne en mesme
temps et sans intervale et que le masle, outre ce qu'il
engendre à la façon des autres masles, il conçoit aussi
luy mesme des petits, les esclot et les nourrit de mesme
que la femelle; et *la solitude* à raison que l'on n'en
trouve jamais deux ou plus en mesme forme. » Géliot,
1660, II, 415.

boutinterra, m., mot facétieux moitié latin, moitié français, DAMERVAL, 1508.

conil, m., anc. prov., RAYNOUARD. — anc. fr., LABORDE.

counil, m., anc. franç., J. THIERRY, 1564. — Lectoure (Gers), DURRIEUX, *Belhados,* 1892, p. 378. — Pézénas, MAZUC. — limousin, LABORDE. — Amélie-les-Bains (P.-O.), c. p. M. P. CALMET.

cunil, m., anc. dauphin., DEVAUX.

conilh, m., Bayonne, au moy. âge, *Livre des établiss.,* 1892, p. 329. — Albi, dans un docum. de 1245, *Annuaire du Tarn,* 1871, p. 314. — Montricoux (Tarn-et-Gar.), dans un docum. du XVIᵉ s., *Mém. de l'Acad. d. sc. de Toul.,* 1864, p. 135. — anc. lang., AZAÏS, *Brev.*

couinéou, m., Forcalquier, c. p. M. E. PLAUCHUD.

counéou, m., prov. mod., *Arm. prov.,* 1887, p. 107.

counié, m., Menton, *Revue des traditions populaires,* 1887, p. 127.

couniou, m., Bouches-du-Rh., VILLENEUVE.

cugneux, m. pl., Bresse, au moyen âge, CANAT DE CHIZY, *Louveterie en Bourgogne,* 1900, p. 31.

conien, m., anc. wallon, *Chronique de Stavelot,* édition Borgnet, p. 226.

connin, m., *counin,* m., anc. fr., J. THIERRY, 1564.

cognin, m., Grenoble, en 1560, *Rev. d. Soc. sav.,* 1876, p. 130.

congnin, m., anc. fr., *Rec. de poés. franç.,* 1855-56, I, 14 ; III, 20 ; BRUNET, dans *Biblioph. belge,* 1846, p. 413.

queni, m., franc-comtois, BULLET, 1754, II, 354.

coné, m., argot des peigneurs de chanvre du Haut-Bugey, Ph. LE DUC, *Chans. bress.,* 1881, p. 307.

conin de garenne, m., anc. fr., LESPINASSE, *Livre des métiers,* 1886, II, 347.

connil de garenne, anc. fr., doc. de 1563, SAINCTYON, *Edicts d. eaux et for.,* 1610, p. 279.

lappin de garennes (¹), franç., *Bragardiss. testam. de la bière,* 1611, p. 12.

lapin de garane, franç., OUDIN, 1681.

lapi˜ dö garèno, m., Saint-Georges-Lapouge (Creuse), r. p. — Aude, c. p. M. P. CALMET.

lapi˜ dö garno, m., Monteil-au-Vicomte (Creuse), r. p.

chat de garenne, m., franç., REGNARD, *Les filles errantes,* comédie, 1690.

chat garennier, anc. fr., RABELAIS, *Isle sonnante,* 1562.

garenne, masc., français gastronomique.

lapin bartassiè, m. (= l. des ronciers), anc. toulous., J. DOUJAT, 1637. — Lauragais (Haute-Garonne), c. p. M. P. FAGOT.

lapin de clapiè, m., languedocien. (Le *clapier* est un tas de pierres au milieu des champs. Quand on s'est mis à élever des lapins, on a fait des clapiers artificiels auprès des maisons, d'où le nom de *lapin de clapier,* employé en français dans les derniers siècles pour désigner le *lapin domestique.*)

lapino, masc. (accent sur *pi*), Uzès (Gard), r. p.

lapá-in, m., Bas-Valais, GILLIÉRON.

lapign', m., Yonne, JOSSIER.

lopin, m., Gourdon (Lot), c. par M. R. FOURÈS.

lopi˜, m., La Malène (Lozère), r. p.

lapon, m., Tourcoing, WATTEEUW.

lëpan, m., Palaiseau (Seine-et-O.), r. p.

lapi, m., H.-Pyr., Ariège, Tarn-et-Garonne.

yapin, m., Landujan (Ille-et-Vil.), *Annales de la Bret.,* 1900, p. 388.

yapègn', m., Saint-Martin-du-Puits (Nièvre), r. p.

(¹) « Quand le lapin sent le genest et le serpolet, il est de vraye garenne ; quand il ne sent que le chou, c'est un clapier. » D*** *L'avocat pour ou contre,* comédie, 1685.

pico-pê, m., *troutur*, m., Villeneuve-d'Avignon (Gard), c. p.
M. M. Réguis.

robèlte, f., wallon, c. p. M. J. Feller.

rabolte, f., Centre, Jaub.

pelaut, m., anc. franç., Ménage, 1750, s. v° *ploder.*

crassou, m., Le Genest (Mayenne), Dottin.

Sauteret, m., *Hardi*(¹), m., noms propres facétieux donnés au
lapin, au moyen âge, dans le *Roman de Renart,* Martin.

moudenou, m., argot de Montmorin (Hautes-Alpes), *Soc.
d'Études des H⁸⁵-A.*, 1883, p. 233.

pinèré, m., jargon de Razey, près Xertigny (Vosges), r. p.

tralin, m., argot des voleurs, XVIᵉ s., Bouchet, *Serées*, éd.
Roybet, III, 130.

godriot, ouchetraque, argot, Bruant, 1901.

conicl, connifl, counifl, moyen breton. [E. E.]

counigl, counicl, counifl, counifl, breton moderne. [E. E.]

counif, breton de Pontivy. [E. E.]

coulin, bret. vannetais et cornouaillais. [E. E.]

2. — Le mâle est appelé :

bouquin, m., français, Massé, 1766.

bokin, m., Somme, Ledieu.

napê, m., wallon, c. p. M. J. Feller.

3. — On nomme la femelle :

lapino, f., Creuse, H.-Gar., Aude, Tarn-et-Gar., Basses-Alpes.

lopino, f., Lot, r. p.

lapigne, f., Semur-en-Aux. (C.-d'Or), c. par M. Marlot. —
Yonne, Jossier.

lapi, f., Chalosse (Landes), c. p. M. J. de Laporterie.

nap'na, f., Châtillon-de-Michaille (Ain), r. p.

(¹) Par antiphrase.

yapine, f., Saint-Martin-du-Puits (Nièvre), r. p.

counine, f., anc. fra..ç., J. THIERRY, 1564.

connine, f., *connille*, f., anc. fr., DUEZ, 1664.

couni-o, f., provençal, c. p. M. M. RÉGUIS.

canyë, f., Bagnard (Suisse rom.), CORNU.

hase, f., Normandie, MÉNAGE, 1750.

hâsse, f., liégeois, FORIR.

4. — Noms du jeune lapin :

lapriau, m., anc. fr., DU GUEZ.

lapereau, m., franç. anc. et mod.

lapëryao, m., Château-Gontier, DOTTIN.

lapinoun, m., *couni-oun*, m., provençal, c. p. M. M. RÉGUIS.

 apinou, m., Aude, Tarn-et-Garonne.

lopinou, m., Aveyron, VAYSSIER.

laparélott, m., Lectoure (Gers), DURRIEUX, *Belh.*, 1892, p. 40.

lapinott, m., Lauraguais (H.-Gar.), c. p. M. H. FAGOT.   {

lapiott, m., Chalosse (Landes), c. p. M. J. de LAPORTERIE.

counilleau, *connilleau*, anc. fr., NICOT, 1606 ; D. MARTIN,
    Parlem. nouv., 1660, p. 547.

conin, m., wallon, c. p. M. J. FELLER.

canyon, m., Bagnard (Suisse), CORNU.

boufày'ré, m., Arles, HONNORÁT. [Quand on prend un jeune
    lapin dans son terrier, il *bouffe* (souffle) comme un petit
    chat.]

joutày'ré, m., Villeneuve-les-Avignon (Gard), com. par
    M. M. RÉGUIS.

lampereuet, pl., moyen breton. [E. E.]

konifel, breton moderne. [E. E.]

5. — De la femelle qui met bas, on dit :

lapinà, languedocien. (D'où *lapinado*, f. portée de lapins.)

lopinà, Gourdon (Lot), c. p. par M. R. FOURÈS.

châlé, Villeneuve-sur-Fère (Aisne), c. p. M. L.-B. RIOMET.

La portée d'une lapine s'appelle *lopinado*, f., Aveyron, VAYS-SIER.

6. — Du mâle qui couvre la femelle, on dit :

boucqueter, anc. fr., PALSGRAVE, 1530.

7. — Noms du lieu où se terrent les lapins :

cauna, latin de Carcassonne en 1308, DU C.

claperium, lat. de Gascogne, doc. de 1285, MONLEZUN, *Hist. de Gasc.*, VI, 12.

taisnière, f., anc. fr., LABORDE, *Gloss.*, 1872, p. 70.

tèy'n', f., *tèn'*, f., Landujan (Ille-et-Vil.), *Annales de Bret.*, 1900, p. 388.

caouno, f., Marseille, GAUT, *Roumavagi dei troubaire*, 1854, p. 98.

couni-èro, f., provençal, c. p. M. M. RÉGUIS.

clapier, anc. prov., RAYNOUARD. — anc. fr., OLIVIER DE SERRES, 1600, p. 376.

glappier, m., anc. franç., GODEFROY.

clapo dé counil, f., *baoumo*, f., langued., SAUV., 1785.

garëne, f., Guernesey, r. p.

terrée, f., Sarthe, MONTESSON, 1899.

érki-adou, m., Villeneuve-les-Avignon (Gard), com. par M. M. RÉGUIS.

Les femelles se creusent, en dehors des terriers ordinaires des cachettes, qu'elles rebouchent tous les jours, pour y faire leurs petits ; on les nomme :

caterolles, f. pl., anc. fr., THIERRY, 1564 ; NICOT, 1606.

raboutière, f., anc. franç., RABELAIS, *Isle sonnante*, 1562.

rabotte, f., Centre, JAUB.

raboulière, f., franç., BAÏF (XVIᵉ s.), éd. Blanch., II, 204.

rabollière, f., franç., Nicot, 1606.

rabouillère, f., *rabouiller*, m., franç., Fur., 1708.

ranbouyère, f., environs de Paris, r. p.

rapilhère, f., Landes, Métivier, p. 739.

manchée, f., franç., Leverrier, *Vénerie normande*, 1778, p. 367.

houlette, f., anc. fr., J. Thierry, 1564.

hulotte, f., anc. fr., Furetière, 1708.

halots, m. pl., anc. fr., Furetière, 1708.

> « On appelle *grattis*, m. pl., ou *jouëttes*, f. pl., des commence-
> ments de terriers, des trous ébauchés par les lapins. Le
> *terrasson* est un terrier sans grande profondeur et sans
> issue. » env. de Paris, r. p.

> « *S'encoounà* = se tapir, se terrer. » provenç., Avril. —
> « *Se claper* = même sens. » Féraud. — « *Se capi*
> = même sens. » Centre, Jaub. — « *Faire enclotir un
> lapin* = le faire rentrer dans son terrier. » Fur., 1708.

8. — Le canton où il y a beaucoup de lapins est appelé :

cyroneleria, *cunicularia*, lat. du moy. âge, Du C.

counilièro, f., *counilhèro*, f., toulousain, Visner

9. — Celui qui se livre à la chasse des lapins est appelé :

cunicularis, lat. du m. â., Du C.

conineur, m., anc. franç., Du C.

10. — « *Clapir* = crier, en parlant du lapin. » Fur., 1708.

11. — « *Se sauver comme un lapin* = s'enfuir prestement. »
Locut. fr. — « *Conniller* = s'enfuir. » anc. fr., Agrippa
d'Aub. ; Duez. — « *Coniller* = rejoindre son terrier,
en parlant du l. » Claret, *Provence louée*, 1614, p. 244.

> « Mais la chasse la plus gentille Se fait dans les taillis nou-

veaux Alors que le lapin *connille* Pour se jeter dans les panneaux. » BORDIER, *Ballet du hasard,* s. d. (vers 1623), p. 8.

12. — « Les nourrices appellent en riant les petites filles qu'elles ont au maillot *mon joli connin, mon connin mignon* » (¹) RICHELET, 1710.

« Chasser aux lièvres, aux connins Tant masculins que féminins. » DOMERVAL, 1567. — « Les chasseurs quittent la chasse du connin à courte oreille pour suyvre le levraut à la piste. » FOURNIER, *Var. hist.,* V, 272. — « Un financier à deux estages, Un enfonceur de pucelages, Un furet aux connils privez. » AUVRAY, *Banquet des muses,* 1623, p. 190.

« Pour une seule peau de *connin* les femmes auront la queue de plus de cent veaux. » *Singerie des femmes,* 1623 (réimpr. dans Ed. FOURNIER, *Var. hist. et litt.,* I, 60).

« Il rencontra une fille qui lui demanda s'il chaçoit aux connins, à quoy il respondit que *ouy, aux connins privez et qu'il chaceroit au sien.* » DU CANGE, II, 540.

« Nouviaux cons Est proie a vit et venoisons. » XIIIᵉ s., ULRICH, 1902.

13. — « Donner le coup du lapin à quelqu'un, c'est le tuer d'un coup sur la nuque comme l'on fait aux lapins. » Loc. franç.

« Gardez-vous de luy car il frappera les garçons au col comme on fait les connyns. » PALSGRAVE, 1530.

(¹) Cf. le mot *connette* = petite fille, à Troyes au xvᵉ s., *Biblioth. de l'éc. d. ch.,* 1841-42, p. 459. Il y a là un jeu de mots.

14. — « *Soun cansat coumo un lapin* = je suis fatigué comme un lapin. » Aude, c. p. M. P. CALMET.

15. — « *Quand il y a du crottin Il y a du lapin* = il n'y a pas de fumée sans feu. » Bayeux, PLUQUET, *Ess. s. Ray.*, 1829, p. 307. — « *Mounto i a dé pèto, i a dé kiéou* = là où il y a des crottins, il y a des culs qui les ont faits, c.-à-d. les lapins ne sont pas loin. » Villeneuve-les-Avignon (Gard), c. p. M. M. RÉGUIS.

16. — « *Faire la robette et le chien* = remplir des rôles incompatibles. » Belg. wall., *Dict. d. spots.*

17. — « *Lappin qui danse* = femme légère. » FUSI, *Franc archer de l'église*, 1619, p. 866.

18. — « *Petit lapin* = bon enfant, terme des collégiens. » FLÉVY D'URVILLE, *Ordures de Paris*, 1874, p. 16.

19. — « *Coup du lapin* = une figure de danse tapageuse. » FLÉVY D'URVILLE, *Ordures de Paris*, 1874, p. 148.

20. — « *Le lapin vengeur* = restaurant à la porte de Belleville. L'enseigne représente un lapin tuant d'un coup de pistolet un cuisinier. Cela fait partie du cycle du *Monde renversé*. » POULOT, *Le sublime*, 1872, p. 44.

21. — « Mes amis sur cette terre Il ne faut jurer de rien, Car l'humanité entière *Ne vaut pas un pet de lapin.* » *Paris la nuit*, journal, 1891, p. 405,

22. — « Connin se recond Et muse parfond ; A la fin est prins.» Proverbe, *Dictz de Salomon*, s. d. (vers 1510.)

23. — « *Donà coumo dé conilhos* = damné comme des lapins. » Lozère, *Arm. de Louz.*, 1904, p. 43.

24. — « *Poser un lapin à une fille galante* = s'en aller sans la payer. » *Evénement parisien du 27 juin 1880.*

25. — « Je découvre une grande enfilade de l'un et de l'autre sexe, se promenant deux à deux, bras dessus bras dessous, ny plus ny moins que des *accollades de la-preaux* (¹). » *Les Originaux,* comédie, 1693.

Jeu-attrappe. — « *Fà tétà lou lapinou;* on demande à un enfant : *vos que fasquem tètà lou lapinou?* (= veux-tu que nous fassions téter le petit lapin ?). S'il répond : *oui,* le mystificateur lui serre le poignet dans sa main de manière à pincer la peau au point où se joignent les extrémités des doigts. » Labastide de Penne (T.-et-G.), c. par M. A. PERBOSC.— cf. « *Hè poupà ra lèbe* = même sens. » H.-Pyr., c. p. M. M. CAMÉLAT.

13. — *Devinettes.* — « Quatre patinettes, Deux raidinettes, Et un courtain. » Manche, r. p. — « Quatre flic-flac et un petit lambeau de queue. » Basse-Bret., traduct. du bret., SAUVÉ (dans *Rev. celt.,* 1879, p. 68.) — « *Caou-silhéte, caousilhéte déres lounques arélhes qui toustém piche é yamès béou* = petite chose aux longues oreilles qui pisse souvent et jamais ne boit. » Arrens (H.-Pyr.), c. p. M. M. CAMÉLAT. — « Mon père a tué ce qu'il ne voyait pas et mangé ce qui n'était pas né, après l'avoir fait cuire avec des mots = *une lapine pleine* que l'on a fait cuire au moyen de vieux cahiers couverts de mots. » Basse-Bret., SAUVÉ (dans *Rev. celt.,* 1879, p. 68).

Antilope rupicapra (LINNÉ). — LE CHAMOIS.

(Voy. *Faune pop.,* t. I, p. 71.)

1. — Noms de l'animal :

camoccia, f. sing., lat. du moy. âge, DU CANGE.

(¹) Terme de cuisine.

chamossius, lat. du xive s., dans un document de la Savoie,
  BONNEFOIX, *Prieuré de Chamonix,* 1879, I, 202.

chomossius, lat. du xiie s., dans un doc. du Dauphiné, *Romania,* 1890, pp. 303-304.

camos, m., anc. provenç., LÉVY.

chamus, m. s., dauphinois du xive s., *Bull. hist. du Comité
  des trav.,* 1885, p. 127.

camoix, m., anc. fr., CAUMONT, *Voy. d'oultremer,* publ. par
  La Grange, 1858, p. 138.

quamois, m., anc. fr., LITTRÉ, s. vo *chamois.*

chamoix, anc. franç., GODEFROY.

camoss, m., mentonais, ANDREWS.

camouss, m., niçois, PELLÉGRINI.

tsamó, m., Bas-Valais, GILL. — Gruyère (Suisse), c. par
  M. Ed. EDMONT.

tsamò, m., Hémérence (Valais), LEVALLAZ.

chamó, m., Le Landeron (Suisse), c. p. M. Ed. EDMONT.

thamò (av. *th* angl.), Haute-Sav., CONST.

tsamoua, m., Yverdon (Suisse), c. p. M. Ed. EDMONT.

tchamoua, m., Le Locle, Cœuve (Suisse), c. p. M. Ed.
  EDMONT.

stamou, m., Thénésol (Savoie), r. p. — Albertville (Sav.),
  BRACH.

chamouss, m. s., Basses-Alpes, RÉGUIS. — Forcalquier,
  c. p. M. E. PLAUCHUD.

chamel, m., anc. fr., Eust. DESCHAMPS, éd. Le Queux, V, 99 ;
  VII, 67.

sari, m., gascon, au moy. âge, *Arch. mun. de Bayonne, Rôles
  gasc.,* 1896, p. 579.

sarris, m. s., franç., OUDIN, 1681.

sarri, m. s., Vallée du Lavedan, E. CORDIER, *Dial. du Lav.,*
  1878, p. 20. — béarnais; LESPY.

sarrio, aragonais, BORAO.

idartt, m., Larboustois (H.-Pyr.), c. p. M. B. SARRIEU.

ixardo, Vall de Venasch, *Assoc. d'excurs. catal.,* 1883,
    p. 103.

ysard, m., anc. franç., JUNIUS, 1577.

bouc ysarn, m., franç. du XIVᵉ s., Gaston PHŒBUS, éd. Lav.,
    p. 107.

iisarn, m., *uzar,* m., anc. français méridional, RAYNOUARD.

izart (¹), m., *isar,* anc. franç. dialectal, P. BOREL, *Trés. des
    rech.,* 1655.

izartl, m., Saint-Girons (Ariège), r. p. — Luchon (H.-Gar.),
    c. p. M. B. SARRIEU.

sarriö, f. (femelle d'isard), Lavedan (H.-Pyr.), CORDIER.

izardo, f., (la femelle), *izardott,* m. (le jeune isard), Luchon
    (H.-Gar.), c. p. M. B. SARRIEU.

crabe ou *sarriate* (femelle d'isard), Arrens (H.-Pyr.), c. p.
    M. M. CAMÉLAT.

sirgalh (jeune isard), m., Vallée d'Aspe (H.-P.), LESPY.

2. — « On appelle *sarriade* une troupe d'isards. » Lavedan
    (H.-P.), CORDIER ; Ossau (B.-P.), c. p. M. L. BATCAVE.

3. — « On appelle *Sarrière* certain rocher à pic dans les Pyré-
    nées, parce qu'il était autrefois fréquenté par les *sarris* ou
    isards. » DE BOUILLÉ, *Guide Jam.*

4. — Le plus ancien sac est celui du berger, du chasseur ou
    du guide ; on le nomme *sarrau, sarrou* ou *serrou (sarro*
    en catal.). Il est d'ordinaire en peau d'isard non ouvrée,
    de là son appellation. » Pyrénées, *Bull. de la Société
    Ramond,* 1893, p. 236. — « *Sarrou,* m. = sac de ber-
    ger. » Aude, c. p. M. P. CALMET.

5. — « *Couleur chamois* = couleur qui tire sur l'isabelle. » *Dict.
    des arts,* 1734.

(¹) Sur l'étymol. du mot *isard* voy. BAIST dans *Zeitschr. f rom. Philol.,* V. 559.

6. — « *Nebris* = peau de chamois. » latin du m. â., SCHMELLER.

« *Camoiser, camoisser* = préparer la peau de ch. » anc.
fr., DU C. — « *Camoissier* = m. sens. » anc. fr., DOUËT
D'ARCQ, *Pièces rel. à Ch. VI,* 1864. — « *Chamoiser*
= m. sens. » franç. mod. — « *Camuza* = peau de ch.
préparée » lat. du m. â. en Espagne, DU C.

7. — « *Et sarri que bo patiénce é nou pérése* = l'isard (pour être
pris) veut patience et non paresse. » Arrens (H.-Pyr.),
c. p. M. M. CAMÉLAT.

Capra ibex (L.). — LE BOUQUETIN.
(Voy. *Faune pop.*, t. I, p. 72.)

ibex, iber, lat. du m. â., DIEFENBACH.
hibix, lat. du m. â., *Germania,* 1881, p. 406, DIEF.'
ibix, l. du m. â., DUVAU, *Gloss. lat. all.* (dans *Mém. de la
Soc. de Ling.*).
bix, lat. du m. â., GOETZ.
capricornus, egloteros, l. du m. â., WACKERNAGEL, *Vocab. optimus,* 1847, p. 44.
stambechus (¹), l. du m. â., DU C.
boch-extagnus, lat. de 1398, BONNEFOY, *Prieuré de Chamonix,*
1879, t. I, p. 336.
bouc estaign, bouc estein, boucastain, anc. franç., GODEF.
bukestein, m., *bouquestain, boc estaign,* anc. fr., *Romania,*
1890, pp. 302-304.
boc-stagn, m., dauphinois du XIVᵉ s., *Bull. hist. du comité
des trav.,* 1885, p. 127.
bokstein, m., anc. fr., DU PINET, 1625, I, p. 249.
bouc d'estein, m., Suisse, BLAISE DE VIGENÈRE, *Images de
Philostrate,* 1578, fᵉ† 88, verso.

_____

(¹) D'où *stambucina* = peau de bouquetin, selon DU C.

bocati, m., Hémérence (Valais), LAVALLAZ.

bouclein, m., dauphinois, CHORIER, *Hist. du Dauphiné*, 1661.

stamboucq, anc. fr., RABELAIS.

bouc sauvaige, m., fr. du XIV° s., Gaston PHŒBUS, éd. Lav.
    p. 30.

La femelle est appelée *étagne*, f., en Savoie, selon *Le Jour-
    nal d'hist. nat.*, 1789, p. 227.

Cervus dama (L.). — LE DAIM.
(Voy. *Faune pop.*, t. I, p. 72.)

1. — Noms du mâle :

damus, lat. du m. â., SCHELER, *Trois traités* ; WRIGHT, 1884.

*damma, dammula, dammola, damula, dammulus, capra
    agrestis, caprus agrestis*, lat. du m. â., GOETZ.

daynus, l. du m. â., DU C.

gamus, l. du m. â. en Espagne, DU C.

dam, m., à Albi, dans un document de 1245, *Annuaire du
    Tarn*, 1871, p. 314.

din, m., provençal, HONNORAT.

dâgh, m., Pierrefonds (Oise), r. p.

docgue, m., anc. fr., DROUET d'Arcq, *Comptes de l'hôtel*, 1865.
    [Identification incertaine ; le texte porte : *daings et
    docgues*.]

Platel, m., nom propre facétieux donné au daim, au moy.
    âge, dans le Roman de Renart, MARTIN, *Rom. de Ren.*,
    IV, 119.

2. — « On appelle *hère* le mâle d'un an et *daguet* le mâle de
    deux ans et plus. » RÉVOIL, *La Saint-Hubert*, 1874,
    p. 64. — « On appelle *daintaù* le jeune daim. » DUEZ,
    1678.

3. — La femelle est appelée :

dama, lat. du m. â., SCHELER, *Trois tr.* ; WRIGHT.

dayna, l. du m. â., DU C.

daine, f., français du XIVᵉ s., Gaston PHŒBUS, éd. Lav.,
    p. 31. — franç. moderne.

dine, f., français des chasseurs qui ne parlent pas correcte-
    ment, *Journal des chasseurs*, 1839, III, 3.

deyme, f., anc. franç., GODEFROY.

4. — « En vénerie, on appelle *daintiers* les testicules du daim et
    du cerf. » FURETIÈRE, 1708. (C'était autrefois un mets
    recherché.)

5. — « *Gamite*, f., = peau de daim. » anc. fr., BOURQUELOT,
    Foires de Champ., 1865, p. 278.

6. — « Les hongres puent comme dains, C'est pitié que de lès
    sentir. » anc. fr., E. PICOT, *Rec. de sotties*, 1902, I, 111.
    — « Vesser comme un daim. » FÉRAUD. — « Tant que j'en
    petois comme un daim. » *Le pionnier de Seurdre*, XVIᵉ s.,
    édité par E. PICOT, 1896, vers 389.

7. — « Léger comme un daim. » RESTIF DE LA BRET., *Mons.
    Nicolas*, 1796, II, p. 2174. — « Cela le fait courir
    comme un dain. » *La Contrelesine*, 1618, fᵉᵗ 93, rᵒ.

8. — *Daim* = sot. « Elle fait manger trois fois par semaine
    de la morue à son *daim* de mari. » *Tintamarre* du
    26 janv. 1873. — « Me prends-tu pour un daim ? »
    COGNIARD, *Dame aux cobéas*, vaudeville, 1852. —
    « Legiers, esservelez comme beaux daims. » XVᵉ s.,
    COQUILLART, *Œuvres*, éd. Héric., 1857, I, 131. — « Ce
    qu'il est dague ! = ce qu'il est niais ! » argot, FABRICE,
    L'araignée rouge, roman, 1903, p. 105. — « *C'est un daim*

huppé = un homme riche. » argot, A. RICARD, *Le brigand de la Loire*, 1845, II, 107.

9. — « Tel chasse le dayn Par vauls et par plain, Que puis le
pert tout. » xvi° s., Proverbe, *Disputes de Salomon et de
Marcou* (dans *Anzeiger f. Kunde d. d. Vorz.*, 1826,
col. 59).

10. — « On appelle *maître daim* le mâle qui, à la suite de combats
acharnés avec ses rivaux, reste le maître de choisir sa
dame. » REVOIL, *La Saint-Hubert*, 1874, p. 61.

Cervus elaphus (LINNÉ). — LE CERF.
(Voyez *Faune popul.*, t. I, p. 92.)

1. — L'ensemble des cerfs, chevreuils, daims, mâles et
femelles, jeunes et vieux, est appelé :

bestes fauves, f. pl., anc. franç., DUEZ, 1664.
bestes rouges, f. pl., fr. du xv° s., PRAROND, *Chasses de la
Somme*, 1858. — Hainaut, au xvi° s., FAIDER, *Cout
du Hain.*, II, 478.
bestes rousses, f. pl., fr. du xiv° s., Gaston PHŒBUS, éd. Lav.,
p. 269.
bêtes de brout, f. pl., franç., FURETIÈRE, 1708.
bêtes broutantes, f. pl., franç., *Dict. de Trév.*, 1752.
bestes douces, f. pl., fr. du xiv° s., Gaston PHŒBUS, *passim*.
[Par opposition aux bêtes mordantes qui sont le loup,
le renard, le sanglier, etc.]

2. — Le cerf mâle est appelé :

cervus, latin.
feles, lat. du moy. â., GRAFF.
cerf, m., *serf*, m., *cherf*, m., *cier*, m., anc. fr., GOD.
çarf, m., Yonne.

chèrf, m., Pas-de-Calais.

cervi, m., anc. prov., Lévy. — Pays de Foix, texte de 1387,
Rev. des Pyr., 1891, p. 316. — Quercy, au moy. âge,
Soc. d'études du Lot, 1885, p. 216., — Saint-Re⸱y·
(B.-du-Rh.), Mar. Girard, *Aupiho*, 1878, p. 310.

cerbi, m., toulousain du xviiᵉ s., Noulet, *Goud.* — gascon
du xviiᵉ s., D'Astros, *Poés.*, éd. Taill., 1867, I, 185.
— Béziers, *Rev. d. l. rom.*, 1877, p. 240. — Arrens,
(H.-Pyr.), c. p. M. M. Camélat.

cèrfl, m., env. d'Avallon (Yonne), c. p. M. Ed. Edmont.

cèrfliyò, m., Pierrefonds (Oise), r. p.

cerp, m., anc. provenç., Lévy. — Nice, Sütterl., p. 331.

cièrhh, m., Malmédy (Prusse wallonne), c. p. M. Ed. Edmont.

cèr, m., Normandie.

cièr, m., env. de Namur, c. p. M. Ed. Edmont. — Malmédy,
Zel.

cîr, m., Delle (Territ. de Belfort), c. p. M. Ed. Edmont. ⸱

chief, m., anc. wallon, Jean d'Outremeuse, *Myr. d. L.*, éd.
Borgn., II, 184 ; II, 381.

cè, m., Le Grand-Lucé (Sarthe), c. p. M. Ed. Edmont.

cé, m., Le Locle (Suisse), c. p. M. Ed. Edmont.

céy', m., *cèy'*, m., Hémérence (Valais), Lavall. — Courrendlin (Suisse), c. p. M. Ed. Edmont.

çäy', m., Vaudioux (Jura), Thévenin.

ci, m., env. de Belfort, Vautherin.

Briquemer, m., nom familier donné au cerf au moyen âge,
Eust. Deschamps, éd. Le Queux, III, 36.

Brichemer, ·m., nom familier dans le Roman de Renart,
E. Martin, *Roman de Ren.*, 1882, *passim*.

3. — Noms de la femelle :

felena (¹), lat. du moy. âge, Dief. ; Du C.

(¹) Cf. « *Pinguis ferina* = cervorum crassitudo. » l. du m. â., Goetz.

cerva, cerva major, bischa silvestris, bischia, bichia, bicha, bissa, l. du m. â., Du C.

cérva, f., mentonais, ANDREWS.

serbia, f., anc. gascon, *Arch. hist. de la Gir.*, t. XI, au gloss.

fele, f., *cerve*, f., anc. fr., Du C.

cierge, f., anc. fr., *Ovide*, manuscrit cité par P. BOREL, *Tres. d. rech.*, 1655, p. 97.

bique, f., Pierrefonds (Oise), r. p. — Evron (Mayenne), c. p. M. Ed. EDMONT.

bise salvage, f., anc. fr., GOD., s. v° *Goupil*.

bise, f., anc. fr., SCHELER, *Trois traités*; G. PARIS, *Estoire de la guerre sainte*, 1897, p. 474.

bisse, f., anc. fr., GOD.; Du C.; FER. MICHEL, *Chron. d. ducs de Norm.*, III, 775; MICHELANT, 1875.

bicho, f., gascon du XVII° s., D'ASTROS, éd. Taill., I, 185. — Narbonne, *Rev. d. l. rom.*, 1877, p. 265.

biche, f., français moderne.

bihe, f., Malmédy (Prusse wallonne), c. p. M. J. FELLER.

4. — Noms du tout jeune cerf :

cervulus, l. du m. â., WRIGHT.

hinnulus, hinulus, l. du m. â., GOETZ; DIEF.; Du C.

faunus, bicula, l. du m. â., Du C.

veau de bische, m., Lorraine, au XVI° s., LEPAGE, *Table princ.*, 1882, p. 15.

bissette, f., *foun*, m., anc. fr., GOD.

bichat, m., *bichelat*, m., anc. fr., Du C.

bichiau, m., anc. fr., R. DE MAULDE, *Condit. forest. de l'Orléan.*, 1871, p. 506.

bichelcau, m., anc. fr., *Thesaurus theut. ling.*, 1573.

bichon, m., anc. fr., J.-P. CAMUS, *L'Alexis*, 1622, III, 17.

bichou, m., *bichétt*, m., Aude, c. p. M. P. CALMET.

faün à cerf, m., franç. du XIII° s., SCHELER, *Trois tr.*

cèrfètte, f., Pierrefonds (Oise), r. p.

« *Le faon est eschaqueté,* c'est-à-dire tavelé, tacheté, tigré. »
XIVe s., Gaston Phœbus, p. 15. — « On appelle *livrée* la peau tachetée du faon. » Le Verrier de la Conterie, 1778, chap. XI.

5. — Le jeune cerf mâle déjà grand est appelé :

brokettus, pickettus, l. du m. â., Du C.
brochart, m., anc. fr., God. ; Hardouin, *Trés. d. vén.,* éd. Michelant, p. 87.

6. — A propos du cerf qui crie, principalement au moment des amours, on dit :

bardire, lat. du m. â., Goetz.
rugire, prugire, surgire, axare, l. du m. â., Du C.
sugire, clocitare, rudere, l. du m. â., Wackernagel, 1869, p. 62.
rere ([1]), franç. du XIVe s., Gaston Phœbus, éd. Lav., p. 28.
bugler, anc. fr., *Nouv. fabr. d. traits de vérité,* édit. de 1853, p. 52 ; Cl. Gauchet, *Pl. d. Ch.,* 1583, éd. Blanch., p. 213.
bĕlĕ, Pierrefonds (Oise), r. p.
râler, anc. fr., Richelet, 1710.
raller, français, *Dict. de chasse,* 1769.

7. — Du cerf en chaleur on dit :
aller au ruy ([2]), *estre en ruyt,* anc. franç.
ruter, fr. du XVIe s., Bèr. de Verv., I, 228.
raitare, italien, Oudin, 1681.

([1]) Sur ce mot, voyez Th. Braune (dans *Zeitsch. f. rom. Philol.* 1897, p. 223.)

([2]) Le rut du cerf est appelé en lat. du m. â. *rugitus, ruitus,* selon Du C.

8. — Le membre génital du cerf est appelé :

nerf, m., français, SAVARY, 1759.

Les testicules du cerf sont appelés :

damtiers, m. pl., anc. fr., JUBINAL, *Nouv. rec. de contes*, 1839,
I, 167.

danttiers, m. pl., anc. fr., Eust. DESCHAMPS, IV, 325.

dintiers, m. pl., anc. fr., Du FOUILLOUX, 1560 ; etc., etc.

dinteis, m. pl., anc. fr., VIOLLET, *Etabl. de Saint-Louis*, 1886,
IV, 90.

> « Quand on fait la curée] on met au forche (*verge fourchue*)
> les daintiers et les meilleures viandes qui soient sur le
> cerf, pour la bouche du seigneur. » XVIᵉ s., *Bon varl.*,
> 1881, p. 48.

9. — Les cornes du mâle adulte sont appelées :

bandas, f. pl., *banz*, m. pl., anc. provenç., RAYN.

banas, f. pl., anc. auvergnat, CHASSAING, *Chron. d'Et. Médi-
cis*, 1859, I, 114.

banos, f. pl., languedocien.

bannes, f. pl., franç. du XVIᵉ s., BONIVARD, *Advis de police
de Genève*, éd. de 1865, p. 281.

bennes, f. pl., anc. fr., AGRIPPA D'AUBIGNÉ, éd. Réaume;
III, 394.

rames, f. pl., anc. fr., J. BOISSEAU, *Promptuaire armorial*,
1658, 1ʳᵉ partie, p. 47.

rameures, f. pl., anc. fr., CHRESTIEN, *Venerie d'Oppian*,
1575, fᵉˡ 14.

ramages, m. pl., anc. fr., NOUGUIER, *Œuvres burlesques*,
1650, p. 147.

brancheurs, pl., anc. fr., GOD.

teste, f., anc. fr., R. FRANÇOIS, 1622. — « Le cerf commence
à porter *teste* à deux ans. »

tête, f., *bois*, m., franç., *Délices de la campagne*, 1663,
p. 205; etc., etc.

10. — Le cerf, quand il est muni de son bois, est appelé :

cerf branchu, anc. fr., LITTRÉ.

cerf ramage, m., anc. fr., GOD.

cerf ramé, m., anc. fr. [Plus est cornu que cerf ramé ciche
(*avare*) homme si il cuyde estre aimé. BUCHLERUS, 1639.]

11. — « *Nul cerf n'y a en ce monde parfait* = il est rare de trouver un cerf dont *la tête* soit parfaite, c.-à-d. dont les bois
soient beaux et bien égaux. » XVIe s., GRINGORE, éd.
D'Héric., I, 160.

12. — « Le cheval doit avoir la teste seiche comme un cerf. »
BEAUGRAND, *Maréchal expert*, 1643, 1re partie, p. 13.

13. — L'espèce de bosse, d'où sort le bois ou la ramure,
est nommée :

mole, f., *moeule*, f., anc. fr., GOD.

meule, f., *rocher*, m., *caillou*, m., *base*, f., franç., R. FRAN-
ÇOIS, 1622.

14. — La grosse branche qui sort de la meule, est appelée :

mesrien, m., fr. du XVIe s., *Bon varlet d. chiens*, 1881, p. 27.

perche, f., *marrein*, m., fr., R. FRANÇOIS, *Merv. de nat.*,
1622.

marrin, m., anc. fr., D'AMBOISE, *Au roy*, 1571, fet 6, vo.

« Quand les perches sont peu ouvertes mais serrées, on
dit que l'animal *a la tête rouée*. » *Dict. de Trév.*, 1752.

15. — Le cor (substance cornée en forme de pointe) qui
vient sur le marrein, qui est plus grand que les autres cors et

est le plus voisin de la meule, est appelé :

antoillier, fr. du xive s., Gaston Phœbus, éd. Lav., p. 16.

antoilier, m., *andoillier*, m., anc. fr., R. François, 1622.

andoillée, f., anc. fr., Hardouin, *Trés. de vénerie*, éd. Michelant, p. 89.

andouiller, m., français.

antouiller, m., anc. fr., d'Amboise, *Au roy*, 1571, fet 6, v°.

Le second cor est appelé *surantoilier* ou *surandouiller*. Les autres cors qui sont les plus petits sont dénommés : *cors, petits cors, espois, chevillures*. Ils sont à l'extrémité de la branche.

16. — L'extrémité de la branche ou marrein est appelée :

troucheure (¹), *paumeure* (²), *couronnement* (³), m., fr. du xvie s., *Bon varlet des chiens*, 1881.

couronnée, coronneure, f., fr., du xive s., Gaston Phœbus, éd. Lav., p. 137.

paumière, f., *empaumure*, f., *trochure*, f., *couronnure*, f., Duez, 1664.

enfourchure (¹), f., français, Furetière, 1708.

(¹) « Elle est ainsi appelée quand elle fait comme une *trochée* de poires. » R. François, 1622. — « On appelle *haulte teste* ou *teste bien trouchée* une teste dont les petits cors sont bien placés. » xvie s., *Bon varlet des chiens*, 1881.

(²) Ainsi appelée quand les petits cors sont au nombre de *cinq*. (Cf. *paume de la main*.) — « Quand ces cinq cors sont bien placés on dit que la teste est bien *paumée*. » xvie s., *Bon varlet des chiens*, 1881.

(³) Ainsi appelée quand elle forme comme *une couronne*.

(⁴) On l'appelle ainsi quand elle se termine en deux pointes faisant comme une fourche. « *Teste fourchie* = celle qui se termine ainsi. » fr. du xive s., Gaston Phœbus, éd. Lav, p. 16. — « *Teste enfourchie* = même sens. » R. François, 1622.

« La jeune corne d'un cerf est dite *cor* si on y puet pendre ung esperon. » xvie s., *Bon varlet des chiens*, 1881, p. 26.

D'une manière générale on appelle toutes ces pointes qui sortent de la branche principale des bois ou ramures : *cors, andouillers, chevilles, chevillures, cornichons* (ce dernier terme est impropre en vénerie). — Selon Gaston PHŒBUS, p. 128, on les appelle *les corns*. — Selon les *Délices de la camp.*, 1673, p. 398, on les app. *les cornettes.*

« On dit qu'un *cerf est chevillé de dix cornichons*. » J. BOISSEAU, *Promptuaire armorial*, 1658, 1re partie, p. 21. — « Un cerf sommé de seize cors. » G. CRETIN, *Chants royaulx*, 1527.

« On dit que *la teste d'un cerf est bien rengiée* lorsqu'elle a les cors bien en mesure l'un près de l'autre. » fr. du xive s., Gaston PHŒBUS, éd. Lav., p. 15.

« On dit que *la teste d'un cerf est bien chevillée* ou au contraire qu'elle est *contrefaicte* ou *diverse*. » xvie s., *Bon varlet des chiens*, 1881, pp. 27-28. — « On dit qu'un cerf est *en per* ou *en non per*, selon que le nombre de ses cors est égal ou inégal. » xvie s., *Bon varlet des chiens*, 1881, p. 26.

17. — « On dit que *les meules sont pierreuses*, quand elles sont munies de nombreuses petites pierres ». fr. du xive s., Gaston PHŒBUS, éd. Lav., p. 136.

« Les petites pierres qui sont sur la meule se disent *la pierrure*. — Les fentes qui sont le long de la perche sont *les gouttières*. — La crouste raboteuse de la perche se nomme la *perlure*; celle de la meule se dit *perrure*. » R. FRANÇOIS, 1622.

« *La fraise* est la forme des meules et des pierrures. »
FURET., 1708.

18. — En blason, *la cheville* est la ramure du bois de cerf, et
quand on veut exprimer le nombre de cornichons ou
dagues qui sont dans un bois de cerf peint sur un écu
on dit *chevillé de tant de cors*. « *Le baron d'Ilona porte
d'azur à deux bois de cerf posez en sautoir, chaque
branche* chevillée *de six pièces d'argent*. » FUR., 1708.

« En blason on appelle *sommée* la ramure de cerf dont on
charge les écus. » RICHELET, 1710. « En blason on dit
un cerf sommé, c.-à-d. ramé de 9, 10, 11 ou 13 cors ou
sans nombre. « *Dict. de Trév.*

En blason on appelle *rames, ramure*, le bois du cerf attaché
à une partie du crâne. FUR., 1708.

19. — Quand le haut de la tête d'un vieux cerf est large et creux
on dit qu'elle *fait le chandelier*. Le terme est impropre
en vénerie. *Dict. de Trév.*, 1752.

« *Bonnet carré* = la tête de cerf quand il a du refait aussi
haut que les oreilles. » LITTRÉ.

« On appelle *tête bien née* une tête grosse de marrein ; *tête
couronnée* une belle tête qui doit avoir les andouillers
dans les meules, les rayeures enfoncées et être fort
ouverte ; *tête faux-marquée* celle qui n'a pas les cors
pareils dans les deux perches. » FUR., 1708.

20. — « Le *massacre* est la tête du cerf séparée du corps après
qu'on l'a tué. — On dit, en vénerie : *Nous avons fait un
grand massacre de chevreuils, de sangliers*, etc., pour
dire nous en avons tué beaucoup. *Sonner le massacre*,
c'est appeler, au son du cor, les chasseurs et les chiens
pour faire la curée. *Dict. de Tr.*, 1752.

21. — « *La dague* est le premier bois que porte le cerf de deux ans et où commencent les perches qui sont sans cornes ni chevillures. On les nomme ainsi parce qu'elles sont pointues comme des dagues. L'animal, en ce moment est appelé *daguet* (Fur., 1708), *cerf dagard* (Du Pinet, 1625, II, 356), *broquart* (R. François, 1622).

« *Une dagade* est le coup que le cerf donne avec son bois. » *Œuvres de* Brantôme, édition Lalanne, 1881, X, 225.

22. — « *Le cerf met bas* = il se dépouille de ses bois, ce qui arrive ordinairement au printemps. » Fur., 1708. « *Le cerf jette sa tête.* » *Dict. de Trév.* 1752.

Le cerf, pour muer, sentant qu'il va perdre ses armes naturelles, se retire au plus profond des bois; on dit alors *qu'il prend buisson.* Fur., 1708.

« *La mue du cerf* = le changement de sa teste, quand *il jette ses cornes* et les cornes mesmes quand elles sont tombées. » J. Thierry, 1564.

« *La muette* est une maison bâtie dans une capitainerie de chasse pour y loger le capitaine, ou quelques officiers ou même les chiens et l'équipage de chasse. On nomme ainsi celles du bois de Boulogne, de Saint-Germain, etc. Et on l'appelle ainsi à cause que les gardes et sergents y apportent les *mues* ou les têtes que les cerfs ont posées, quand ils en trouvent dans le bois. » Fur., 1708.

23. — Quand le cerf a refait sa tête, après la mue, il éprouve le besoin de la frotter aux arbres pour détacher la peau tendre et velue qui la couvre et lui cause des démangeaisons. On dit, en ce cas, du cerf :

toucher au bois, fr., Furetière, 1708.

frayer, se frayer, fr. du xiv° s., Gaston PHŒBUS, éd. Lav.,
  p. 132.

frayer aux arbres, fr., DUEZ, 1664.

frayer, aller au frayoir, toucher au bois, décrouter la tête,
  franç., FURETIÈRE, 1708.

fréer, brunir, anc. fr., HARDOUIN, *Trés. de vén.*, éd. MICHE-
  LANT.

Cette action de frotter la tête au bois est appelée :

freoir, m., anc. fr., JUBINAL, *Nouv. rec. de fabl.*, 1839, I, 170.

froycoir, m., fr. du xiv° s., Gaston PHŒBUS, éd. Lav., p. 132.

froyer, m., *froieur*, m., *froyeis*, m., fr. du xvi° s., *Bon
  varlet des chiens*, 1881, p. 19 et p. 20.

frayoüer, m., fr., René FRANÇOIS, 1622, p. 11.

frayure, f., *brunissure*, f., franç., *Dict. de Trév.*, 1752.

frayer, m., anc. fr., BEHOURT, *Le Chasseur*, 1606, p. 21.

frete, f., anc. fr., JUBINAL, *Nouv. rec. de fabl.*, 1839, I, 161.

bruni, m., anc. fr. — « Le bruni du cerf c'est le polissement
  et esclarcissure de sa teste, quand après le frayer et
  deject des lambeaux, il la brunit aux charbonnières ou
  argillières. » NICOT, 1606. « Les cerfs vont brunir et
  aguysier la teste aux charbonnières que les gens font
  en forest. » xiv° s., Gaston PHŒBUS, éd. Lav., p. 14.

« On appelle *charbonnières* les terres rouges où les cerfs
  vont frapper leurs têtes après avoir touché au bois. »
  Dict. de l'encycl., 1751.

« On appelle *hardois* les brins de bois que le cerf a frottés
  de sa tête. » *Dict. de Trév.* 1752.

La peau que le cerf dépouille ainsi, porte les noms de :

lambeau, m., franç., R. FRANÇOIS, 1622, p. 11.

velue, f., franç., *Dict. de Trév.*, 1752.

Quand le cerf a dépouillé sa tête on dit qu'*il a la tête molle* :
« ... Or est leur teste molle, Les cerfs sans chief assez
ayse on affolle. » XVI⁰ s., GRINGORE, *Œuvres*, éd. Hér.,
I, 161.

24. — « On appelle *boce* le cor d'un cerf quand il a un an. »
XIVᵉ s., Gaston PHŒBUS, éd. Lav., p. 17.

« On appelle *bosse* ou *enflûre* la première poussée du bois
d'un cerf qui a mué, ce qui commence en mars ou avril. »
Dict. de Trév., 1754.

« *Le cru* = les jeunes cornes du cerf, quand elles sont
encore molles ; on en tire *l'eau de tête de cerf* qui est un
cordial. » SAVARY, 1759.

Le *refait* est le nouveau bois qui revient.

« Le *revenu* est une masse de chair qui se forme de vers blancs
sur la tête des cerfs et qui font tomber leur bois. »
Dict. de Trév., 1752. — « On appelle *gabet* un gros ver
qui se loge dans la peau du cerf. » LITTRÉ.

25. — « Le cerf change de nom suivant son âge. En sa première année on l'appelle *faon* ; en la seconde *daguet* ; en
la troisième, quatrième et cinquième année, c'est *un cerf
à sa première, seconde ou troisième tête ;* la sixième
année on l'app. *cerf de dix cors jeunement*, la septième
cerf de dix cors ; la huitième on l'app. *grand cerf* et la
neuvième *grand vieux cerf*, après lequel temps sa tête
n'augmente plus. » FUR., 1708.

26. — « Le cerf n'a de dents incisives qu'à la mâchoire infé-
rieure ; il n'a, par devant, à la mâchoire supérieure,
que deux crochets, ce sont les dents que l'on nomme
dents de cerf. On les recherchoit autrefois, surtout quand
le milieu étoit bien marqué d'une raie noire ; on en

faisait monter en bague ou autrement... Ces dents sont
utiles pour arrêter le saignement par le nez; on en met
dans l'une des deux narines, mais de préférence dans la
narine gauche. » D'YAUVILLE, *Traité de vénerie*, 1788,
p. 169.

27. — « On appelle *larmières* deux fentes qui sont au-dessous
des yeux du cerf où tombent ses larmes et où s'épaissis-
sant elles se forment en une manière d'onguent qui tire
sur le jaune. — Les *larmes* de cerf sont souveraines
pour les femmes qui ont le mal de mère. » RICHELET,
1710.

28. — « *Brun-cerf* = nuance du brun. » XVIᵉ s., *Bon varl.*, 1881,
p. 25. — « Un cheval poil de cerf. » DELCAMPE, *Art de
monter à cheval*, 1664, p. 296. — « *Ventre de biche* = nom
d'une certaine couleur. » XVIIᵉ s., *Rev. d. soc. sav.*,
1876, pp. 546 et 549.

29. — « La poitrine du cerf est appelée *la hampe.* » anc. franç.,
JUBINAL, *Nouv. rec. de fabl.*, 1839, I, 167.

30. — « *Le viandy* est le manger du cerf. » DU FOUILLOUX, 1560,
p. 87. — « On dit du cerf qu'*il viande* et du sanglier
qu'*il mange*. » BL. DE VIGENÈRE, *Suite de Philostrate*,
1602, fᵉˡ 91, rᵒ. — « Un cerf mal mené fait plusieurs
reposées et ne pouvant se tenir debout, *viande de
couché*, c.-à-d. se couche pour brouter et se repaître. »
R. FRANÇOIS, 1622, p. 12.

« *Aller au gagnage* se dit des bêtes fauves qui vont brouter
dans les blés (¹) pendant la nuit. » DUEZ, 1664.

---

¹) *Le gain* est le blé selon DUEZ, 1664. — Le blé est ainsi appelé
parce qu'il est *le gain*, le profit par excellence du laboureur.

« *Forpaitre* se dit du cerf qui va chercher sa pâture en des lieux éloignés, hors de sa retraite ordinaire. » FUR., 1708.

31. — « *Forhus*, m. = petits boyaux du cerf qu'on donne aux chiens au bout d'une fourche émoussée. » RICHEL., 1710.

Forhuer, c'est appeler les chiens pour ce repas et ensuite pour les exciter à la chasse au cerf.

32. — « Le pied du cerf s'appelle *le pied* et le pied de sanglier *la trace*. » BL. DE VIGENÈRE, *Suite de Philostrate*, 1602, f^et 90, v°.

« Ce qu'on appelle *les gardes* dans le sanglier, *les ergots* dans le porc, est nommé *les os* dans le cerf. » BL. DE VIGENÈRE, *Suite de Philostrate*, 1602, f^et 90.

« La pointe du pied du cerf s'appelle *la pince*; là fente du pied *la comblette*. » R. FRANÇOIS, 1628.

Le rebord du dessous du pied du cerf et p. ext. le talon de la bête s'appelle *esponde*, f. (anc. franç., JUBINAL, *Nouv. rec. de contes*, 1839, I, 157), *esponge* (franç. mod., HATZF. et DARM.)

« Les *arantelles* sont ces filandres qui se trouvent au pied du cerf, à cause de leur ressemblance avec la toile des araignées. » RICHELET, 1710. — « Quand les voies sont couvertes de filandres ou fils d'araignée ou autres, on reconnaît qu'elles sont vieilles. » *Dict. de Trévoux*.

Les marques que le cerf laisse de son passage, au moyen de ses pieds, sont appelées : *les voies, les vestiges, les traces, les erres, les pas, la passée, les foulées, les fuites*.

« *Revoir du cerf par le pied*, c'est examiner ses traces et les suivre. » *Dict. de chasse*, 1759. — « Connoistre la beste par le parpié. » XVIᵉ s., BAÏF, éd. Blanch., 1880, II, 205.

« *Le cerf va la voye* lorsqu'il suit le grand chemin ; *il va la route* quand il suit les petits sentiers. » DU FOUILLOUX, 1560, p. 87.

« *Le cerf va de bon temps et de hautes erres.* = va vite, touchant à peine la terre de ses pieds. » R. FRANÇOIS, 1622.

« Le cerf *s'oultre-marche* quand le pied de derrière passe le pied de devant ; c'est un mauvais signe pour la chasse. » XVIᵉ s., *Bon varlet des chiens*, 1881, p. 4. — « Le cerf *amble* quand, dans ses voies, les pieds de derrière surpassent ceux de devant de quatre doigts. » FUR., 1708.

« Le cerf *surmarche* quand il met le pied de derrière sur celui de devant sans outrepasser ; c'est un mauvais signe pour la chasse. » XVIᵉ s., *Bon varlet d. ch.*, 1881, p. 4.

« Le cerf *fait pigasse* = marche d'une certaine manière. » XVIᵉ s., *Bon varl. d. ch.*, 1881, p. 5.

« *Realler le contre-ongle* = suivre le cerf d'après les empreintes en remontant. » XVIᵉ s., *Bon varlet*, 1881, p. 6.

33. — « Les fientes du cerf s'appellent d'une manière générale *fumées* ; on les appelle *plateaux* quand elles sont larges, plates et rondes, *troches*, f. pl., quand elles sont molles et à demi formées, *fumées nouées*, quand elles sont toutes formées, grosses, longues et nouées. » *Délices de la campagne*, 1673, p. 401.

« Les fientes du cerf sont appelées *fumées formées*, ou simplement *formées*, quand elles sont en manière de crottes de chèvre ; *dorées*, quand elles sont jaunes. » FURETIÈRE, 1708.

« Les fumées du cerf sont nommées *aiguillons* quand elles
ont une pointe au bout ; *bousards*, quand elles sont
molles, en forme de bousées de vache ; fumées *martelées*
quand elles n'ont pas d'aiguillon au bout ; fumées *déliées*,
quand elles sont bien moulues, ou, en terme de chasse,
bien mâchées ; *fumées vaines*, f. pl., quand elles sont
légères et mal pressées. » *Diction. de Trévoux.*,
1752. — « *Les fumées ridées* sont celles des vieux cerfs. »
Dictionn. de chasse, 1759. — « Il y a *les fumées en
plateaulx, les fumées formées, les fumées aguillonées, les
fumées hantées, les fumées non hantées, les fumées pressées,
les fumées déboutées, les fumées en torches* ou *moulées.* »
XVI° s., *Bon varlet*, 1881, p. 17 et p. 18.

34. — Le lieu où le cerf s'est reposé la nuit est appelé :

lit, m., fr. du XVI° s., *Bon varl.*, 1881, p. 21.

chambre, f., franç., Du FOUILLOUX, 1560, p. 88.

Le repaire du cerf, l'endroit où il se tient est appelé :

muete, f., *meute*, fr. du XIV° s., Gaston PHŒBUS, éd. Lav.,
p. 18 et p. 179. « Quand les chiens commencent à chasser le cerf, celui-ci *tourne en sa meute.* »

Le lieu où le cerf se couche momentanément pendant le
jour, est appelé :

reposée, f., franç., Du FOUILLOUX, 1560.

ressuy, m. (= lit momentané du cerf quand il a plu et qu'il se
sèche), Du FOUILLOUX, 1560, p. 88.

« Le cerf *est recelé* quand il demeure deux ou trois jours
dans son enceinte sans en sortir. » *Dict. de chasse*, 1759.

35. — Les chiens qui servent à la chasse des cerfs s'appellent *chiens-cerfs, chiens bauts, chiens muets* parce qu'ils
poursuivent ces bêtes sauvages sans donner de voix,
sans aboyer. — Voir R. FRANÇOIS, 1622, p. 20.

36. — Une troupe de bêtes fauves (cerfs, biches, faons), est appelée :

hierte, f., anc. fr., GOD.
harde, f., *harpail*, m., franç., R. FRANÇOIS, 1622.
herpail, m., fr. du xvi⁰ s., GRINGORE, éd. d'Héric., I. 161.
meute, f., anc. fr., FUR., 1708.

37. — Les ruptures ou fracas que les bêtes fauves font dans les taillis soit en allant viander, soit en fuyant précipitamment, sont appelées :

abattures (¹), *foulées*, *foulures*, fr., R. FRANÇOIS, 1622.
portées (²), *hardées*, fr., FURETIÈRE, 1708.

D'après ces indices on juge de la qualité ou de la grandeur de l'animal.

« On appelle *cognoissances du cerf* les signes par lesquels on reconnaît qu'il a passé quelque part. » DU FOUILLOUX, 1560, p. 56. — « Courir un cerf sur les portées. » COTGR., 1650. — « *L'iraigne a fillé parmy les portées* = il y a des toiles d'araignées dans les portées, donc elles sont vieilles, il n'y a pas à en tenir compte. » XVI⁰ s., *Bon varl.*, 1881, p. 22.

38. — « *Destourner un cerf* = constater sa présence dans une enceinte. » XIV⁰ s., Gaston PHŒBUS, p. 146. [C'est ce qu'on appelle aujourd'hui *remettre un cerf*.]

« *Trailler sans limier* c'est chasser le cerf au hasard, sans l'avoir détourné. » XIV⁰ s., Gaston PHŒBUS, p. 18.

(¹) « *On conoit le cerf à ses abattures*, c.-à-d. au figuré, le caractère d'un homme par ses discours et ses actions. » FÉRAUD.

(²) *Portées* se dit spécialement des hautes branches tordues ou retournées par le cerf à son passage.

[FURETIÈRE, 1708, dit dans le même sens : *trauler*.] C'est ce qu'on appelle aujourd'hui *chasser à la billebaude*.

« Un cerf *bien donné aux chiens* est à demi pris. » FUR., 1710.

39. — « On appelle *escuyer d'un cerf* un jeune cerf qui chemine devant le vieil cerf. » J. THIERRY, 1564. [Le vieux cerf a toujours soin de se faire accompagner d'un jeune pour le livrer au change.]

40. — « Un cerf *estelaire* est un cerf apprivoisé que l'on envoie dans les bois pour aider à prendre les autres. » *Dict. de Tr.*

41. — « Le cerf *bondit* les autres bêtes fauves, quand il les fait partir de leurs reposées, pour que les chiens prennent le change. » MASSÉ, 1766.

42. — *Aller de forlonge, se forlonger* $=$ se dit du cerf qui mène bien loin les chasseurs et les chiens ou qui les laisse loin derrière lui. — *Mesurer la forêt*, se dit de cet animal quand il la traverse d'un bout à l'autre. — *Forpaïser* se dit du cerf qui va bien loing de son repaire habituel. — *Se recéler*, se dit quand il demeure deux ou trois jours dans son enceinte sans sortir.

43. — « *Se fortitrer* se dit du cerf qui cherche à sortir à un endroit où il n'y a pas de *titre* ou *relais de chasse*... Le *fortitreour* est l'homme chargé d'empêcher le cerf de se fortitrer ». XIVe s., Gaston PHŒBUS, p. 176.

« *Couler la queue*, se dit du cerf qui fuit. » LITTRÉ.

44. — « On dit qu'un cerf est *en haulte cervoison* quand il est bon à manger. » G. CRETIN, *Chants royaulx*, 1527.

45. — « On dit qu'un cerf est *venable* ou *chassable* ou *qu'il n'a pas de refus* lorsqu'il vaut la peine d'être chassé, que ce

n'est pas un jeune cerf ou une biche. » xvi⁰ s., *Bonvarl.*,
1881, p. 16 ; CHEVREUL, *Traité de vénerie*, 1861.

« On appelle *cerf qui est en meilleure muete* celui, qui, sur
les rapports des valets de chiens, est jugé digne d'être
chassé. » xvi⁰ s., *Bon varl.*, 1881, p. 54. « « Si le cerf
est une bonne muete, allons le laissier courre. » xiv⁰ s.,
Gaston PHŒBUS, p. 6.

« *Cerf vené* = cerf forcé à la chasse. » BRETONNAYAU, *Génér. de l'homme*, 1583, f⁰¹ 41, r⁰.

« Je suis plus *vené* qu'un cerf qui a trente chiens à sa
queue. » *Etat de fort. des potentats en proverbes*, 1642,
p. 5. (Le mot *vené* signifie chassé, fatigué d'être chassé.
On dit encore aujourd'hui dans le langage populaire : *je
suis vané* pour *je suis très fatigué*.)

« *Cerf mal mené, cerf desconfit* = c. serré de près par les
chiens. » xiv⁰ s,, Gaston PHŒBUS, p. 194.

« *Cerf aux abbois* = c. réduit à l'extrémité. « LABBE, 1661,
p. 4. — « *Le cerf rend les abbois* = même sens. » xvi⁰ s.,
CHEVREUL, *Tr. de vén. de Budé*, 1861, p. 15.

« *Esjarreter* = couper le jarret à un cerf qui est aux abois. »
xiv⁰ s., Gaston PHŒBUS, p. 194.

« Cette contusion étoit le dernier don de la dernière fée,
car elle a tout fini ; c'est ce qui s'appelle *la plume de
l'oiseau* ou *le pied du cerf*. » xvii⁰ s., Mᵐᵉ DE SÉVIGNÉ.
[Allusion aux dangereux coups de pied que lance un cerf
aux abois.]

46. « Li ciers n'est pris devant qu'il revertist Parmi l'aboi des
chiens, si comm'on dit. » anc. franç., *Biblioth. de l'éc. d.
chartes*, 1858-59, p. 472.

47. — « Un cerf est *accoué* lorsqu'il gît par terre au moment d'être égorgé. » MASSÉ, 1766.

48. — « Les lermes luy véoit es yeulx comme à ung cerf qui veult mourir. » *Romania*, 1904, p. 190.

49. — « On appelle *cuirée de cerf* la curée de cet animal, parce qu'elle se fait sur *son cuir*. » XVIᵉ s., *Bon varl.*, 1881, p. 70. — « *Cuyr*, m. = peau de cerf. » XIVᵉ s., Gaston PHŒBUS, p. 163. « Ce cuir ou peau du cerf porte le nom de *robbe*, f. » DOMAYRON, *Siège des muses*, 1610, p. 261. — « La *nappe* est la peau du cerf dépouillé, qu'on étend par terre, quand on veut donner la curée aux chiens. » RICHELET, 1710. — « On appelle *parement* certaine chair rouge qui est attachée à la nappe du cerf. » MASSÉ, 1766.

« On appelle *coffre*, le corps, la carcasse du cerf, quand on fait la curée. » *Dict. des arts*, 1732.

« Il ne faut pas que les chasseurs portent des gants pendant la curée, les valets de chiens seraient en droit de leur demander pourboire. » *Dict. de l'encycl.*, 1751.

La pièce de chair que les chasseurs lèvent le long du dos et des reins du cerf, est appelée : *Cimot*, m., anc. fr., SCHELER, *Ét. s. l. poes. de Gillon*, 1884, p. 29. — *Scymier*, m., anc. fr., HATZFELDT. — *Cimier*, m., français.

La chair qu'on lève entre les cuisses du cerf est appelée *nomble* (¹), m. (anc. franç. JUBINAL, *Nouv. rec. de fabl.*, 1839, I, 167), *nombre* (*Dict. de Tr.* 1752). « On appelle *nœuds* les morceaux de chairs qui se lèvent aux quatre flancs du cerf. (*Dict. de chasse*, 1769.)

_____

(¹) C'est le mot *nombril*.

« *Fol li leisse* ou *colier* = morceau de chair entre la hampe et
les épaules. » xiv⁰ s., Gaston Phœbus, p. 150. — « *Foul
li lesse* (= le sot l'y laisse) = morceau friand qu'on lève
le long des épaules du cerf. » xvi⁰ s., *Bon varl.*, 1881,
p. 45.

50. — « Celui à qui on demande indiscrètement où il va, s'il
ne veut pas le dire, répond : *je vais chasser le cerf.*» Loiret, c. p. M. J. Poquet. — « *Se déguiser en cerf* = s'es-
quiver, s'enfuir. » parisien, entendu en 1870.

51. — « *N'en faire que le cerf* = ne pas tenir compte d'une
chose. » *Sept dialogues de Pretorius*, 1557, fᵉˡ 68, r⁰; J.-P.
Camus, *Homélie des trois simonies*, 1615, p. 29.

52. — « *Courir comme une biche* = courir vite. » — « Je suis
jambé comme un cerf = *j'ai de bonnes jambes pour courir.* » De Leuven, *Une femme est un diable*, comédie, 1835.
— « Voyez-le tendre le jarret comme un jeune cerf. »
Ricard, *Le tapageur*, 1841, II, 61.

53. — « Celluy qui veult faire son debvoir Servant son maistre
bien et beau Oreille d'asne doibt avoir, *Piedz de cerf* et
groin de porceau. » *Motz dorez de Cathon*, 1530. — « Ser-
viteur voulant faire son devoir, Oreille d'asne doit avoir,
Pieds de cerf et groin de pourceau, N'épargnant sa chair
ni sa peau. » Meurier, 1582.

54. — « *Vous êtes plus farouche que n'est la biche au bois* = paroles adressées à une fille farouche. » De Beys, *Comédie
des chansons*, 1640. p. 26. — « Timide comme une
biche. » A. Ricard, *Le tapajeur*, 1841, II, 219.

55. — « *Sua cervus vestigia delet* = Ung cerf les signes de ses
piedz abolit pour mieux se musser. » Bovillus, 1531,

f^{et} 80, r°. — « Cerf rusé tourne sur ses voyes. » XVIe s.,
Baïf, éd. Blanch., I, 100. « Le cerf arrivant proche son
fort où il repaire, saboule son corps sur les traces de
ses pieds afin de les applanir et puis faisant un grand saut
il fait perdre le jugement aux veneurs de sa retraite. »
Fusi, *Mastigophore*, 1609, p. 295.

56. — « Ruse n'y a que le vieil cerf ne face. » XVIe s., Gringore,
éd. Hér., I, 163. — « Vieil cerf est fort à attraper. » Id.,
I, 162. — « Si bon lymier n'y a que cerf n'abuse. » Id.,
I, 162. — « On prend bien cerf tant soit rusé ou vieux. »
Id., I, 167. « Il n'est si bon veneur ne si bons chiens
qui moult fois ne faillent à prendre le cerf à force. »
XIVe s., Gaston Phœbus, p. 22.

57. — « Comme on cognoist l'arbre à ses fruicts, Et l'oyseau à
son chant ramage Sy faict on le cerf à ses bruicts. »
Bartelon de Ravières, *Distiques mor.*, Lyon, 1569,
p. 80. — « La souris cognoist on au ronge, le cerf au
train, le sanglier aux fouilleures. » Louis d'Orléans,
Banquet d'Arete, 1594, p. 66. — « On juge du lyon par
l'ongle, du cerf par le pas. » J.-P. Camus, *Homélies fes-
tives*, 1615, p. 14.

58. — « *Esclame* = grêle, menu. On dit que les beaux cerfs
sont bruns, longs, grands et *esclames*. » Fur. 1708.

59. — « Une haye dure trois ans ; ung chien dure trois haies,
ce sont neuf ans ; un cheval dure trois chiens, ce sont
vingt-sept ans ; ung homme dure trois chevals, ce sont
quatre-vingt et ung ans ; ung corbez dure trois hommes...
ung serfe dure trois corbez... ; ung chesne dure trois
serfes... (1)» anc. fr., *Bull. de la soc. des anc. textes*,
1876, p.101.

---

(1) Une formule à peu près semblable se trouve dans Hardouin, *Tres.
de venerie*, éd. Michelant, p. 90.

60. — « Dur et aspre comme le cerf. » *Cy est le compost des bergiers*, 1496.

61. — Toponomastique :

Le Saut du Cerf, chemin dans une forêt que le cerf a l'habitude de franchir d'un saut quand il est chassé, *Etat de la forêt de Compiègne*, 1736, p. 19.

Le Gué aux Biches, m., flaque d'eau ou ruisseau où les cerfs et les biches ont l'habitude d'aller boire, lieu-dit dans plusieurs endroits.

La Fosse aux Biches, *La Fosse aux Cerfs*, triages de la Forêt de Chantilly, *Etat des forêts de Chantilly*, 1733, p. 20 et p. 38.

Le Carrefour des Biches, lieu dit du département de l'Oise, Peigné-Delacourt, *Topogr. du cant. de Ribécourt*, 1873.

Bec de Biche, *Belle Biche*, localités de l'Anjou du xvi⁰ s., C. Port, *Inv. des Arch. eccl. de M.-et-L.*, 1898, I, 44.

62. — Onomastique :

« *Peau de Cerf*, nom d'homme, *Annuaire du Cher*, 1833, p. 114.

« *Cerf, Le Cerf, La Biche,* noms d'hommes.

63. — Enseigne :

Au Grand Cerf, enseigne assez fréquente en divers lieux.

64. — « On appelle *Pied de biche* un Normand, parce que le cidre le fait saûter ou danser comme une biche. » Paris, r. p.

65. — « *Pied de biche* = barre de fer avec laquelle on ferme et on appuie les portes. » *Dict. des arts*, 1732.

66. — « *Pied de biche* = barre de fer dont une des extrémités est aplatie en biseau, coudée et fendue, servant à accrocher la tête des clous, et propre encore à d'autres usages. » Morisot, 1814.

67. — « Une table à pied de biche. » xviii° s., BAPST, *Invent.
de Marie-Josèphe de Saxe*, 1883, p. 75.

« *Pied de biche* = morceau de planche portant une entaille
triangulaire dans laquelle on place le bout des planches
que l'on veut travailler sur l'épaisseur. » MORISOT, 1814.

68. — « *Pied de biche* = manche du cordon de la sonnette, fait
avec un pied de cerf ou de chevreuil. » RICARD, *Le tapajeur*, 1814, II, 108. — « *Pied de biche* = mendiant à
domicile. » argot, BRUANT, 1901.

69. — « *Il a mangé de la biche blanche* = il est léger, étourdi,
inconstant. » COTGRAVE, 1650.

70. — « Les cerfs et les cocus sont bêtes privilégiées. » AN-
SART, *Henriette*, parade, 1769, p. 9.

71. — « *Ma pauvre biche* = mot caressant adressé à une femme. »
BLESSEBOIS, *Priape*, 1694. — « *Cette jolie biche* = cette
jolie fille. » TOURNEMINE, *Un tour en Europe*, comédie,
1830. — « Il appelle sa femme *ma biche ou ma chou-
choutte*. » P. DE KOCK, *Chipolata*, 1845, I, 51. — « *Bichette* = terme caressant adressé par un homme à une
femme. » MARC MICHEL, *Extases de Hochenez*, comédie,
1850. — « *Bichette* était le surnom de celle que j'aimais
depuis longtemps. » *Tintamarre du 9 mars* 1873. —
« Va, cocotte au rabais, biche d'occasion, crevette ava-
riée. » *Grivoiserie paris. du 4 nov.* 1880. — « *Vous êtes
un coureur de biches* = un coureur de femmes. » DE
CAYLUS, *Œuvres*, 1787, X, 29. — « *Bibiche* = terme de
caresse adressé à une femme. » CHABOT, *Le matelot à
terre*, comédie, 1837. — « Te vlà donc, mon bibi, mon
bichon, pourquoi es-tu resté si longtemps sans venir ? »
A. RICARD, *Brigand de la Loire*, 1845, III, 122. — « Ces
femmes que l'on désigne sous le nom de lionnes, rats,
biches, papillonnes. » *Le Figaro du 1er août 1861.*

72. — « *Chasser la biche coiffée* = courir les filles. » Cl. GAU-
CHET, 1583, p. 265. — « *Il sçait détourner la biche* = cor-
rompre les filles. » XVIIe s., BÉR. DE VERVILLE.

73. — « On dit du cerf: plus il vieillit, plus il le fait. *Le sens
est érotique.* » XVIIe s., BÉR. DE VERV. « Le cerf tant plus
devient vieil et plus est luxurieux. » XIVe s., Gaston
PHŒBUS, p. 21.

74. — « *Aller où le cerf tombe ses cornes* = on ne sait pas où. »
LE BON, 1557. — « Jettez vos livres en tel lieu qu'on ne
les voye d'un an comme le cerf ses cornes. » JAMIN, *Dialogues de Jean-Louis Vives*, 1573, p. 22. — « Il se cache-
roit volontiers comme fait le cerf quand il a perdu ses
cornes. » F. T. C., *Monde des cornus*, 1580, p. 247. —
« Ils ne sont pas comme les cerfs qui ayant mis bas
leurs armes s'en vont cacher de honte. » DUSOUHAIT,
Le pacifique, 1604, p. 119. — « Vous ressemblez au cerf
qui cache son bois quand il le pose, comme ne voulant
pas que ce qui est salutaire aux hommes vienne en leur
puissance. » J.-P. CAMUS, *l'Alexis*, 1622, II, 16.

75. — « Faire porter sur soi, à un mari, un morceau de corne
de cerf, afin qu'il soit toujours en bonne intelligence avec
sa femme. La même chose peut servir aux bœufs et aux
chevaux, afin qu'ils ne soient jamais malades. » THIERS,
Tr. des superst., 1697, I, 382. « Les cornes du cerf pré-
servent de la foudre et des maléfices. » Vosges, *Mélusine*, I, 453. — « Pour vous guérir de la sciatique, portez dans la poche, du côté où est le mal, le premier bois
d'un jeune cerf. » Mme FOUQUET, *Suite du rec. des remèdes*, 1701, II, 322. — « L'eau dans laquelle on a im-
mergé une corne de cerf guérit les gonflements produits
par la morsure des crapauds, mais il faut que l'eau pro-
duise des globules d'air au moment où l'on y jette la
corne. » Hautes-Pyr., c. p. M. M. CAMÉLAT.

76. — « La teste du cerf porte medecine contre adurcissement des nerfs et pour oster toute douleur, especiallement quant elle est de froideur, aussi font les meolles (*moëlles*). » XIVᵉ s., Gaston Phœbus, p. 21. — « La moelle et le suif du cerf sont fort bons contre les gouttes venues de froides causes. » Du Fouilloux, ch. XV.

77. — « Le cerf qui jette son bois et en reprend de neuf, se renouvelle en escrasant des serpents. » J.-P. Camus, *Homélies quadragés.*, 1615, p. 376. — « De son haleine douce et chaude le cerf attire le serpent glissé dedans un trou et le tue du pied pour se chambrer avec plus de seureté ou le dévorer ou pour muer de poil et faire teste nouvelle. » Gruau, *Invention pour prendre les loups*, 1613.

— « Le cerf se sentant trop chargé de sa vieille peau, recherche la caverne d'un certain serpent qu'il contraint de sortir par un fort respir, n'y pouvant mettre la corne ny le pied, et l'ayant escrasé, par un secret de nature, il faict moyen d'acquérir nouvelle peau. » Josse, *Deroute de Babylone*, 1612, p. 283.

— « Quant li cers vuet deposer sa vieillesse ou maladie qu'il ait, il manjue le serpent et por la paor dou venin court à la fontaine et boit assez ; et en ceste maniere mue son poil et ses cornes et giete fuers toute vieillesce... Cers est ennemy a serpens; il vet au pertuis dou serpent ou (*avec*) toute la bouche pleine de aigue et la boute dedenz, et quant il a ce fait, il l'atrait a soi par l'aspirement de son nés et de sa bouche, tant que il le fait issir hors maugré sien ; lors le fiert et l'ocist a ses piez. » Brun. Latini, *Liv. d. tres.*, éd. Chabaille, p. 233.

« Quand il est très vieill, le cerf bat du pied aucune serpent jusques tant qu'elle est courrouciée et puis la menje et puis vet boire et puis court sà et là ; et l'iaue et le venin se meslent et le fet geter toutes les males humeurs qu'il

a au corps et li fet revenir char nouvelle. » xıvᵉ s.,
Gaston Pнœбus, p. 21.

« Le cerf, auparavant que le serpent le pique, le tire de son
creux, le monstre au jour et l'écrase du pied. » Louis
d'Orléans, *Banquet d'Arete*, 1594, p. 12.

« Le pauvre cerf désire ardemment le rencontre de quelque
claire fontaine pour se laver les yeux quand l'aigle, son
ennemy, pour le dévorer, s'est perché entre ses cornes et
l'aveugle de poussière que ce malicieux oyseau a prins
avec ses aisles auparavant que de l'attaquer. » Josse,
Déroute de Babylone, 1612, p. 281.

« Le cerf en sa queue cache un tresmeschant venim et pour
ceste cause les chasseurs ont de coutume de lui couper
l'extrémité de la queue. » D'Abano, 1593, p. 24.

Le cerf mange des serpents dont le venin lui brûle les en-
trailles ; alors il boit beaucoup dans quelque source,
ce qui détruit l'effet du venin. Sur cette tradition, voyez :
Tobler (dans *Zeitsch. f. rom. Philol.*, 1888, p. 60) ; Pitra,
Spicil. solesm., III, 359 ; *Arch. f. œsterr. Geschichtsquell.*,
1850, p. 568.

78. — « On appelle *pierre cervine* l'osselet qui se trouve dans
le cœur du cerf. » Domayron, *Siège des muses*, 1610,
p. 263. — « L'on trouve un os dedans le cueur du cerf
lequel est grandement prcfitable contre le tremblement
de cueur, principalement aux femmes grosses. » Du
Fouilloux, 1560, p. 37. — « Les cerfs ont, dans le cœur,
un cartilage plat et alongé, qui a imparfaitement la
forme d'une croix et que par cette raison on nomme
croix de cerf ; on dit qu'elle est très bonne pour les
palpitations ; on l'enveloppe dans un sachet et on la
laisse pendre sur l'estomac. » D'Yauville, *Traité de
vénerie*, 1788, 168. — « L'os du cuer du cerf devient

le jour de Sainte-Croix, croisée. » Anc. fr., HAR-
DOUIN, *Tres. de vén.*, éd. Mich., p. 90.

« Ceux qui le cerf deffont, doivent prendre un os du cerf
qui, sans mesprendre, L'os corbin de son droit se
nomme Et d'ycel os corbin, qu'un homme le doit sur un
arbre poser, C'est le droit au vrai exposer Des corbeaux,
qui en toute place Signifient le hur (*le bonheur*) de la
chasse. » HARDOUIN, *Trés. de vénerie*, éd, Michel, p. 84.

Sur les vertus de l'os du cœur de cerf, voyez encore :
DOMAYRON, *Siège des muses*, 1610, p. 262.

79. — « Le vit du cerf est bon contre le flux de sang. » DU
FOUILLOUX, 1560, p. 37.

80. — *Symbolisme.* « Le cerf symbolise la vitesse, la crainte,
l'homme sans cœur, l'homme abusé par les flatteurs. »
J. BOISSEAU, *Promptuaire armorial*, 1568, 1° partie,
p. 20,

Pour le cerf dans la symbolique chrétienne, voyez : GUE-
NEBAULT, *Dict. iconogr. des monum. de l'antiqu. chrét.*,
1843, t. I; FÉLICIE D'AYZAC ; *Le cerf, étude de zool.
myst. et monum. au m. â.* (dans *Revue de l'art chrétien*,
1864) ; CAHIER, *Caractér. des saints*, 1867, I, 182-190 ;
CAHIER, *Nouv. mél. d'archéol.*, 1874, p. 136.

Pour le cerf dans l'héraldique, voy. : GELIOT, 1660, I, 126-
127 ; II, 565, 568 ; GAY, *Gloss. archéol.*, 1882, s. v° cerf.

Cervus capreolus (L.) — LE CHEVREUIL.

(Voy. *Faune pop.*, t. I, p. 104.)

1. Noms de l'animal :

capreus, l. du m. â., GRAFF. ; WRIGHT.
capreolus, capriolus, caprolus, lat. du m. â., GOETZ.
capricornus, l. du m. â., *Altdeutsche Blätter*, 1836, p. 349.

cabrol, m., anc. prov., RAYN. — Alby, doc. de 1245, JOLI-
BOIS, *Albi au moyen âge*, 1871, p. 58. — anc. lang.,
AZAÏS, *Brev*.

crabol, m., Pamiers (Ariège), GARAUD.

cabirol, m., anc. prov., RAYN. — toulousain du XVII⁰ s.,
NOULET, *Œuvres de Goudelin*.

cabiroou, m., ancien béarnais. SAINCTYON, *Edicts des eaux et
for.*, 1610 p. 741. — B.-Pyr., LESPY. — La Teste
(Gironde), MOUR.

cabroou, m,, lang., SAUV., 1785. — prov., HONN.

chabroou, m., Cévennes, SAUV., 1785.

cobritt, m., La Malène (Lozère), r. p.

*cheverol, chevrol, chevreil, chevrel, cevriol, cievrol, cievriol,
cevreil*, anc. franç., GODEF.

chiveroul, m., anc. wallon. *Chronique de Stavelot*, éd. Borgnet,
p. 225.

chevreul, m., anc. fr., LITTRÉ. — Thaon (Calvados), GUESLIN
DE GUER. — env. de Saint-Pol (Pas-de-C.), c. p.
M. ED. EDMONT.

chëvrélh, m., Chantonnay (Vendée), c. p. M. ED. EDMONT.

chevrieus, m. sing., anc. fr., LITTRÉ.

chevreulx, m. pl., *chevreux*, m. pl., anc. fr., COCHERIS, *Dern.
amours d'Ovide*, 1861, p. 47; LITTRÉ. — Poitou, docum.
de 1518, *Mém. de la soc. d. ant. de l'Ouest*, 1875,
p. 454. — Belg. wall.

chevriau sauvaige, m., anc. fr., R. DE MAULDE, *Condit.
forest. de l'Orléanais*, 1871, p. 507.

chevreaus sauvaiges, m. pl., anc. fr., POUGIN, *Le dit de
Poissy*, 1857, p. 15.

chëvró, m., Fougerolles (Mayenne), r. p.

chabri, m., Mussidan (Dordogne), CHASTANET, *Per tuà lou
tems*, 1890, p. 62.

chëvri, m., Gerardmer (Vosges), c. p. M. ED. EDMONT.

chëvreu, m., Sarthe, Orne, Côte-d'Or.

chëvru, m., Ain, S.-et-L.

tchèvreüil, m., *tchèvreuy'*, m., Brabant wall., c. p. M. J. FELLER.

tchèvreü, m., wallon mérid., c. p. M. J. FELLER.

chuvru, m., Florent (Marne), JANEL.

tchëvreu, m., Vaudioux (Jura), THÉVENIN.

tchévireu, m., Le Thillot (Vosges), c. p. M. ED. EDMONT.

tchèvrou, m., wallon sept., c. p. M. J. FELLER.

tchivrou, m., Limbourg (Belgique), c. p. M. ED. EDMONT.

tchuireu, m., env. de Porrentruy (Suisse), c. p. M. ED. ED-
    MONT.

cevreux, m. pl., nord de la France au xvie s., G. LECOQ, *Une*
    ville flamande au XVIe s., 1876, p. 7.

tyévrou, m., Malmédy (Pays wallon). ZELIQZON.

chëvôy', m., Saint-Martin-du-Puits (Nièvre), r. p.

chëveuy', m., Lillebonne (Seine-Inf.), c. p. M. ED. EDMONT.

saillant, fr. du xvie s., DU GUEZ, p. 1072. [En angl. *robuck*,
    leper. DU G.]

janbouta, m., jargon de Razey près Xertigny (Vosges) r. p.

2. — La femelle est appelée :

caprea, lat. du m. â., DU C.; GRAFF; WRIGHT.

capriola, l. du m. â., GOETZ.

capreolle, f., fr. du xvie s., DU GUEZ.

cabirolo, f., toulousain du xviie s., NOULET, *Goud.*

cabirole, f., anc. béarnais, LESPY.

cobrido, f., La Malène (Loz.), r. p.

chëvruda, f., Ain, BOUVIER, *Mammif. de Fr.*, 1891.

chevrelle, f., anc. fr., SCHELER, *Trois traités*; etc., etc. —
    Fougerolles (Mayenne), r. p.

chevreule, f., anc. fr., Gaston PHŒBUS, p. 31; PASQUET DE
    LA ROCHEF., *Sept dial.*, 1557.

crabèto, f., Aude, c. p. M. P. CALMET.

chevrelle, f., Rosemont (Alsace), doc. de 1567, BONVALOT,
    Chasse dans le Rosemont, 1866, p. 11.

tchèvrètte, f., *tchivroûle*, f., wallon, c. p. M. J. FELLER.

tchèvrètte, f., Le Landeron (Suisse). c. p. M. ED. EDMONT.

chèvre sauvage, f., *bique sauvage*, f., français de divers
    départements.

sôvè-tchive, f., Val d'Orbey (Alsace), LAHM.

couye, f., Vallée d'Ossau (B.-P.), LESPY.

3. — Le jeune chevreuil porte les noms suivants :

capreolus, l. du m. â., GRAFF.

cabrolet, m., anc. provençal, LEVY.

crabott, m., Aude, c. p. M. P. CALMET.

chevriau, m., fr. du XVIᵉ s., DU GUEZ.

chevrillard, m., franç., *Dict. des chasses*, 1769.

petit couchou, m., Fougerolles (Mayenne), r. p.

4. — « *Piper* se dit du faon qui fait un petit cri. » *Journ. d.
    Chasseurs*, 1836-37, p. 93.

5. — On appelle le derrière du chevreuil qui se détache, par
    sa couleur blanche, sur la teinte fauve de l'animal :

Miroir, m., terme cynégét., ROZIER, 1805, t. XI, p. 368. —
    Serviette, f., terme cynégét. en Lorraine, r. p. — *Culotte*,
    f., terme cyn. dans le Bocage vendéen, DE SOUR-
    DEVAL, *Race bovine du Bocage*, s. d., p. 7. — *Naiges*,
    f. pl., fr. du XIVᵉ s., Gaston PHŒBUS, p. 39.

6. — On appelle *broches* chez le chevreuil, ce que l'on
    appelle *dagues* chez les cerfs, c. à d. la première tête.
    Le *brocard* est le chevreuil au premier bois qu'il
    pousse.

7. — « On appelle *moquettes* les fumées ou crottes du che-
    vreuil. » LEVERRIER, 1778, p. 125.

8. — « *Chevrotines*, f. pl. = plomb de fort calibre dont on se
    sert pour la chasse du chevreuil. » *Dict. de Trév.*, 1752.

9. — « On appelle le chevreuil *la perdrix des bois* à cause de la délicatesse de sa chair. » LEVERRIER, 1778, p. 124.

10. — « La cabrolo attiro lous lebriès E lou gazan leys oubriés. » Provence, XVIIe s., *Bugado prov.*

11. — « On dit d'un objet tacheté qu'il est comme *pel de chevrol* (¹). » anc. franç., PANNIER, *Lapidaires,* 1882, p. 54.

12. — « *Pied de chevreuil* = manche de sonnette. » Mme D'AULNOIS, *Contes norm.*, 1698, II, 91, cf. ci-dessus, p. 246.

13. — Les termes de vénerie relatifs *au cerf* que nous avons donnés plus haut, sont également applicables au *chevreuil.*

(¹) Il s'agit du *faon de chevreuil* qui est tacheté.

LISTE DES OUVRAGES CITÉS EN ABRÉGÉ

DANS LE PRÉSENT VOLUME

ABANO (d'), *Traicté des Venims*, 1593.

ACHARD (Cl.-F.), *Dict. de la Provence*, 1785, 4 vol. in-4°. (Les deux premiers vol. sont consacrés à un *Dict. franç.-provenç. et provenç.-franç.*).

ADAM (L.), *Les patois lorrains*, Nancy, 1881.

AELFRICUS, *Glossarium latino-saxonicum*, Oxoniae, 1659.

ANDREWS (J.-Br.), *Vocabulaire français-mentonais*, Nice, 1877.

ARNOUL DE VILLENOVE, *S'ensuit le trésor des povres qui parle des maladies*, etc., Paris, 1517, in-4°.

AVRIL (J.-T.), *Dict. provenç.-franç.*, Apt, 1839.

AYMA, *Proverbes quercinois* (dans *Bull. de la Soc. des Études litt. du Lot*, t. I, 1873).

AZAÏS (Gabr.), *Le Breviari d'amor de Matfre Ermengaud*, Béziers, 1866-1881.

BAUDOUIN (Alph.), *Glossaire du patois de la forêt de Clairvaux* (Aube), Troyes, 1887.

BEAUCHET-FILLEAU, *Ess. sur le pat. poitev. ou petit gloss. des mots usités à Chef-Boutonne*, 1863.

BEAUCHET-FILLEAU, *Croyances, superstit.*, etc. *du canton de Chef-Boutonne* (dans *Bull. de la soc. de statist. du dép. des Deux-Sèvres*).

BEAUQUIER (Ch.), *Vocabul. des provincial. usités dans le dép. du Doubs*, 1881.

BEAURREDON (J.), *Études landaises*, 1877.

BERLUCUS (J.-A.), *Adagia selecta*, Genève, 1632.

BEROALDE DE VERVILLE, *Le moyen de parvenir*, édité par Ch. ROYER, 1896.

BÉRONIE (Nic.), *Dict. du pat. bas-limousin*, Tulle, 1820.

BESANÇON (l'abbé), *Dictionn. portatif de la campagne*, Paris, 1786.

BESSOU (Just.), *D'al brès a la toumbo,* Rodez, 1892.

BLANCHET(Hector), *Noms patois du Voironnais* (dans *Bibliothèque du Dauphiné*, IV, 1885).

BODIN (Jean), *Théâtre de la nature*, trad. du latin par François de Fougerolles, Lyon, 1597.

BODY (Albin), *Vocabul. des agriculteurs*, Liége, 1883.

BOISSIER (Auguste), *Glossaire du patois de Die* (Drôme), Valence, 1874.

Bon varlet de chiens (Le), publié dans le *Cabinet de Vénerie*, 1881, par P. LACROIX.

BONIFACE (Louis), *Hist. du village d'Esne*, 1863.

BORAO (Geron.), *Diccionario de voces aragonesas*, 1859.

BOUCHERIE (A.), *Patois de la Saintonge*, Angoulême, 1865.

BOUCHERIE (A.), *Hermeneumata de Julius Pollux*, 1872. (Publié dans les *Notices et Extraits*.)

BOUCHET (Guill.), *Les serées*, publ. par ROYBET, 1882.

BOVILLUS (Carolus), *Proverbiorum vulg. libri tres*, 1531.

BRACHET (F.), *Dict. du pat. savoyard*, 1883.

BRANDIN (Louis), *Les gloses françaises de Gerschom* (dans *Rev. des études juives*, 1900 et 1902).

BRAS-DE-FER, *Nouv. dictionnaire d'argot*, 1829.

BRAYER, *Statistique de l'Aisne*, 1824.

BRIDEL, *Glossaire du patois de la Suisse romande*, Lausanne, 1866.

BRUANT (Aristide), *Dictionnaire français-argot*, 1901.

BRUNETTO LATINI, *Livres dou tresor*, éd. par CHABAILLE, 1863.

BUCHLERUS (J.), *Sententiarum memorabil. descriptio*, Coloniae, 1639.

. *Bugado provençalo* (*La*), réimprimée à Aix, en 1859.

BULLET, *Mémoires sur la langue celtique*, 1754-1760.

BUSCON (L.), *Proverbes patois de Tarn-et-Garonne* (dans *Bull. de la Soc. archéol. de T.-et-G.*, 1876).

CALLET (P.-M.), *Glossaire vaudois*, Lausanne, 1861.

CAMUS (Jules), *Un manuscr. namurois du XVe s.* (dans *Revue des langues romanes*, 1895).

CASACCIA, *Vocabolario genovese-italiano*, 1873.

CASTOR (J.-J.), *L'interprète provençal*, Apt, 1843, in-12.

CATS (Jacob), *Spiegel van den ouden en nieuwen Tijdt*, Amsterdam, 1661, in-'

CHABAILLE, *Livres dou tresor de Brunetto Latini*, 1861.

CHABRAND (J.-A.) et A. DE ROCHAS D'AIGLUN, *Patois des Alpes cottiennes*, Grenoble, 1877.

CHAMBURE (E. de), *Glossaire du Morvan*, 1878.

CHAMPEVAL (J.-B.), *Proverbes bas-limousins*, 1886.

CHARBOT (Nicolas), *Dictionn. de la langue vulg. du Dauphiné* (dans *Bibliothèque du Dauphiné*, t. IV, 1885).

CHASSANT (Alph.) *Vocabul. lat. fr. du XIIIe s.*, 1857.

CHAULIAC (Guy de), *La Grande Chirurgie*, éd. Nicaise, 1890.

CHRÉTIEN (L.-J.), *Usages de l'arrond. d'Argentan*, 1835.

CLUGNET (Léon), *Gloss. du pat. de Gilhoc* (Ardèche), 1883.

COMBETTES-LABOURRELIE (L. de), *Roman et patois*, Gaillac, 1878.

COMENIUS, *Janua linguarum*, 1569.

COMPANYO, *Hist. natur. des Pyrénées-Orient.*, 1861.

CONSTANTIN (A.) et J. DESORMAUX, *Dictionnaire savoyard*, Annecy, 1902.

CONTEJEAN (Ch.), *Gloss. du pat. de Montbéliard*, 1876.

CORNU (J.), *Phonologie du Bagnard* (dans *Romania*, 1877).

COTGRAVE (R.), *A french and english dictionary*, London, 1650.

COUDEREAU, *Dialecte berrichon* (dans *Mém. de la soc. d'anthropologie*, 1873, pp. 334-381).

COUSIN (Jules), *Secrets magiques pour l'amour, charmes, etc.*, publ. d'après Paulmy, par C.-J., Paris, 1868, in-12.

17

Cunisset-Carnot, *Vocables dijonnais*, Dijon, 1889, in-16.

Cuveiro-Pinol, *Diccionario gallego*, Barcelona, 1876.

Dagnet (A.), *Le patois fougerais*, Laval, 1890.

Dagnet (A.), *Le parler du Coglais* (Ille-et-Vil.), 1902.

Damerval (Eloy), *Le livre de deablerie*, Paris, in-fol., 1507.

Dardy (Léopold), *Anthologie populaire de l'Albret*, Agen, 1891.

Dauvergne (Anne-Marie), *Secrets touchant la médecine*, 1668, in-12.

Dauzat (Albert), *Études linguist. sur la Basse-Auvergne, phonétique du pat. de Vinzelles*, Paris, 1897.

Debuire du Buc (L.), *Glossaire lillois*, Lille, 1867.

Decorde (J.-E.), *Dict. pat. du pays de Bray*, 1852.

Defrécheux (Joseph), *Vocabulaire de la Faune wallonne*, 1888.

Degen (W.), *Das Patois von Crémine*, Halle, 1896.

Delboulle (A.), *Glossaire de la vallée d'Yères* (Seine-Inf.), 1876.

Deribier de Cheissac, *Vocabul. du pat. du Velay et de la Haute-Auvergne* (dans *Mém. de la Soc. des antiqu. de Fr.*, 1832).

Deschamps (Eustache), *Œuvres complètes*, publ. par Le Queux de Saint-Hilaire et G. Raynaud, 1878-1901.

Devaux (A.), *Ess. sur la langue vulg. du Dauphiné* (dans *Bull. de l'acad. delphin.*, 1892).

Dictionnaire de Trévoux, 1752.

Dictionnaire des spots ou proverbes wallons, 1863.

Diefenbach (L.), *Glossarium latino-germanicum mediae et infimae aetatis*, 1857.

Dottin (Georges), *Glossaire des parlers du Bas-Maine*, 1899.

Dottin (G.) et J. Langouet, *Glossaire du parler de Pléchatel* (Ille-et-Vil.), Rennes, 1901.

Doujat (Jean), *Dictiounari moundi*, Toulouse, 1637, réimprimé par Visner en 1895.

Doutrepont, *Notes de dialectologie tournaisienne* (dans *Zeitsch f. franz. Sprache und Literatur*, 1900, pp. 66-136).

Du Cange, *Glossarium mediae et infimae latinitatis*, 1840-1850.

Duchesne (L.), *In Ruellium de stirpibus epitome, cui accesserunt volatilium etc., nomina*, Parisiis, 1544, in-12.

Duez (Nathanael), *Dictionnaire françois-allemand-latin*, Amsterd., 1664, in-4°.

Duez (Nathanael), *Dictionnaire italien et françois*, Genève, 1678, in-12°.

Du Fail (Noel), *Œuvres facétieuses*, éd. Assézat, 1874.

Duffard (P.), *L'Armagnac noir*, Auch, 1902.

Du Fouilloux (Jacques), *La Venerie*, 1560.

Du Guez (Giles), *Introd. to speke french* (XVIᵉ s.), réédité par Génin, à la suite de son Palsgrave, *Esclarciss. de la l. fr.*, 1852.

Du Pinet (Antoine), *L'histoire du monde de C. Pline*, Cologne, 1625, in-4°, 2 vol.

Du Pinet (Antoine), *Comment. de Mathiolle sur Dioscoride*, trad. par A. Du Pinet, Lyon, 1660.

Du Poy-Monclar (Bernard), *Quatre livres de Puble Vegece de la medecine des chevaux*, Paris, 1563.

Durrieux (A.), *Belhados de Leytouro*, 1892.

Duval (Jules), *Proverbes pat. de l'Aveyron* (dans *Mém. de la Soc. des lettres, etc.*) *de l'Aveyron*, 1844-1845).

Escallier (E.-A.), *Remarques sur le patois*, Douai, 1856.

Estienne (Ch.), *Dictionarium latinogallicum*, 1561.

Fagot (P.), *Folklore du Lauraguais*, Albi, 1891, in-8.

Féraud, *Dictionn. crit. de la langue franç.*, Marseille, 1787.

Fertiault (F.), *Dictionn. du langage popul. verduno-châlonnais*, 1896.

Fleury (J.), *Ess. sur le patois de La Hague*, 1886.

Foix (V.), *Poésie populaire landaise*, 1ʳᵉ édit. en 1890, 2ᵉ édit. en 1902.

Forir (H.), *Diction. liégeois-français*, Liége, 1874.

Fourès (René), *Enquête sur le patois du Lot* (dans *Annuaire de l'Ecole des Hautes Etudes*, 1890, pp. 90-108).

FRANÇOIS (René), *Essay des merveilles de nature*, Rouen, 1622, in-4°.

FURETIÈRE (Antoine), *Dictionnaire universel*, 3ᵉ édition, Amsterdam, 1708, 3 vol. in-fol.

GACHET, *Gloss. rom. lat. du XVᵉ s.*, Bruxelles, 1856.

GARAUD (Louis), *Latin populaire, phonétique de Pamiers (Ariège)*, 1885, in-8°.

GARNIER (Philippe), *Nuits, son histoire et son patois*, Dijon, 1899.

GASPARD (B.), *Notice sur la commune de Montrêt* (dans *Mém. de la soc. d'hist. de Chalon-sur-Saône*, V, 1866).

GASSIAT (B.), *Ou cout dou houéc*, Dax, 1897.

GASTON PHŒBUS, *La chasse*, éd. par J. LAVALLÈE, 1854.

GAUCHAT (L.), *Le Patois de Dampierre (Suisse rom.)* (dans *Zeitsch. f. roman. Philologie*, 1890).

GAUCHET (Claude), *Le plaisir des champs*, 1583, édité par BLANCHEMAIN, 1869.

GELIOT (Louvan), *Vraye science des armoiries*, Paris, 1660.

GILLIÉRON (J.), *Patois de Vionnaz (Bas Valais)*, 1880.

GODARD (Ch.), *Le village d'Autet (Haute-Saône)*, 1891.

GODEFROY, *Dict. de l'anc. langue franç.*, 1880 et s.

GOETZ (Georgius), *Thesaurus glossarum emendatarum* (dans *Corpus glossariorum latinorum*, Lipsiae, 1901).

GOUDELIN, *Œuvres publ. par NOULET*, Toulouse, 1877.

GRAFF, *Althochdeutscher Sprachschatz*, Berlin, 1834-1846, 7 vol. in-4°.

GRAMMONT (Maurice), *Patois de Damprichard (Franche-Comté)*, 1899.

GRANDGAGNAGE et SCHELER, *Dict. étym. de la langue wallonne*, 1846-1880.

GRANGIER, *Gloss. fribourgeois*, 1864-1868.

GRAS (L.-P.), *Dict. du patois forézien*, Lyon, 1863.

GRÉGOIRE DE ROSTRENEN (Le Père), *Dict. franç. celtique*, 1732.

GRIMM, *Deutsches Woerterbuch*, 1854.

GROS (M.-F.-T.), *Recueil des poésies provençales*, Marseille, 1763.

GROSJEAN (Mlle) et docteur BRIOT, *Glossaire du patois de Chaussin*, 1901.

GUÉNIN (A.) et A. RAY, *Statist. du canton des Riceys* (Aube), 1852.

GUERLIN DE GUER (Ch.), *Le parler populaire de Thaon (Calvados)*, 1901.

HAIGNERÉ (D.), *Vocabulaire du patois boulonnais*, 1903.

HAROU (Alfred), *Le folklore de Godarville (Hainaut belge)*, Anvers, 1893.

HATZFELD, DARMESTETER et THOMAS, *Dict. gén. de la langue franç.*

HÉCART, *Dict. rouchi-français*, Valenciennes, 1834.

HESSELS (J.-H.), *Latin-anglo-saxon glossary*, 1890.

HEUILLARD (C.), *Patois de Gaye (Marne)*, 1903.

HOCK (Aug.), *Œuvres complètes*, Liége, 1872.

HOMBRES (Maximin d'), et G. CHARVET, *Dict. langued.-franc.*, 1884.

HONNORAT (S.-J.), *Voc. provenç.-franç. et franç.-provenç.*, 1848.

HUMBERT (Jean), *Nouveau glossaire genevois*, Genève, 1852.

JANEL, *Essai sur le patois de Florent*, Châlons-s.-M., 1902.

JAUBERT, *Glossaire du centre*, 1869, in-4°.

JOIGNEAUX (P.), *Monographie de Ruffey-lès-Beaune* (Côte-d'Or), 1888.

JÔNAIN (P.), *Dict. du patois saintongeais*, 1869.

JORET (Ch.), *Essai sur le patois normand de Bessin* (dans *Mém. de la soc. de ling.*, III).

JOSSIER (S.), *Dict. du patois de l'Yonne*, 1882.

JOUANCOUX et DEVAUCHELLE, *Gloss. étymol. du pat. picard*, Amiens, 1880-1890.

JUNIUS (Adr.), *Nomenclator*, Antverpiae, 1577.

LABBE (Ph.), *Etymol. de plus. mots franç.*, 1661.

LABORDE (L. de), *Glossaire du moyen âge*, 1872.

LABORDE (R.), *Lexique limousin*, Brive, 1895.

LABOURASSE (H.), *Glossaire du patois de la Meuse*, 1887.

LACURNE DE SAINTE-PALAYE, *Dict. histor. de l'anc. langue franç.*, réimpression L. Favre, 1877.

LAFFAGE (A.), *Noms pat. des anim. et des plantes dans les env. de Carcassonne* (dans *Bull. de la soc. d'ét. scient. de l'Aude*, t. IV, 1893).

LAGADEUC, *Le catholicon*, 1499.

LAGRAVÈRE, *Poésies en gascoun*, Bayonne, 1865.

LAHM, *Patois de La Baroche* (*Val d'Orbey, Alsace*) (dans *Romanische Studien*, 1875-'877).

LAISNEL DE LA SALLE, *Croy nces et légendes du Centre*, 1875.

LALANNE, *Glossaire du patois poitevin* (dans *Mém. de la Soc. des antiqu. de l'Ouest*, XXXII, 1867).

LAMOURÈRE (Ed.), *Pé l' campestré*, Toulouse, 1899.

LANGLOIS (Ernest), *Anciens proverbes français* (dans *Biblioth. de l'école des chartes*, 1899, pp. 569-601).

LA ROCHE-SENGENSSE (Octave de), *Monographie de Saint-Ybard* (*Corrèze*) (dans *Bull. de la soc. des lettres de la Corr.*, 1900-1901).

LARROQUE (E.), *Arrépouès*, 1897.

LAVALLAZ (L. de), *Essai sur le patois d'Hérémence* (*Valais*), 1899.

LE BON (Jean), *Adages françois*, Paris, 1557, in-16.

LECESNE (Ed.), *Le patois artésien* (dans *Mém. de l'acad. des sciences d'Arras*, 1889).

LECŒUR (Jules), *Esquisses du Bocage normand*, 1883.

LEDIEU (Alcius), *Monographie d'un bourg picard*, 1893.

LE HÉRICHER (Ed.), *Etude philol. sur les sobriquets, dictons et prov. de Normandie*, Avranches, 1890.

LE PELLETIER, *Dict. de la langue bretonne*, Paris, 1752.

LE ROUX DE LINCY, *Le livre des proverbes franç.*, 1859.

LESPY (V.) et P. RAYMOND, *Dictionnaire béarnais*, 1887.

LESPY (V.), *Proverbes du Béarn*, Montpellier, 1876.

LEVERRIER DE LA CONTERIE, *Vénerie normande*, Rouen, 1778.

LEVY (Emil), *Provenzal. Supplement-Woerterbuch*, 1892.

LIBLIN (J.), *Glossograph. du pat. d'Alsace* (dans *Revue d'Alsace*, 1887).

LIGNÉVILLE (Jean de), *Meute et vénerie pour le lièvre*, éd. par Michelant, 1865.

LOGIE (Th.), *Phonology of the patois of Cachy (Somme)* (dans *Public. of the mod. lang. association of America*, Baltimore, 1892.)

MARCHOT (P.), *Le patois de Saint-Hubert (Luxembourg belge)*, 1890.

MARTELLIÈRE (P.), *Glossaire du Vendômois*, 1893.

MARTIN (Ernest), *Le roman de Renart*, Strasbourg, 1882-1887.

MASSÉ, *Dict. portat. des eaux et forêts*, 1766.

MAZUC (Emile), *Gramm. langued., dial. de Pézénas*, 1899.

MÉNAGE (G.), *Dict. étymol. de la langue franç.*, 1750.

MEURIER (G.), *Trésor des sentences dorées*, 1582.

MEYER (L.-E.), *Glossaire de l'Aunis*, 1870.

MEYRAC (Alb.), *Traditions et contes des Ardennes*, 1890.

MICHEL (Francisque), *Etude sur l'argot*, 1856.

MICHEL (J.-F.), *Dict. des expr. vicieuses de Lorraine*, Nancy, in-8°, 1807.

MICHELANT, *Le livre des mestiers*, 1875.

MILLER (E.), *Glossaire grec-latin de Laon* (dans *Notices et extr. des man. de la Bib. nat.*, XXIX, 1880.)

MISTRAL, *Lou tresor dou felibrige*.

MONCHAUSSÉ, *Statist. d'Aix-en-Othe*, Troyes, 1859.

MONNIER, *Vocab. de la langue rustique du Jura* (dans *Mém. de la soc. des antiquaires*, 1823.)

MONSEUR (E.), *Le folklore wallon*, Bruxelles, 1892, in-8.

MONTESSON (C. R. de), *Vocabulaire du Haut-Maine*, 1859, nouvelle édition en 1900.

MORISOT, *Vocabul. des arts et métiers*, 1814.

MOROSI (G.), *L'odierno linguaggio dei Valdesi del Piemonte* (dans *Archivio glottologico ital.*, 1890).

MOUREAU (Pierre), *Dict. du patois de La Teste*, 1870.

MOUSSIER, *Catal. des anim. de la Haute-Loire* (dans *Annales de la soc. d'agr. du Puy*, XVIII, 1853).

MULSON, *Vocabul. langrois*, 1822.

MOWAT (J.-L.-G.), *Alphita, medico-bot. Glossary*, Oxford, 1887.

NEMNICH (Ph. Andr.), *Catholicon oder Polyglotten-Lexicon der Naturgesch.*, 1793-1798.

NICOLLET (J.-N.), *Phonétique du patois alpin* (dans *Bull. de la soc. d'études des H.-Alpes*, 1898-1899.)

NICOT (Jean), *Thresor de la langue françoyse*, 1606.

NIEDERLAENDER, *Die Mundart von Namur* (dans *Zeitsch., f. roman. Philol.*, 1900).

NORGUET (de), *Mammifères du dép. du Nord* (dans *Arch. du Comice agricole de l'arr. de Lille*, 1866.)

NOULET (J.-B.), *Œuvres de Goudelin*, Toulouse, 1877.

OBERLIN, *Patois lorr. du Ban de la Roche*, 1775.

ODER (Eug.), *Claudii Hermeri mulomedicina Chironis*, Lipsiae, 1901.

OUDIN (Ant.), *Curiositez françoises*, Paris, 1640.

OUDIN (Ant.), *Dict. franç.-ital. et Dict. ital.-franç.*, 1681.

PALSGRAVE, *L'esclarcissement de la langue franç.*, 1530, réimprimé par GÉNIN, 1852.

PAPIAS, *Vocabularium*, Mediolani, 1474.

PARÉ (Ambr.), *Œuvres*, édit. Malgaigne, 1841.

PELLAS (S.-A.), *Dict. provençal. et franç*, 1723.

PELLEGRINI, *Dict. niçois-franç.-italien*, 1894.

PERRON, *Proverbes de la Franche-Comté*, 1876.

PERRON, *Broye-les-Pesmes*, 1889.

PESCETTI, *Proverbi italiani*, 1603.

PHILIPON (E.), *Patois de Jujurieux* (dans *Annales de la soc. d'émul. de l'Ain*, 1884.)

Pirsoul (Léon), *Dict. wallon, dialecte namurois*, 1902.

Poetevin, *Dict. suisse-franç.-allem.*, 1754.

Pommerol *Ess. d'un glossaire du patois de la Limagne* (dans *Bull. hist scient. de l'Auvergne*, 1897.)

Portes (Jules)', *Fablos caousidos de Lafountaino*, Bagnères de Big., 1857.

Poulet (J.-V.), *Vocab. étymol. du patois de Plancher*, 1878.

Puichaud, *Dict. du patois du Bas-Gâtinais* (dans *Revue de philologie franç.*, 1893).

Puitspelu (N. du), *Dict. étym. du patois lyonnais*, 1887-1890.

Rabiet (Eug.), *Patois de Bourberain (C.-d'Or)*, 1889.

Raynouard, *Lexique roman*, 1844.

Réguis (J.-M.-J.), *Les rongeurs de Provence*, 1888.

Réguis (J.-M.-J.), *Matière médicale popul.*, 1897.

Renou (Jean de), *Œuvres pharmaceut.*, 1626.

Richelet (F.), *Patois de Petit-Noir (Jura)*, 1896.

Richelet (Pierre), *Nouv. dict. françois*, 1710.

Rigaud (Luc.), *Dict. du jargon parisien*, 1878.

Robin, Le Prévost, etc., *Dict. du pat. de l'Eure*, 1882.

Rouault (C.), *Le parler de Romeny (Aisne)*, 1900.

Rougen (Ch.), *Topographie du Vigan*, 1819.

Roussey (Ch.), *Gloss. du parler de Bournois*, 1894.

Roux (François), *Nouv. dict. franç.-allem. et allem.-franç.*, Halle, 1796, in-8.

Rozier, *Dict. univ. d'agricult.*, 1793-1805.

Saint-Marc, *Trad., prov. et dict. poitev.* (dans *Bull. de la soc. de Statist. des Deux-Sèvres*, 1890).

Sauvages (Boissier de), *Dict. languedocien.-françois*, 1785.

Sauvé (L.-F.), *Folklore des Hautes-Vosges*, 1889.

Savary, *Dictionn. du commerce*, 1751 ; 2ᵉ édition en 1759.

Scheler (Aug.), *Trois traités de lexicographie du XIIᵉ s.* (dans *Jahrb. f. roman. Literatur*, 1865-1867).

Schmeller, *Bayerisches Woerterbuch*, 1872-1878.

Sébillot, *Trad. et sup. de la H. Bretagne*, 1882.

SÉBILLOT, *Additions aux coutumes de la H. Bretagne*, 1892.

SIGART, *Gloss. étymol. montois*, 1866.

SIMON (S.), *Gramm. du pat. de La Poutroye*, 1900.

SIMONET, *Vocab. du patois d'Uchon (arrond. d'Autun)*, 1858.

SOUCHÉ (B.), *Croyances, présages et tradit. diverses*, Niort, 1880.

SOUCHÉ (B.), *Proverbes, trad. div., conjurations*, Niort, 1881.

SOUCHÉ (B.), *Formulettes et devinettes*, Niort, 1882.

SÜTTERLIN (L.), *Die heutige Mundart von Nizza*, 1896.

TALBERT (J.), *Dialecte blaisois*, 1874.

TAUPIAC (L.), *Statist. agric. de l'arr. de Castel-Sarrasin*, 1868.

THEVENIN (J.), *Monogr. du patois de Vaudioux*, 1898.

THIBAULT (A.), *Glossaire du Pays blaisois*, 1892.

THIERRY (Jehan), *Dict. françois-latin*, Paris, 1564.

TISSIER (Jean), *Dict. berrichon*, 1884-1888.

TISSOT (S.), *Le patois des Fourgs*, 1865.

TOSELLI, *Recueil de 3,176 proverbi*, Nissa, 1878.

TOUBIN (Ed.), *Suppl. aux dict. des pat. jurass.* (dans *Mém. de la soc. d'émul. du Jura* 1869-1878.)

ULRICH (J.), *Die altfranzoesische Sprichwoerter-Sammlung, Proverbes ruraux et vulgaux* (dans *Zeitschr. f. franz. Sprache*, 1902, pp. 1-36).

URTEL, *Beitr. zur Kenntniss d. Neuchateller Patois*, Darmstadt, 1897.

VARLET, *Dict. du patois meusien*, 1896.

VAUTHERIN, *Glossaire du territoire de Belfort*, 1898.

VAYSSIER, *Dict. du patois de l'Aveyron*, 1870.

VIGUIER (A.-L.-G.), *Notice sur Anduze*, 1823.

VILLENEUVE (de), *Statistique des Bouches-du-Rhône*, 1821.

VINOLS (de), *Vocabul. patois vellavien*, 1878-1889.

VISNER, *Lou ramel païsan*, 1892.

VISNER, *Dict. de la langue toulousaine*, Toulouse, 1895.

WACKERNAGEL, *Voces variae animantium*, Basel, 1869.

WATTEEUW, *Chansons tourquenoises*, Tourcoing, 1883.

WRIGHT (Thomas), *Anglo-saxon and old english vocabularies*, London, 1884.

ZELIQZON, *Glossar ueber die Mundart von Malmedy* (dans *Zeitch. f. roman Philolgie*, 1890).

ABRÉVIATIONS

c. p. = communiqué par.

r. p. = recueilli personnellement

E. E. = Emile ERNAULT. Ces initiales indiquent que tel ou tel mot m'a été communiqué par M. Emile ERNAULT, d'après les livres bretons.

TABLE DES MATIÈRES

ERRATA

Par suite d'une erreur de mise en page, l'entête de l'article *Lepus cuniculus*, page 209, a disparu. Il faut la rétablir ainsi :

Lepus cuniculus. (Linné.) — LE LAPIN.
(Voir *Faune pop.*, t. Ier, p. 88.)

1. — Noms de l'animal :

cuniculus, latin.

cuniclus, conillus, canovicalus, cirogulus, ciroguillus, sirogrillus, lat. du m. â., Du C.

cyrogrillus, cirogrillus, lat. du m. â., Du C. ; *Mém. de l'Acad. de Nîmes*, 1885, p. 77 ; Monlezun, *Hist. de Gascogne*, VI, 12.

P. 19, en note, lisez *fodunt* au lieu de *fondunt*.

Orthographe employée pour les patois gallo-romans.

Je me suis généralement servi pour les patois gallo-romans de l'orthographe française usuelle. Dans le cas où elle est insuffisante pour la notation de certains sons, j'emploie les caractères suivants :

ä = son intermédiaire entre *a* et *é*.

à = son intermédiaire entre *a* et *o* ; c'est *a* de l'anglais *all*, mais bref.

ā = la longue du son précédent ; c'est tout à fait l'*a* de l'anglais *all*.

ë = *e* bref tel qu'il se prononce dans les pronoms personnels français *me, le, se.*

ò se prononce comme dans le français *solle*.

ŗ = *r* voyelle. Se prononce entre deux consonnes sans être appuyée sur aucune voyelle.

ŕ = *r* roulée.

~ = résonnance nasale après une voyelle et même une consonne. Se prononce du nez, la bouche complètement fermée.

an~, in~, on~, un~, représentent les mêmes sons qu'en français suivis de la résonnance nasale ci-dessus.

an-n, in-n, on-n, un-n représentent les mêmes sons qu'en français suivis de *n* français se prononçant séparément.

lh = *ll* mouillée. Cette graphie est employée pour qu'on ne pense pas avoir affaire à *l* redoublée.

gh = *gu* français dans *guerre, marguerite, guilleret* ; *gh* a été adopté pour empêcher de croire qu'on prononce l'*u*.

ý mouille la consonne qui précède dans les sons suivants.

ký, ghý, lý, dý, fý, hý forment un son simple mouillé, son particulier qu'il est difficile de bien entendre et de bien prononcer lorsqu'on n'y est pas habitué. Il est très difficile de distinguer à l'oreille le son *ký* du son *lý*, le son *ghý* du son *dý*.

aou, oou, etc., sont des monosyllabes. Quand ils forment deux syllabes distinctes, je les sépare par un trait : *a-ou, o-ou,* etc.

Quand l'accentuation m'a paru sortir des règles habituelles je l'ai indiqué.

Chartres. — Imp. ED. GARNIER, 15, rue Noël-Ballay.

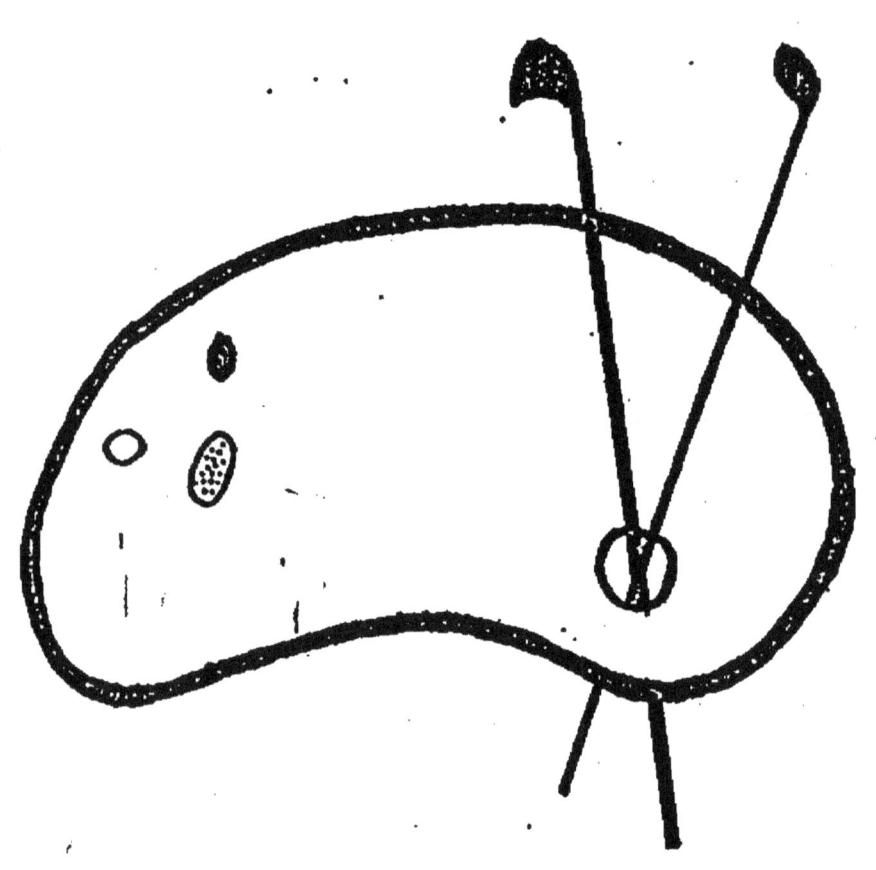

ORIGINAL EN COULEUR
N° Z 43-120-8